地域を自立させる人々

持続可能な地域社会の創造

三上 亨 著

文眞堂

目　　次

序論 …………………………………………………………………………… 1

第 1 章　新しい公共・公益と持続可能な地域社会 …………………… 5
1-1　地域の自立 ……………………………………………………… 7
　　1-1-1　協働システムと組織 ……………………………………… 8
　　1-1-2　地方社会と地域社会 ……………………………………… 9
　　1-1-3　「地域の自立」実践プロセス──担い手組織と中間支援組織── … 10
1-2　地域主体性の創造 ……………………………………………… 11
　　1-2-1　地域活性の循環──希望の創出── ………………………… 13
　　1-2-2　地域活性の好循環を創るプロセス ……………………… 15
　　1-2-3　主体性を創造する過程 …………………………………… 25
　　1-2-4　指向性と促し ……………………………………………… 30
1-3　地域の自立を担う NPO（民間非営利組織） ………………… 32
　　1-3-1　新たな"公益"の担い手 ………………………………… 32
　　1-3-2　NPO と民間非営利セクター ……………………………… 35
1-4　新しい公共・公益のあり方 …………………………………… 37
　　1-4-1　地域に必要な公共サービスを考える …………………… 39
　　1-4-2　地域における経済的自立と精神自立 …………………… 41
　　1-4-3　新しい公共・公益を担う NPO と各主体の役割 ………… 43
　　1-4-4　担い手組織に寄り添う中間支援組織 …………………… 46
1-5　地域の自立プロセス理論 ……………………………………… 47
　　1-5-1　全体プロセスをマネジメントできる人材の育成 ……… 48
　　1-5-2　持続可能な地域社会の創造 ……………………………… 49

    1-5-3　地域の自立プロセス理論とは …………………………… 50

第2章　深浦の地域主体性──寄り添いと自立── ……………… 54

  2-1　深浦の将来予測と新たな雇用を生む事業の創出 ……………… 58
    2-1-1　疲弊する深浦の現状と将来予測 ……………………… 58
    2-1-2　人口減少地域でも存続できる店 ……………………… 60
    2-1-3　ふるさとと思える深浦に──未来志向の「ふるさと」── 63
    2-1-4　新たな雇用を生む事業の創出 ………………………… 65
  2-2　新たな事業の創出とコミュニティビジネス …………………… 67
    2-2-1　新たな事業創出の視点 ………………………………… 68
    2-2-2　コミュニティビジネスで経済的な安定と精神的な安定を … 70
  2-3　担い手組織の立ち上げと主体性の創造・強化 ………………… 75
    2-3-1　いいべ！ふかうら設立の経緯 ………………………… 75
    2-3-2　コアメンバーの主体性の創造 ………………………… 83
  2-4　地域の自立に向けた合意形成と各主体との連携 ……………… 86
    2-4-1　元気直売所「まちなか」との連携 …………………… 86
    2-4-2　既存団体との連携 ……………………………………… 88
    2-4-3　行政との連携 …………………………………………… 90
    2-4-4　合意形成の重要性と社会システム化 ………………… 93
    2-4-5　地域主体性の強化 ……………………………………… 97
    2-4-6　本事例に関わる考察 …………………………………… 98

第3章　市民風車をきっかけとした地域活性化 ………………… 101

  3-1　グリーンエネルギー青森の設立とあおもり市民風力発電所の建設 … 104
    3-1-1　市民風車事業を担うNPO法人の設立 ……………… 104
    3-1-2　市民風車事業及び市民風車わんずの目的 …………… 105
    3-1-3　全額市民出資で建設された市民風車わんず ………… 106
  3-2　市民風車事業をきっかけとした地域活性化の取組 …………… 109
    3-2-1　グリーンエネルギー青森のミッションとゴール …… 109
    3-2-2　戦略計画に基づいた市民風車関連事業 ……………… 110

3-2-3　地域資源を活用した内発的発展を ……………………115
　3-3　市民風車わんずが創りだす新しい社会的価値 ………………116
　　　3-3-1　市民風車わんずが創りだすさまざまな価値 …………116
　　　3-3-2　市民風車が創りだす価値とそれを受け取る人々の満足 ……117
　3-4　市民風車ビジネスモデルが創り出す希望と今後の課題 ………121
　　　3-4-1　市民風車事業が創りだす地域社会の希望 ……………122
　　　3-4-2　市民風車事業ビジネスモデルの戦略的課題 …………123
　　　3-4-3　関係者みんなをハッピーにするマネジメント …………125
　　　3-4-4　本事例に関わる考察 ……………………………………126

第4章　地方鉄道の危機をきっかけとした地域活性化
　　　　　——津軽鉄道の事例—— ………………………………129

　4-1　津軽鉄道サポーターズクラブの誕生と都市再生モデル調査 ………132
　　　4-1-1　津軽鉄道サポーターズクラブの誕生 …………………133
　　　4-1-2　地域でのワークショップ等の開催 ……………………133
　　　4-1-3　ワークショップ開催のねらいと参加者の変化 …………137
　　　4-1-4　津軽鉄道から始まる地域づくりと
　　　　　　　コミュニティビジネスの取組 ………………………138
　4-2　津軽鉄道を軸とした都市再生ビジョンの策定 ………………139
　　　4-2-1　課題解決の方向性 ………………………………………139
　　　4-2-2　基本方針と重点プロジェクト …………………………143
　4-3　津軽鉄道存続に向けた関係者の合意形成 ……………………145
　　　4-3-1　パートナーシップテーブルをきっかけとした合意形成 ……145
　　　4-3-2　パートナーシップテーブルの効果 ……………………146
　4-4　アクションプランの実践と今後の展望 ………………………148
　　　4-4-1　アクションプランの実践 ………………………………148
　　　4-4-2　津軽鉄道本社1階でのコミュニティビジネスの誕生 ……151
　　　4-4-3　津軽鉄道沿線での行政と中間支援組織の協働 ………154
　　　4-4-4　本事例に関わる考察 ……………………………………156

第5章　町の財政危機をきっかけとした地域活性化
　　　──大鰐の事例── ……………………………………………160

- 5-1　OH!!鰐元気隊の誕生とおおわに活性化ビジョンの策定 …………163
  - 5-1-1　OH!!鰐元気隊の誕生 ……………………………………163
  - 5-1-2　おおわに活性化ワークショップの開催 …………………164
  - 5-1-3　おおわに活性化ビジョンの策定 …………………………165
  - 5-1-4　パートナーシップで進めるおおわに活性化意見交換会の開催 …167
- 5-2　地方の元気再生事業によるアクションプランの実践 ……………169
  - 5-2-1　地域資源を活かした観光振興 ……………………………170
  - 5-2-2　農商工連携による産業振興 ………………………………172
  - 5-2-3　意見交換会・合意形成の場の継続 ………………………174
- 5-3　プロジェクトおおわにの設立と鰐comeの指定管理 ………………177
  - 5-3-1　鰐comeの指定管理者募集とプロジェクトおおわにの設立 …177
  - 5-3-2　町の再生を左右する鰐come指定管理の取組 ……………179
- 5-4　地域再生に向けた取組と今後の展望 …………………………………181
  - 5-4-1　その他のアクションプランの実践 ………………………181
  - 5-4-2　本事例に関わる考察 ………………………………………182

第6章　地域の自立に向けたプロセスと地域経営人材 ……………191

- 6-1　実践事例の比較検討と課題解決の方向性 …………………………192
  - 6-1-1　実践事例についての比較検討 ……………………………193
  - 6-1-2　実践事例における前進的考察 ……………………………200
  - 6-1-3　地域の自立に向けた課題解決の方向性 …………………206
- 6-2　地域の自立に向けたプロセス …………………………………………208
  - 6-2-1　地域の自立に向けた前進的プロセス ……………………208
  - 6-2-2　好循環に入った地域の今後の展開 ………………………213
- 6-3　地域の自立に向けたコミュニティビジネスの創出と地域経営人材 …222
  - 6-3-1　コミュニティビジネスの創出過程と地域経営人材の役割 …222
  - 6-3-2　地域経営人材に必要な経営能力 …………………………226

結論 ……………………………………………………………231
あとがき ………………………………………………………235
注 …………………………………………………………………237
参考文献 …………………………………………………………244

序論

　本研究の目的は、「地域の自立」とは何かを明らかにした上で、地域が具体的に自立に向けたプロセスに取り組んでいける実践過程を、理論的枠組みとともに提示することである。
　その目的に向けて、地域での具体的な実践の事例を通して、地域、そこに住む人々、そこで営まれている諸協働システム、3者の相互関係に焦点を当て、主体性生成という観点から地域の自立プロセスを論ずることが本研究の中心課題である。
　人々が生まれ育ち暮らしているまちがある。そこには、生活に不可欠な学校、役所、病院、会社、商店がある。そんな地域の日常は、淡々と流れているが少しずつ変化している。そして日々暮らしている現在の先に未来がある。地域とは、そのような場所である。
　現代の地域は、未来に希望を持てるのか。自分ひとりだけの未来ではなく、自分も含むそこに住む人々みんなの未来に希望を持てるのか。未来に希望を持てる地域には、地域を活性化していく活力の源泉があるであろう。そこには、一人ひとりを大事にしながら、みんなのことを思い、地域を元気にしようという"まちづくり"の活動があるはずである。そうした活動を担う活き活きとした人々が存在するはずである。
　今、過疎地域を中心に多くの地域が、人口減少と高齢化が進行する中で活力を失っている。そうした疲弊しつつある地域では、働く場の喪失、公共交通の衰退、中心市街地の空洞化など、共通の課題を抱えている。それらに対し、財政面でもアイディア面でも行政は有効な手を打てないでいる。近代化の特徴の1つであるお金中心の価値観が支配する企業中心社会や高度成長期に肥大化した行政機能は、お互いに助け合うという地域内の互助精神や自治意識を弱め、地域社会自身の活力も大きく低下していったのである。そして、人間と人間と

の関係性は分断され、個々人の孤立感、疎外感が深まり、限界集落に代表されるようにコミュニティ存続の危機も現出しつつある。

しかし、そうした状況に危機感を持ち住民が主体となったまちづくり活動が、全国各地で起こりつつある。そのことに、小さな希望を見出すことができる。ただ、住民が主体となったまちづくり活動の動きはまだまだ弱々しく、困難にぶつかったときにも継続していけるかどうかが課題となっている。

疲弊した地域であっても、そこに暮らす人々は、みんなが力を合わせ頑張ることによって、生活が成り立つことを望んでいる。生活が成り立つとは、経済的にも精神的にも自立することである。どこの地域にも、地域を変えたい、希望の持てる地域にしたいと考える人々がいる。そうした人々が、主体性を持ってまちづくり活動に取り組み、その活動を事業化することによって雇用も創出できれば、地域が経済的にも精神的にも自立する道筋ができるのではないだろうか。

地域を取り巻く環境が厳しさを増す中で、注目されているのが「新しい公共」という考え方である。「新しい公共とは、行政だけが公共を占有するのではなく、市民・市民団体・事業者・行政が協働して創造し共に担うもの」という考え方である。地域が自立していくためには、行政が担ってきた従来の公共だけではなく、環境変動に対応できる「新しい公共」の創造が必要になっている。

自立とは、環境変動に適応して、自己創造ができることである。そして、自らが目的を立てて、そこに向かって努力できることである。

地域が自立するためには、物質的な豊かさと精神的な安定──経済的自立と精神的自立──を獲得すること、そしてそれを持続させることが必要である。それを持続させるためには、主体性を持って地域を活性化させようとする人間と協働システムが必要である。

人間と協働システムの主体性を創造することは、それらを取り巻く環境、つまり、地域の経済的側面、精神的側面、関係性の側面を強化することにつながる。それを継続し続けることで、地域の自立が可能になるのである。

さまざまな人間と協働システムが主体性を創造し続ける地域は、結果として地域社会自身も主体性を持つことが可能になる。地域が自立するためには、最

終的に地域社会自身が主体性を創造し続けていくことが必要なのである。そのことが実現した地域は、人間も協働システムも地域社会も活き活きと生きている地域になるであろう。

今、多くの"普通の地域"が地域活性化に具体的に取り組み持続可能な地域を実現することを目的とした理論の構築が必要なのである。

本研究では、地域の自立を目的にし、主体性を持ってまちづくり活動に取り組んでいく協働システムを「担い手組織」と呼ぶ。また、その担い手組織に立ち上げ段階から寄り添い、一緒になって主体性を創造する協働システムを「中間支援組織」と呼ぶ。地域が自立するプロセスの中で、この2つの協働システムが大きな役割を果たすと考えられる。地域の自立プロセスは、静態的に一場面一場面の状況を切り取っても全体像をはっきりと把握することは難しい。そのプロセスは極めて動態的なものであり、その動態性に焦点を当て実践経験に基づいた地域の自立に向けたプロセスを提示することが本研究の狙いである。

われわれは、自らの実践の中から理論を形成し、さらに理論的裏付けを踏まえて実践していくことを心がけている。本研究の基礎にあるものは、後述する4つの事例を含む実践経験から学ぶものを理論として結晶させたものであり、その理論を踏まえた実践である。そして、その背景には方法論的有機体主義（バーナードの方法論）の哲学がある。それに依拠して地域の自立プロセスを理論化できるというのが本研究の主張である。

本研究は、以下のように構成される。

第1章では、新しい公共・公益のあり方について述べるとともに、持続可能な地域社会を創造するために地域の自立プロセス理論の構築が必要なことを述べる。地域の自立プロセスで重要な役割を果たす「担い手組織」と「中間支援組織」を動態的に捉えた上で、地域の自立に向けたプロセスを提示する。

第2章では、深浦における担い手組織、町づくり応援隊「いいべ！ふかうら」の立ち上げとコアメンバーの主体性創造について詳細に述べる。併せて、深浦における地域主体性の形成について、その自立プロセスを物語ること、そして、それを通して「地域の自立プロセス理論」の深化を目指す。

第3章では、特定非営利活動法人グリーンエネルギー青森が、青森県鯵ヶ沢町に建設した日本で2例目のあおもり市民風力発電所とそれをきっかけに取り

組んだ地域活性化の活動について述べる。この市民風車には、建設費用として必要だった資金を市民出資という形で775名の市民が1億7,820万円を出資した。市民風車が創出する社会的価値を中心に考察する。

　第4章では、経営危機に陥った津軽鉄道の支援に立ち上がった津軽鉄道サポーターズクラブ（TSC）の活動を中心に述べる。TSCが、担い手組織として地域に信頼を醸成し、さまざまな主体がコミュニティビジネスの創出に取り組んでいく過程を考察する。

　第5章では、平成のリゾート開発で財政危機に陥った青森県大鰐町で、地域の再生を目指し立ち上がったOH!!鰐元気隊（元気隊）の活動を中心に述べる。元気隊は、住民を巻き込んだワークショップでの意見をまとめアクションプランを策定する。そのアクションプランの実践の1つとして、元気隊有志が事業協同組合を設立し、町が運営していた赤字施設の指定管理を受託することになる。そうした一連の過程を考察する。

　第6章では、第2～5章の実践事例について比較検討を行った上で、地域の自立に向けたプロセスについて具体的に述べる。そして、そのプロセスを実践していくために重要な役割を担う地域経営人材の役割と必要な経営能力について述べる。

第1章
新しい公共・公益と持続可能な地域社会

　地域活性化の事例として、1人のカリスマ的存在がクローズアップされることが多い。そうした事例の場合、その個人の力、努力によりさまざまな困難を克服し活動や事業を継続し成功を成し遂げている。しかし、カリスマ的存在が突然変異的に出現しない限り、他の普通の地域がそれを模倣して同じような取組を実践し成功させることは困難である。カリスマ的存在を意図的に育成することが極めて難しいからである。

　つまり、地域を自立させていくためには、リーダー個人の力に頼るだけではなく、リーダーを中心としつつも組織的、戦略的な取組が必要になる。このような道筋を明確化し、多くの地域が自立に向けた活動や事業に取り組んでいけるようにすることが今求められている。地域を自立させるためのプロセスを明らかにし、"普通のやる気のある人々"が地域で具体的に取り組める理論として、地域の自立プロセス理論の構築が求められているのである。

　"普通のやる気のある人々"が、地域の自立を実現しようという過程では、さまざまな困難や失敗に遭遇することになる。そのときにあきらめずに努力し続けること、挑戦し続けることが必要になる。あきらめずに継続するためには、困難に立ち向かうだけの主体性を創造し続けることが必要になる。「地域の自立」プロセスの中で一番重要なのは、この主体性を創造し続けることである。

　本研究では、地域の自立を目的にし、主体性を持ってまちづくり活動に取り組んでいく協働システムを「担い手組織」と呼ぶことにした。担い手組織は、地域内部の人間で構成される地域固有の組織である。この担い手組織が、立ち上がろうとする時の困難は大きい。また、取組の途上で大きな障害にぶつかる

こともある。やる気のある人々が、地域の自立のために純粋な気持ちでまちづくり活動に取り組んだとしても、周りのさまざまな主体がすぐに共感し信頼するわけではない。

そうした時に、重要な役割を果たす協働システムがある。担い手組織に立ち上げ段階から寄り添い一緒になって主体性を創造する「中間支援組織」である。中間支援組織は、地域に住む直接の当事者ではない。そのメンバーは、地域の外から地域の内側に入り込んで寄り添うのである。

寄り添うとは、立ち上がったやる気のある人々に対して、たとえばコンサルタントのような外部組織の人間が上から目線で「ああすればいい。こうすればいい」と指導するようなふるまいではない。当事者である担い手組織の主体性の創造を第一義に考え、一定の距離感を持ちつつも、組織の目的を共有し、主体性の一翼を担う役割を果たすことである。中間支援組織は、担い手組織の精神的、物質的な苦しみに共感し、それを共に背負うことを進んで受け入れ、一緒になって主体性を創造しようとするのである。

つまり、担い手組織と中間支援組織は、主体と客体という分離した関係ではなく、共に在る存在であり、主体性を共有することになる。担い手組織のメンバーは地域内部の人間なので、その地域の自立を目指し主体性を創造しようとするのは当然であるが、中間支援組織のメンバーも外部の人間でありながら、担い手組織のメンバーに共感することによって内部に入り込み主体性の一翼を担うのである。

担い手組織に中間支援組織が寄り添い、そこに共感と信頼が生まれることによって、担い手組織と中間支援組織のそれぞれの主体性が融合して、一体化した主体性が現れる。それを「融合組織」と呼ぶ。「融合組織」は、その瞬間瞬間に現れる主体的な存在であり、常時存在するのではなく、現れては消え、消えては現れる。融合組織が繰り返し現れることによって、希望の灯が生まれ希望が明確化していくのである。

そして、担い手組織がさまざまな取組を実施することによって、地域内にいろいろな変化が起こる。担い手組織は1つだけでなく、2つ3つと増えていくかもしれない。他のさまざまな協働システムと人々へも影響を与えるであろう。その結果、主体性を創造し続ける人間と協働システムが増えていくことに

なる。地域社会という全体システムの中には、部分システムとしての担い手組織、部分システムとしての中間支援組織、部分システムとしてのさまざまな協働システムが存在することになる。担い手組織のさまざまな取組がきっかけとなって、全体システムとしての地域社会自身も主体性を創造していくというプロセスをたどるのである。

　以上のように、「地域の自立」を実現するためには、担い手組織と中間支援組織という2つの協働システムが重要な役割を果たすことになる。

　本章では、「地域の自立」プロセスの一場面一場面を静態的に捉えるのではなく、その動態性に着目し考察する。本章は次のように構成される。

　第1節では、地域の人々と協働システムが主体性を創造し続けることによって、地域社会も主体性を創造し、地域の自立が可能になることについて述べる。

　第2節では、地域を自立させようとする時に、そこに関わろうとする人間と協働システムが、主体性を創造していく過程について述べる。

　第3節では、地域の自立を担う協働システム──担い手組織──としてのNPO（民間非営利組織）に着目した上で、市民公益活動・民間非営利セクターの社会的意義について述べる。

　第4節では、地域における新しい公共・公益のあり方を検討したうえで、公共・公益を担う各主体の役割について述べる。

　第5節では、持続可能な地域を目指すとして、地域にとって持続・発展とは何かについて述べる。そして、地域の自立プロセス理論とは何かについて述べ、自立に向けたプロセスを提示する。

1-1　地域の自立

　自立とは、自らの主体性によって自己創造を維持していくことである。
　主体性とは、諸要因を統合して1つの全体性を表す性向であり、それ自体の能動性をもつ。そのような存在は主体的存在と呼ばれるが、主体的存在は生成されつつ自らを生成する[1]。

統合することは、諸要因を1つにすることで、単なる部分の集合ではなくて、そこに全体性が形成される。それは「場」が創出されることでもある。

「地域の自立」とは、地域社会が自らの主体性によって自己創造を維持していくことである。

地域社会は、主体性の観点からみた地方社会 local society である。

地域社会の主体性は、地域に暮らす人々に「われわれ」という意識が共有されることによって生成される。そして、その共通意識が強化されたときに、地域の主体性が能動的に立ち上がる。

地域の主体性は、地方社会を構成する非公式組織の活性を強化し、そのことによって、地域に住む人々と協働システムの主体性も強化する。そのことは、地域の主体性を強化し、地域の全体性としての「場」の力も強化するのである。

本研究では、地域という用語を、「地域社会の主体的存在性」という意味で用いることにする。

本節では、地域の自立とは何かを明らかにするため、地域の構成員である人間と協働システムの主体性を強化しながら、地域の主体性を立ち上げ地域を自立させていくプロセスについて述べる。

1-1-1 協働システムと組織

地域には、そこに住み、暮らしている人々がいる。そして、さまざまな協働システムが営まれている。協働システムは、家庭、政府、学校、病院、宗教団体、企業をはじめとした民間団体などの社会現象的個体の総称である。

バーナードは、これらの社会現象的個体を協働システムと呼んでいる。日常用語では協働システムを組織と呼んでいるが、組織は協働システムのサブシステムなのである。本研究では、協働システムと組織を区別して表現する。

協働システムは「少なくとも1つの明確な目的のために2人以上の人々が協働することによって、特殊の体系的関係にある物的、生物的、個人的、社会的構成要素の複合体[2]」と定義される。協働システムは、組織が中心となって物的要因、人的要因、社会的要因が統合されて生成されるシステムである。

そして、組織は「2人以上の人々の意識的に調整された活性のシステム[3]」

と定義されるものであり、① 共通目的、② 協働意欲、③ コミュニケーションが均衡を維持するところに成立する。これは、非公式組織と区別するために、公式組織と呼ばれるが、特に混同の恐れのない場合、単に組織と呼ぶことにする。

　人々の自由な交流や相互の接触において見られる関係は非公式組織と呼ばれる。非公式組織は「個人的な接触や相互作用の総合、および人々の集団の連結を意味する。これらの特徴は特に意識された共通目的がなく生じることである[4]」と定義される。非公式組織が公式組織生成の基盤となるのであるが、また非公式組織は、公式組織がなければ存続できない。

1-1-2　地方社会と地域社会

　地方社会は、非公式組織の複合体である[5]。地域の現状に危機感を持った人々は、その地方社会を守ろうとするのである。地方社会を存続させるためには、地域自体が持続的なものにならねばならない。そのためには、地域の人々と協働システムが地域を自覚的に共有することによって「場」が創出され、地域が1つの全体性を持つことが必要である。非公式組織の複合体である地方社会が1つの全体性を形成するときに、それを地域社会と呼ぶ。

　地域社会は、地域の人々や協働システムが自らの地域を創りあげていくという仕方で、地域自身の内部に人々や協働システムを統合する。それは、地域の全体性が形成されることであり、人々や協働システムが主体化し活性化できる「場」を創り上げることである。一方で、地域社会は、地域の人々と協働システムに貢献する。それは、地域の全体性が、「場」を通じて個々の主体へ働きかけることである。地域に全体性が形成されることによって、個々の主体が主体の強度を強め、活性化できる「場」ができると同時に、地域の全体性が個々の主体を支えることが可能になるのである。

　地域の現状に危機感を持ち、「自分たちの地域を何とかしたい」という意思を持つ人たちには、共有できる共通意識が生まれる。それは、自分自身の目の前の生活を中心とした「われ」という意識を超えて、「われわれ」という意識を創り出す。こうした共通意識が共有されることによって、地域の全体性としての「場」が形成され、地域の主体性が立ち上がっていくのである。地域社会

と各主体との間に好循環を起こすことができれば、活き活きとした新しい全体性、新しい主体性が繰り返し生成されていくのである。

1-1-3 「地域の自立」実践プロセス──担い手組織と中間支援組織──

　地域の自立とは、地域社会が自らの主体性によって自己創造を維持していくことである。そして、地域が自立するためには、物質的な豊かさと精神的な安定──経済的自立と精神的自立──を獲得すること、そしてそれを持続させることが必要である。それを持続させるためには、地域の主体性を創造し続けなければならない。そのためには、前提として、主体性を創造し続ける人間と協働システムが必要なのである。

　地域の主体性を創造し続けるためには、地域内部の当事者として主体性を創造し続ける「担い手組織」が必要である。しかし、単独では地域の主体性を創造し続けることは難しい。それを精神的に支援する外部の非営利組織の役割が必要である。担い手組織に寄り添い、一緒に主体性を創造することを助けるのが「中間支援組織」である。

　地域の現状に危機感をもち、「自分たちの地域を何とかしたい」という意思を持ったやる気のある人々が現れる。それが、数人であっても、共有できる共通意識を持つことによって、地域の主体性は立ち上がる。危機感を共有した仲間たちの共通意識が共通目的を創り出し、協働システムとして組織化されることによって、具体的行動が実践される。このように組織化された協働システムを「担い手組織」と呼ぶ。「担い手組織」が困難にぶつかって、活動を停止するようなことがあると、立ち上がった地域の主体性は、途端に弱化することになってしまう。そうならないために、組織の立ち上げ段階から「中間支援組織」が寄り添うのである。そして、「担い手組織」の行動が、地域の人々や他の協働システムに影響を与え、地域全体で危機感を共有することが可能になる。

　さまざまな人間と協働システムが主体性を創造し続ける地域は、結果として「個人の主体性が強化される→協働システムの主体性が強化される→地域の主体性が強化される→より一層個人の主体性が強化される→より一層協働システムの主体性が強化される→より一層地域の主体性が強化される」という好循環

を起こすことができる。

「地域を変えたい」という意思を持って、地域の人々と協働システムが、環境変動に適応して、自己創造する。そして、自らが目的を立てて、そこに向かって努力する。さらには、それを包み込む地域の全体性も、それを支える。その結果、地域を取り巻く環境、つまり、地域の経済的側面、精神的側面、関係性の側面も強化されることで、地域の自立が可能になるのである。

1-2　地域主体性の創造

前節で述べたように、地域社会もまた主体的存在である。人間と協働システムに主体性があるように、地域社会にも主体性がある。それを地域主体性と呼ぶ。

地域が自立するためには、主体性を持って地域を活性化させようとする人間と協働システムが必要である。その人間と協働システムの主体性を強化し続けていくことが、結果として地域主体性が強化されることになる。

地域社会が主体性を持つということは、地域社会を構成するさまざまな協働システムとそこに住む人々が、共感と信頼で結ばれ、自然に各主体が主体性を持って地域活性化に取り組めるような場を創出することを意味する。地域社会の主体性は、それを構成する協働システムと個人が地域社会を自覚的に共有するときに明らかになる。

人間と協働システムの主体性を強化し地域主体性が強化されることは、地域を取り巻く環境、つまり、地域の経済的側面、精神的側面、関係性の側面を強化することにつながる。それを持続することで地域の自立が可能になるのである。

疲弊した地域に危機感を持ち、ある人間が地域の自立を目的にまちづくり活動に取り組もうとしたとする。その時、1人の人間では限界があるので、同じ思いを持つ人々と一緒にまちづくり活動に取り組もうとする。これが協働の始まりである。

一緒にまちづくり活動に取り組もうとした時、疲弊した地域に対する危機感

は共有できたとしても、最初はそこに参加しようとする個々人の意識、考え、方向性はばらばらである。しかし、個々人の意識、考えが集約され方向性が定まった時、みんなが共有できる目的が設定され、そのことによって協働システムが立ち上がることが可能になる。

協働システムを立ち上げるためには、最初に立ち上がろうとする人間が、参加者に自分の思いを共感してもらうとともに、個々人の意識、考えを集約し方向性を定める必要がある。そして、その方向性を表現したみんなが共有できる目的を設定する必要がある。

「地域の自立」という漠然とした目的に対しては賛同を得られたとしても、それをどのような手段で達成するのか、そもそも「地域の自立」というのはどういう状態のことかが問題になる。その議論になると、個々人の意識、考えはばらばらである。仮に方向性が定まり協働システムが立ち上がったとしても、共有できる目的を明確な言葉で示し、目的を具体化した目標を掲げなければならない。そして、その目標を達成させるための活動を展開し、組織に参加したメンバーからの貢献を得なければならない。プロセスは、このように始まることになる。

地域の自立を実現するためには、さらに、協働システム自体が力をつけていく必要があるだろうし、さまざまな関係者の協力を得る必要がある。たとえば、会員を増やす、活動を継続するための稼げる事業を立ち上げる、活動に対する人的支援、金銭的支援を獲得する等である。この他にも、地域の自立を実現するための課題解決には、さまざまな協働システムとの合意形成や役割分担も必要になるであろう。

しかし、こうしたプロセスを実践していくのは極めて困難である。どうやって賛同者を募るのか。賛同者の意識、考えをどう集約するのか。目的、目標、具体的事業をどう作っていくのか。メンバーの貢献や地域のさまざまな協働システムの協力をどう獲得するのか。乗り越えていかなければならないハードルは極めて高いものである。

こうした困難を乗り越え、地域の自立を実現するためには、そのことに取り組もうとする人間と協働システムが主体性を創造し続けることが必要である。

本節では、地域を自立させようとする時、それを担おうとする人間と協働シ

ステムがどのように主体性を創造していくのかについて述べる。その時、当事者として主体性を創造し続けるのが担い手組織とそのコアメンバーであり、それに寄り添い一緒に主体性を創造するのが中間支援組織のメンバーである。本節では、そのプロセスを動態的に考察する。

1-2-1　地域活性の循環——希望の創出——

人間は、協働へ自己を投入する。それは自己の客体化の過程である。これは協働システムの主体化の過程である。協働システムは、人間の活動を統合することによって自らの主体性を創造する。そして人間の側からこれを見ると、協働の成果を自己の内に統合することによって自らの主体性を創造しているのである。

人間と協働システムの「主体的過程」と「客体的過程」の循環がうまく機能することによって、人間は主体性を強化することができる。循環がうまく機能しない場合、人間はいったん主体性を強化したとしても、さらに主体性を創造できないため悪循環に陥る。循環がうまく機能する場合は、「人間の主体性が強化される→協働システムの主体性が強化される→より一層人間の主体性が強化される→より一層協働システムの主体性が強化される」という好循環を起こすことができるのである（図表1-2-1）。

図表1-2-1　人間と協働システムの図（循環図）

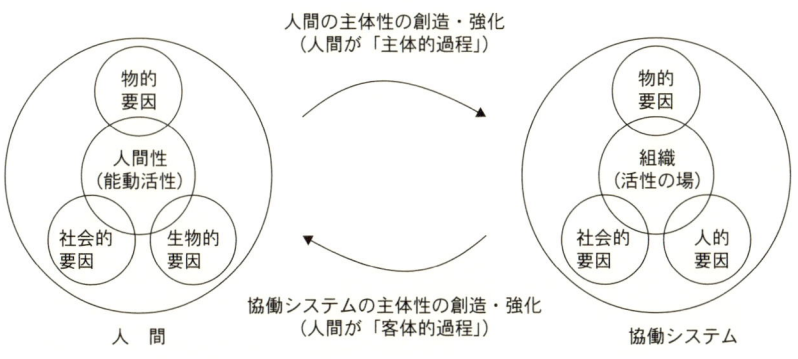

出典：村田晴夫『管理の哲学』文眞堂、1984年、p.54を参考に作成。

地域の場合、地域主体性の強度がこの循環関係に大きく作用する。そして、地域主体性もまた、そこに住む人々と協働システムの自覚的な意識の共有によって強化される。

　この好循環を生みだす原動力は「希望」である。つまり、好循環への道と悪循環への道を分けるのは「希望」なのである。「希望」を創出することによって、好循環が生まれ主体性の創造・強化が可能になる。

　希望とは、自らの進む道の可能性に対する促しの自覚である。それは、他者が何かをしてくれるということではなく、自らが主体性を発揮することによって、何かが実現するのではないかという予感から始まり、場の力によって自らの進む道の可能性を自覚することにより意思となる。好循環を生み出すには、希望を創出し、具体的な行動に結びつけるプロセスを生成する必要がある。

　さて、まちづくり活動に取り組もうとした人々にとって、こうした希望の創出から行動に結びついていく過程はどんなものであろうか。以下のようなプロセスが想定される。

① 担い手組織のリーダーと中間支援組織のリーダーとの間に深い共感や信頼が生まれた瞬間——担い手組織と中間支援組織の融合組織化——に、希望の灯として予感から始まる。最初の段階では、「実現させたい何か」はまだ漠然としてはっきりしない。主体性の一体化を繰り返すことによって、希望は明確化し意思が形成されていく。

② 担い手組織のリーダーに芽生えた「希望の灯」が、人々との接触や相互作用によって、他の人々の意思にも影響を与える。

③「ああしたらいい。こうしたらいい」という選択肢が示され方向性が定まっていくことにより、その中でリーダーは、「希望を実現したい」という意思を固める。担い手組織のコアメンバーもリーダーに共感し意思を固める。

④ 意思を固めた人々によって、「希望」が明確化され組織目的となり、個々人は協働へ参加することを意思決定する。

⑤ 組織目的は、定式化細分化され目標となり、個々人は協働システムに客体化され、組織人格としての具体的な行動によって協働システムに貢献する。

こうした一連のプロセスの中で、組織目的が設定されるまでは（①〜④の時）、人間は協働システムを客体化し、自らの主体性を新たに創造することができる。一方、具体的目標が定まった後（⑤の時）、今度は協働システムが人間を客体化し、自らの主体性を創造する。

人間は、「客体的過程」にとどまり続けることなく、繰り返し主体性を回復しなければならない。人間が繰り返し新たに主体性を創造し、人間と協働システムが、お互いに主体性を創造し続けるために必要なものが「希望」なのである。

リーダーの心理的要因に芽生えた希望は、非公式組織における個人的接触や相互作用、集団化によって起こる共感や信頼によって、個々人の心理的要因にも芽生えるのである。この段階では、希望の灯としてかなり漠然としたものであろう。

次の段階に進むと、未来に対する期待が具体的な形として議論されるようになり、「ああすればいい。こうすればいい」「それじゃできないかもしれない。みんなでやればできるんじゃないか」という選択肢が示され、その中で個々人はその実現のために協働に参加することの意思を固めるのである。この選択力が、個々人の主体的行動に「意味」を与えている。

そして、最終的には非公式組織の中で共有された「希望」が、公式組織の理想として共通目的に明確化されていくのである。この一連のプロセスを創造することが、リーダーのもっとも重要な役割である。

1-2-2 地域活性の好循環を創るプロセス

疲弊した地域では、「人口減少→産業の低迷→地域活力の低下→閉塞感の広がり」という悪循環に陥っていることが多い。こうした悪循環から「信頼関係の蓄積→ネットワークの構築→事業実施による雇用増加・人口増加→地域住民の満足度向上」という好循環に転換することが求められている。

地域における悪循環は、地域内にあるさまざまな協働システムや人々の関係性が分断され、地域全体の視野で物事を考えたり、1つの目標に向かって取り組んでいけないことが原因である。このように社会的要因が劣化したのでは、活性化の源泉とも言うべき活気あふれる主体性は湧き上がってこないのであ

る。しかし、社会的要因が劣化し、地域がどんどん閉塞しているからこそ、逆に、それに気づき、地域を活性化したいと頑張る人々も出現する。危機は好機でもある。その人々が主体性を持ち、まちづくり活動に持続的に取り組んでいくことが、悪循環から好循環へ転換する時のカギとなるのである。

　地域における悪循環を好循環に転換する原動力は何か。それは、希望である。

　まちづくり活動に取り組もうとした時、個々人のばらばらな意識、考えを集約し、方向性を定めなくてはいけない。その時、「希望」が重要な役割を果たす。この「希望」が、みんなに受け入れられたとすれば、非公式組織で斉一な心的状態が創出され、選択肢が示され、個々人は意思を固めていく。そして、「希望」が明確化され、目的になる。こうした道は、好循環を生む道である。

　一方、「希望」が周りの人間に受け入れられなかったとすれば、斉一な心的状態は創出されず、その場合、新たな協働システムの成立に至らないであろう。やる気のある人が立ち上がろうとしても、それが組織化されていかないとすれば、地域全体では悪循環へ向かう道である。

　また、既存の協働システムを考えた場合でも、その協働システムへの参加者が主体性を持ってまちづくり活動に継続的に取り組んでいくためには、主体性の強化の過程を上手に循環させる必要がある。この循環がうまくいくには、「希望」が必要である。新たな「希望」が創出されることが、人間の主体性を強化していくことにつながるのである。こうした状態を作ることができれば、地域は好循環に向かうであろうし、こうした状態を作ることができなければ、悪循環に向かうことになろう。

　たとえば、津軽鉄道という地域内の公共交通を担う重要な協働システムが劣化していく状況を想像してほしい。

　津軽鉄道は、ストーブ列車で有名なため全国的な知名度がある。そのため、ピーク時には年間256万人あった乗客数が30万人台まで減り経営危機に陥っても、多くの住民はそのことに無関心であったし気づかなかったのである。そして、本来その解決策の実践に関わることを期待される行政、地域内の各主体も、積極的にその解決に乗り出そうとはしなかったのである。こうした状況は、まさしく社会的要因の劣化であり、そのことにより津軽鉄道という協働シ

ステムの主体性は弱化し、そこで働く役職員は将来に希望が持てない状態が続いていたのである。人と人、人と協働システム、協働システムと協働システムの関係性が分断され、地域全体の視野で物事を見る機会が減少することによって、地域は加速度的に活力を失っていくこともあるのである。

こうした状況に気づき、その課題を解決しようと立ち上がったのが、津軽鉄道サポーターズクラブ（TSC）であった。TSC は、2006 年 1 月に津軽鉄道の経営危機をきっかけに立ち上がった任意団体である。そこには、企業経営者、サラリーマン、行政職員、NPO 役員、農家、主婦など、幅広い関係者が参加した。TSC の設立には、特定非営利活動法人 NPO 推進青森会議（青森市）という中間支援組織が関わり、その後も継続的に支援を行っていた。

この時期、津軽鉄道は乗客数の減少による経営悪化に加え、3 億 7,700 万円もの費用がかかる安全対策工事を実施しなければ廃線に追い込まれかねない状況にあった。TSC は、中間支援組織の支援を受けながら、津軽鉄道の経営危機について知ってもらう活動からスタートさせた。そして、自分たちができる津軽鉄道の具体的な支援──駅の清掃、駅名標の製作、イベント列車の実施など──に次々と取り組んでいった。TSC は、自分たちが支援の運動を実践するだけではなく、多くの市民を巻き込み運動を大きく育てるとともに、安全対策工事の費用負担に関わる関係者の合意形成にも取り組んでいった。そうしたさまざまな取組の結果、悪循環から好循環へ転換していくことが可能になっていったのである。

悪循環から好循環へ転換するということは、「個人の主体性が強化される→協働システムの主体性が強化される→より一層個人の主体性が強化される→より一層協働システムの主体性が強化される」という循環が起こるのである。こうした好循環はさらに「地域内のさまざまな協働システムや個人の主体性が強化される→地域社会の主体性が強化される」という循環にも結び付いていくと考えられる。

実際、後述するワークショップでの一般参加者からの発言や津軽鉄道の危機をきっかけに立ち上がった団体の合言葉から、地域内の人々や協働システムが新たに主体性を創造しているのが感じられるし、好循環への転換を予感させるものがあった。

本来、こうした循環をうまく機能させることによって、個人の主体性と協働システムの主体性を強化することが可能になるのであるが、現実にはこの循環がうまくいかないことによって、個人の主体性と協働システムの主体性が弱化してしまうのである。閉塞感に満ちている地域では多くの場合、その地域で暮らし働く個人の社会的要因の劣化が、その個人が属する協働システムの社会的要因の劣化にもつながり、その悪循環は個人と協働システムの主体性の喪失を引き起こしているのである。

疲弊した地域において、やる気のある人々が中心になって地域を自立させていこうとした時、悪循環から好循環に転換していく過程を十分理解した上で、人々が、主体性を持ちながら活動をすることが重要である。

津軽鉄道の事例も含めたわれわれの支援の実践経験から、具体的に悪循環から好循環へ転換していくためには、次のようなプロセスが有効だと考えられる。

第1段階：新たな担い手組織の立ち上げ
第2段階：ワークショップの手法を活用したビジョン及びアクションプランの策定
第3段階：アクションプランの実践

津軽鉄道の具体的事例も交えて、以下に3つのプロセスを述べる。

＜新たな担い手組織の立ち上げ＞

「人口減少→産業活動の低迷→地域活力の低下→閉塞感の広がり」という悪循環に陥っている地域が数多く存在する。こうした悪循環を好循環に転換する時のプロセスの第1段階として重要なのが、新たな担い手組織の立ち上げである。

先に述べたように、好循環のプロセスを主導すべき人々は、社会的要因の劣化に気づき、地域のために頑張ろうという人々でなければならない。その気づいた人々が、「地域を活性化する」ことを共通目的に立ち上がるのである。ここでは、組織の最上位の目的が、個々人の利益のためではなく、自分も含むみんなのため、つまり地域のためであることが重要である。

この立ちあがった協働システム――担い手組織――が、「地域を活性化させ

るために、さまざまな活動を展開する」のである。地域社会には、既存の協働システムがあり、そうした協働システムが「担い手組織」として、好循環へのプロセスを主導することが常に不可能だというわけではない。しかし、多くの場合、組織が固定化し新たな発想で新しい取組を進めることは難しいと考えられる。それはなぜだろうか。

　1つは、既存の協働システムはその組織固有の目的と目標を持っており、その目的、目標が新しい取組の目的、目標とは完全に一致するとは限らないからである。地域の課題を解決し地域を活性化するという目的を形成し、具体的な目標を達成していくためには、既存の組織目的や目標との調整に多大な労力が必要になることになる。また、新しい取組に賛同しそこに参加しようとする人がいたとしても、旧メンバーと新たな参加メンバーとの間で価値観を共有することが難しいであろう。こうした取組をする場合、既存の協働システムを支援するよりも新しい担い手組織を立ち上げ、その協働システムを中心にした方が効果的だと考えられる。

　さらに重要なのは、個々人の主体性を創造するためには、既存の協働システムより新しい協働システムの方がやりやすいからである。主体性を創造し続けることができなければ、悪循環から好循環へ転換することは困難である。既存の協働システムの社会的要因が劣化したからこそ、閉塞感が広がっているわけで、既存の協働システムだと、人間の主体性を生かすことができず、逆に抑圧することが多いと考えられる。

　津軽鉄道の事例で、このことを振り返ると以下のように考えられる。
　「地域の公共交通を担っている津軽鉄道という協働システムが経営危機に陥っている」という地域課題を解決しようと立ち上がったのが TSC である。TSC 立ち上げ時の中心メンバーは、地元ロータリークラブの有志といくつかの NPO の関係者であった。仮に、ロータリークラブか特定の NPO が取組主体となっていたとしたら、その時の中心メンバーほとんどが同じように関わっていたと想像するのは難しい。既存の協働システムが取組主体になるとすれば、その活動に中心的に関与するためには、基本的に会員になる必要が生じる。会員になれば、会費の負担や他の活動に参加することも勧められることになり、「なぜ本来目的以外のことにも関わらなければならないのか」という疑

問を持たざるを得なくなるからである。

　また、もしも既存の協働システムが取組主体になるという選択をしていたら、その協働システムが本格的な津軽鉄道支援の取組を決定するまでの組織内の合意形成には、本来目的との調整、既存メンバーの説得、新たに加わってもらうメンバーとの価値観の共有などが必要となる。ほとんどの既存メンバーが積極的に津軽鉄道支援の方針を受け入れることは難しい。今まで自分たちが持っていたものとは異質な目的、目標だからである。仮に、その目的、目標を受け入れたとしても、新たに加わってもらう新メンバーとの価値観の共有や新しい取組の実践にはさらなる困難が予想される。

　実際には、「津軽鉄道を支援する市民応援組織を立ち上げよう」というアイディアが関係者に提示されてから1ヵ月間で準備会が開かれ、さらに1ヵ月後にTSCの設立総会が開催された。極めて短期間で「担い手組織」が立ち上がったのである。経営危機に対応した支援が急を要していただけに、こうしたスピードでの立ち上げでなければ、TSCの一連の取組が成功できなかったかもしれない。この時、われわれが助言を求められていたこともあり、既存の協働システムを母体に市民応援団を立ち上げようという選択肢は考えないまま「新たな担い手組織」を立ち上げることになったが、それは極めて自然な選択であったと考えられる。

　その後、TSCの活動がスタートするわけであるが、最初の大きな課題は組織目的の設定であった。津軽鉄道の澤田長二郎社長がロータリークラブの会員だったこともあり、TSCコアメンバーの中でもロータリークラブの関係者は「澤田社長を助けたい」という意識が極めて強かった。一方、NPO関係者の間では、「津軽鉄道が可哀想だから助ける」ということだけでは違和感があり、別な組織目的、目標の設定が必要であった。こうした状況を打開したのが、「津軽鉄道をきっかけに地域を活性化する」という目的の設定であった。これは、中間支援組織のアドバイスもあってコアメンバーが決定した目的であった。TSCの設立趣意書には「おらほの（私たちの）鉄道の存続、発展を通して、地域活性化に寄与することを目的とし、津軽鉄道サポーターズクラブを設立する」と記されている。

　こうした目的は、形式的には組織の合意事項として短期間に認められたが、

すぐにコアメンバーの心にしっかりと馴染み定着したわけではない。会議等での議論と並行して、自分たちの実践の結果、こうした目的＝新しい価値観が定着していったと考えられる。そもそも伝統的な価値観では、「公共交通の維持存続は、行政が考えるもの」「企業の維持存続は、株主や取締役が責任を持つべきで地域住民が関与すべきものではない」と考えるのが当然であった。

　そうした類の地域課題であった津軽鉄道の経営危機に市民応援団を立ち上げ、その支援をするという主体的行動を継続的に実践していくためには、コアメンバーの中に新しい価値観を共有していくプロセスが必要であった。そのことが成功することによって、TSCという組織の中に新しい価値観に基づいた組織文化が創造されていくのである。

　コアメンバーの1人、辻悦子は次のように語っている。「最初は、何で津鉄（津軽鉄道）なの？何で私たちなの？と思ったが、関わってみて津鉄という課題があるから可能性がある。津鉄だけじゃなく地域全体に広がっていける運動と思えるようになった。津鉄が生活に必要なものとは思っていたが、それを使って地域活性化につなげられるとは思っていなかった。運動を通じてそれができることがわかったし、津鉄がみんなのものであることを実感した。『ここをこうすれば、もうちょっとよくなるんじゃないか』と気がついた人が、気がついた仲間と一緒にやるのがいい[6]」。

　辻がTSCのコアメンバーの1人だったこともあり、彼女が理事長を務める子育て支援のNPO法人が、TSCの連絡先・事務局を引き受けることになった。TSCはマスコミに取り上げられることが多く、そのNPO法人のメンバーからは「外部からの電話等に対して、わからないながら対応するのが大変。なんで子育て支援のNPOがTSCの面倒をみなければならないの[7]」という不満もでていたという。

　しかし、こうした不満――価値観の違い――を抱えながらも、現場での献身的な取組があり、すべての人がすべてのことに納得して進んでいるわけではないが、そこには成果と信頼関係も積み重ねられていったのである。

　地域全体でみると、津軽鉄道の経営危機をきっかけに、公共交通のあり方や津軽鉄道の移動手段以外の価値をもう一度問い直すことによって、「担い手組織」を中心に伝統的な価値観を超えた新しい価値観が創造され、その価値観を

共有するプロセスを経ることによって、地域内のさまざまな組織の組織文化の革新が起こるのである。このような価値観の革新、組織文化の革新が成功するかどうか、このことが悪循環から好循環に転換できるかどうかの大きなカギとなっている。以下では、そのイノベーションプロセスを説明することになる。

＜ワークショップの手法を活用したビジョン及びアクションプランの策定＞

　第２段階では、新たな担い手組織が中心となって、民間主導で地域を元気にするビジョン及びアクションプランを策定することが重要である。行政主導で策定したビジョン及びアクションプランは、多くの場合"絵にかいた餅"となってしまう。そうしないために、民間主導で、なおかつ行政にも応援してもらい、地域内の主な団体にも理解を求めながら策定する必要がある。

　もう１つ、より重要な点は、ワークショップという手法を使って、ビジョン及びアクションプランを策定することである。ワークショップに地域内の人々を巻き込むために、積極的に参加を働きかけることが大切である。

　そもそも、行政主導で策定するアクションプランがなぜ"絵に書いた餅"になることが多いのだろうか。それは、アクションプランを策定した人とそれを実行してもらいたい人が一致していないからである。一般的に、行政はコンサルタントに委託し、見栄えのいいビジョン及びアクションプランを作ることが多かった。しかし、それに基づいて「住民のみなさん、このアクションプランに協力してください」と呼びかけても、多くの住民は「それは役場が勝手に作ったもので私たちは関係ない、知らない」という反応を示すことが多い。

　こうしたことにならないためには、「みんなが参加して、そこに参加した一人ひとりが関与してアクションプランを策定した」と思ってもらうことが極めて重要である。そのことによって、参加者の主体性を引き出し、その後の実践に結びつけることが可能になる。

　疲弊している地域が多いだけに、たとえば観光を切り口にしたまちづくりに取り組む地域がたくさんある。しかし、高名な講師を呼んできて、その時は、参加者が盛り上がったとしても、参加者自身が明確な目的・目標を主体的に形成しなくては、なかなか実践に結びつかないのが現実である。

　また、ワークショップで出されたいろいろな意見を集約していく過程もまた重

要である。この作業は、担い手組織のコアメンバーにやってもらうことになる。コアメンバーには、策定したビジョンを自分のものとして捉え、1つひとつのアクションプランの実践者となることを意思決定してもらうことが必要になる。

　ビジョンに関しては、「元気な地域にしたい」という類の漠然としたものが多いが、それを自分たちの言葉で表現することが重要なのである。さらに、それをワークショップやコアメンバー会議の議論で自らが決定することが重要なのである。また、アクションプランに関しては、一般参加者から多数のアイディアが出されるが、その中でビジョンに合致し自分たちで実践可能なものに集約していく作業を、コアメンバーが主体的に行うことが求められる。

　津軽鉄道の事例では、2006年度にワークショップが5回開催されたのであるが、2006年9月に開催されたワークショップで「地域が元気になれば津鉄が元気になる。津鉄が元気になれば地域が元気になる」という発言があった。これは、一般参加者からの発言であったが、TSCが掲げる目的を的確に表現する言葉であり、TSCのミッションを表す言葉として定着していった。また、津軽鉄道の経営危機をきっかけに2006年12月組織化された農業女性らで組織された津鉄応援直売会の合言葉は「津鉄を元気に、地域を元気に、自分を元気に」であった。この合言葉は、津軽鉄道のためにも地域のためにも貢献したいという利他的な意識だけではなく、合わせて自分のためにもなることをしたいという意思を表した言葉である。津軽鉄道沿線地域でこの時期に出てきたこの2つの言葉から、新しい価値観の創造を予感することができる。

　5回のワークショップのうち、2回は「地域の資源発掘ワークショップ」として五所川原市で開催された。このワークショップに参加していた一般参加者が、自分が津軽鉄道に乗って津軽鉄道沿線で発掘した地域資源を手作りマップにして持ってきてくれた。それがきっかけとなって、後述する「津鉄沿線散策マップ」が誕生することになる。こうしたところからも、ワークショップが参加者の主体性を引き出すきっかけになることがわかる。

＜アクションプランの実践＞

　第3段階は、アクションプランの実践である。ワークショップやコアメンバー会議を通して決定されたアクションプランを実践するためには、担い手組

織のコアメンバーが、意思決定に対する責任を持つことが要求される。

　誰が決めたかわからないようなアクションプランでは、実践される可能性はほとんどないと言っていい。しかし、ワークショップのさまざまな参加者から出された意見を集約し、コアメンバー会議で実現可能性を検討した上で決定されたアクションプランは、行政が一般的に作るアクションプランより数倍実現可能性は高いはずである。

　コアメンバーは、中間支援組織の支援を受けながら、十分に時間をかけ合意形成した上で、アクションプランを決定する。そのことにより、コアメンバーは責任を持ち、そのアクションプランを実践するための資金・労力の獲得、実践計画づくりが容易になる。外部の中間支援組織は、アクションプランの実践まで含めて、その地域と担い手組織を支援するわけなので、コアメンバーとの合意形成は不可欠なものである。そこでの合意形成が不十分だと、アクションプランはできたが、実践の担い手が存在せず、中間支援組織だけでは、事業の成功は望めない状況に陥るであろう。

　津軽鉄道の事例では、2006年度に取り組まれたワークショップで出されたアイディアがアクションプランとなり、2007年度以降さまざまな形で実践されることになる。2007年4月には、手書きの津鉄沿線散策マップが完成し、TSC会長と作成した女性から津軽鉄道に贈呈された。同年5月には、TSCが主催しそのマップで取り上げられた「大沢内散策マップ体験」（中泊町大沢内駅出発）が開催されている。

　2007年度は、中間支援組織が支援してTSCが助成金を獲得し、アクションプランを実践することになる。その1つとして、同年6～8月に津軽鉄道沿線での体験モデルコースづくりを目的としたワークショップを3回開催したほか、9月に青森市でその結果を踏まえたモデルツアー検討会を開催し、お客様のニーズを探っている。それらの取組の成果として10月には、1泊2日のモデルツアーを実施している。こうした活動の他、イベント列車の実施、高校生ワークショップの開催、観光ビジネスフォーラムの取組など、TSCが中心になって次々とアクションプランの実践に取り組んでいった。

　2008年度以降もTSCは活発な活動を継続的に展開していくが、そうした活動が評価され、総務省が行う2008年度全国過疎地域自立活性化表彰（全国過

疎地域自立促進連盟会長賞）を受けている。TSC の活動は地域内のさまざまな団体にも好影響を与え、津軽鉄道をきっかけとした地域活性化の取組が広がっていった。たとえば、民間団体、行政、大学の 16 団体で構成される奥津軽地域着地型観光研究会（事務局：NPO 推進青森会議）が発足し、体験リーダーの養成、体験メニューの開発、旅行社と連携したモデルツアーの実施などに取り組んでいったし、津軽鉄道本体もストーブ弁当を始めとしたオリジナル弁当の販売、つくねいもチップスの販売などに取り組んでいった。

さらに、2009 年度に入ると、津軽鉄道本社 1 階を TSC が借り受け、地域交流広場「さんじゃらっと」が開設され、その中にコミュニティカフェ「でる・そーれ」がオープンしている（詳細は第 4 章第 4 節参照）。

以上のように、津軽鉄道沿線では TSC という担い手組織がきっかけを作り、従来の価値観を革新するような新たな価値観を創造しながら、地道で継続的な活動を展開していったのである。

こうしたプロセスの最初は、津軽鉄道の経営危機という地域課題から始まっている。しかし、「公共交通の維持存続は、行政が考えるもの」「鉄道会社の維持存続は、企業自身で責任を持つもの」というような従来の価値観でその地域課題を捉えていたのでは、こうした結果にはなっていなかったであろう。

具体的な成果を出していくためには、一連の全体プロセス――新しい価値観の創造と関係者の意識の革新・価値共有――をイメージした「津軽鉄道をきっかけとした地域の活性化に取り組もう」というビジョンと、アクションプランを策定し実践することが必要だったのである。

その時、担い手組織だけでこうしたプロセスを生み出すことは極めて困難である。そこで、担い手組織に寄り添う中間支援組織の役割が重要になる。中間支援組織は、新たな担い手組織の立ち上げからアクションプランの実践まで、一貫して担い手組織とともに、一連の取組に関わることになる。こうしたプロセスの中で、担い手組織及びコアメンバーが主体性を強化していくのである。

1-2-3 主体性を創造する過程

前述した地域における好循環創造のプロセスは、次のように整理できるであろう。

個人が自己の目的を定立していく過程はその個人の主体的過程である。しかし、目的が定式化、細分化され具体的目標となったとき、人間は協働システムに客体として統合され、組織人格として貢献することになる。主体性を創造し続けるためには、「主体的過程」と「客体的過程」を上手に循環させなければならない。

ここでは、「主体的過程」と「客体的過程」を巨視的に捉えることにする。

疲弊しつつある地域では、多くの既存組織が、この循環がうまくいかなくなっているからこそ組織が閉塞し、地域全体にも閉塞感が広がるのである。そういう意味では、地域の閉塞感を打ち破り、好循環を起こすための新しい取組にチャレンジする人々が、新しい組織を立ち上げた方が、既存組織で新しい取組を始めるより、主体性を創造する上では容易だと思われる。

新たな組織の立ち上げは、前述したように、既存組織の持つ目的と新たに設定されるだろう目的との衝突を防ぐ側面のほか、非公式組織の持つ心理的要因の機能をより効果的に活用する側面がある。新たな組織を立ち上げ、コアメンバーが思いを共有し組織の目的を決定していく過程では、まだ決まっていない目的を自分たちで意思決定していくという意欲が創出されやすい。非公式組織から公式組織に移行しようという段階で、意図の方向づけが行われ、コアメンバー間での相互作用があり、集団化していく過程の中で、特にリーダー層個々人の内面に、主体性が創造されていくであろう。これが、組織目的の第1次的側面の段階であり、個人は「主体的過程」側にいる。

その後、組織の目的を正式に決定し、具体的な目標を決めていくところとなる。その目的を達成するためには、より具体的な目標が設定され、それを達成するための具体的な取組が求められる。こうした段階を迎えると、組織目的の第2次的側面の段階に入る。この段階では、組織としての目的を定式化、細分化することが求められ、その決定に従って、個人は客体化され、組織に貢献することになる。こうした側面の段階では、個人は「客体的過程」側におかれることになる。

以上のように、目的を定立する過程は、個人にとってまさに自由意思にもとづく「主体的過程」であり、未来に希望を持ち主体的に取り組もうという意欲が高まっていく。

前述したように、「未来に希望を持てるかどうか」が、好循環になるか悪循環になるかを隔てるのである。目的を定立する過程では、目的はまだ明確でない。希望は、何かが実現するのではないかという「未来に対する予感」から始まり、その時点では漠然としたものである。別な言い方をすると、「自分も含めたみんなのためになる何かが実現できそうだ」という"感じ"を将来に持てるかどうかが、好循環を創出する原動力になるのである。

希望を含む主体性を強化する力はポジティブなパワーである。ポジティブなパワーには、希望の他、共感、信頼、つながりなどが含まれる。また、ポジティブなパワーと反対の力として、主体性を弱化する力はネガティブなパワーである。これには、あきらめ、惰性、足引張り、嫉妬、妬みなどがある。

これまで述べたように、「主体的過程」の中で、人間は主体性を高めていくことになるので、この過程をより効果的に創出するためには、ネガティブなパワーを生みやすい既存組織よりもポジティブなパワーを生みやすい新しい組織の方が容易であるのは明らかである。

一方、定立された目的を出発点として具体的な行動を起こす段階になると、目的は具体的な目標なり、その組織目標を達成するために、個人は「客体的過程」側におかれ、自分自身を組織人格化し組織に貢献することになる。

組織が単純に発生するときは、非公式組織の意図が結集して目的が設定されるであろうが、その目的は抽象的であることが多い。組織成立の必要条件である目的は、公式組織成立後に、定式化され細分化されることになる。目的が細分化されたものが、組織内分業であり専門化である。この定式化、細分化が、具体的な実践場面での意思決定の領域である。

つまり抽象的な目的から、それを定式化、細分化していく一連の過程の中で、コアメンバーを中心とした個々人が自分自身で意思決定する機会を上手にコーディネートし、他人事ではなく自分事として参画してもらうことが最も重要なのである。このことがうまく行かなければ、目的が設定されたとしても、主体的な行動までは見出すことができないであろう。

前項で、TSCの場合、「津軽鉄道をきっかけに地域を活性化する」ことが、目的として設定されたと述べた。その抽象的な目的を定式化、細分化して具体的目標になると、個人は「客体的過程」の側におかれることになる。その目的

及び具体的目標を意思決定する過程に個人が参加してもらうことによって、主体的な行動を引き出すことが重要なのである。ワークショップを実施するのは、そのためである。

　行政が、ビジョン及びアクションプランを策定する時、多くの場合、コンサルタントがそれを策定してしまうことが多かったのである。本来アクションプランを実践すべき住民が、蚊帳の外に置かれるという状態だった。一方、担い手組織が中心になって、地域住民を巻き込み、ワークショップを実施した場合、そこに参加した住民は、アクションプランの策定に自ら参加することができる。ある意味、自分自身がアクションプランという具体的な目標を意思決定したわけで、それを実践するための貢献意欲も高まることが予想される。

　以上のように、ワークショップによるビジョン及びアクションプランの策定は、そこに参加する住民の主体性を高める効果がある。合わせて、コアメンバーの主体性をも高めることになる。そして、後者がより重要である。ワークショップは、担い手組織が主催するため、コアメンバーは、その運営や策定した結果に責任を持つことになる。また、ビジョン及びアクションプランを取りまとめるのは、最終的に住民ではなくコアメンバーなのである。コアメンバー自身が意思決定をして、ビジョン及びアクションプランが正式に決定されるわけで、この過程で主体性を高めていかなければならない。

　そして、こうした一連のプロセスを成功させることによって、コアメンバーと参加した住民が力を合わせてアクションプランを実践することが可能になるのである。

　こうしたプロセスを担い手組織だけで創出するのは難しい。担い手組織が、主体性を創造する過程を上手にコーディネートする役割を中間支援組織が担うことになる。担い手組織に寄り添い、最終的に地域社会自身が主体性を持つに至るプロセスの一翼を中間支援組織が担うことになるのである。このことについては、次項で詳しく述べる。

　ここでは、単純化して、非公式組織から始まって、意図が明確化され目的となって、公式組織が成立し、目的が定式化、細分化され具体的な目標となるとした。個人からみると、その過程の前半は「主体的過程」であり後半は「客体的過程」であった。非公式組織での個々人の意図が主体的なものであること、

目的を定式化、細分化していく過程で個々人の意思決定が反映されることの重要性を述べた。

ただ、成立した公式組織には、つねに対の存在として非公式組織があり、そこから個々人はさまざまな影響を受けることになるし、個人はもちろん、協働システム自身も同様に、主体的過程と客体的過程を繰り返し、その中で新たなる主体性を創造することになる。この主体的過程と客体的過程の循環を上手にマネジメントしていけば、好循環を持続できるのである。協働システム誕生の時は、一般に「未来に希望が持てる」ケースが多いと考えられる。しかし、主体的過程と客体的過程の循環がうまく機能しないと、個人は協働システムから何らかの抑圧を感じることによって、主体性を弱化させていくケースも考えられる。

目的と目標は、はっきりと区別しなければならないのである。目的は、主体的過程からみれば意図そのものであり、客体的過程からみれば目標を定める方向づけのことである。目的は、定式化、細分化されていくことによって、目的と呼ぶよりも、目標、客体、対象と呼ばれるようになる。目的が目標になることで、具体的実践を意思決定するための環境が客観的に分析され、具体的な戦略計画が策定される。これが意思決定過程である。それは、客観的であり、論理的であり、技術的である。そこでは、公式組織が主体的に活動して、非人格的に客体化された個人を統合する調整を行うことになる。

以上のように、「担い手組織」における目的と目標の意思決定過程を上手にマネジメントすることで、人間と協働システム双方の主体性を強化し、地域における悪循環を好循環へ転換することが可能になる。

いろいろな地域で、少数ではあっても、地域を変えたい、希望の持てる地域にしたいと考えている人々が存在する。そうした人々が、ちょっとしたきっかけと支援により、新たな担い手組織を立ち上げ、まちづくりの活動に取り組んでいくことは可能である。

担い手組織が、ワークショップという手法を活用し、地域住民と一緒に地域の現状や地域資源を見直す。さらに、ビジョンとアクションプランを策定する過程で主体性を創造していく。中間支援組織は、その過程の中で、意識的に主体性を創っていく環境を整えると同時に、具体的な実践の支援も約束することによって、地域における悪循環を好循環に転換していくためのきっかけ──希

望——の創出を目指すのである。

　地域全体が、あきらめ、惰性、足引っ張りなどネガティブなパワーによって閉塞感に覆われているかもしれない。しかし、こうしたプロセスを理解した上で、まちづくりをベースにした活動を継続していけば、経済的にも精神的にも自立した事業を構築することが可能であり、そのことによって、人間と協働システムの主体性も創造し続けることができるであろう。

1-2-4　指向性と促し

　前節で述べたように、主体性は、統合すること、能動性を持つことによって特徴づけられる。一定の強さの主体性を持つものを主体的存在というが、それは生成されつつ生成する存在である。主体的存在が、諸要因を統合する時、新たな主体性が立ち上がる。その主体性の創造によって、自律的な行動が生成され、自立の方向を産み出していくのである。人間も協働システムも、そして地域社会もまた主体的存在である。

　地域を自立させたいと立ち上がる人々が主体性をもち、地域の活性化を目的とした担い手組織を立ち上げる。その担い手組織とコアメンバーが、意思決定し自律的な行動を積み重ねていく。自律的な行動を生成しながら、自らの方向を産み出すのである。

　津軽鉄道の事例では、前述したコアメンバーの辻悦子のコメントを思いだしてほしい。彼女は、「最初は、何で津鉄なの？何で私たちなの？と思ったが、関わってみて津鉄という課題があるから可能性がある。津鉄だけじゃなく地域全体に広がっていける運動と思えるようになった。津鉄を使って地域活性化につなげられるとは思っていなかった。運動を通じてそれができることがわかったし、津鉄がみんなのものであることを実感した」と語っている。TSCでは、「津軽鉄道をきっかけに地域を活性化する」という目的が、形式的には組織の合意事項として短期間に認められたが、すぐにコアメンバーの心にしっかりと馴染み定着したわけではない。担い手組織としてワークショップを開き、地域住民と一緒になってアクションプランを決定し、それに基づいて実践を重ねる中で、自律的な行動が生成され、自らの方向性を感じ取り産み出していったのである。

さて、個人の自己システム生成の契機には、自発的な「指向性」と外生的な「促し」がある[8]。

主体性を強化するためには、自らの自由意思の力である、自発的な「指向性」を高めていくことが極めて重要である。一方で、組織の場における外生的な「促し」の力が、自発的な「指向性」を歪めてしまうことがありうるのである。

しかし、「促し」は必ずしも、個人を抑圧する組織の力というわけではなく、自発的な「指向性」を高める機能も持ちうるのである。たとえば、中間支援組織が、担い手組織に寄り添うことによっても「促し」が起こるのである。

中間支援組織が担い手組織に寄り添うとは、指導する立場でのふるまいではなく、担い手組織の主体性の創造を第一義に考え、組織の目的を共有し、ある時は一緒になり現場をつくりある時は忍耐強く見守り、主体性の一翼を担う役割を果たすことである。

地域社会という全体システムの中に、部分システムとしての担い手組織と部分システムとしての中間支援組織が含まれている。部分システムである中間支援組織が、部分システムである担い手組織と一緒になって目的を共有し地域の主体性の一翼を担うことによって、新たな全体システムが生成される。そこで生成された新たな全体システムによって、担い手組織に「促し」が起こるのである。

この「促し」は、個人固有の自由意思、個人人格を抑圧するものではなく、担い手組織とそのコアメンバーの主体性を強化する力である。

地域社会という全体システムの中に、担い手組織という部分システムが生まれる。その担い手組織の主体性を強化しさまざまな障害を小さくするためには、中間支援組織の役割が重要になる。そして、中間支援組織は、外部の単なるアドバイザー役ではなく、全体システムの内側に入って、一緒に重荷を背負うことを受容しながら自律的行動を生成していくのである。

中間支援組織の参加により新たな全体性を持つ上位システムが創出され、下位システムである担い手組織に「促す」ことになる。中間支援組織は、地域社会という全体システムに参加しともに担うことによって、新しい上位システムの形成を手伝っているとも言えるのである。部分である担い手組織は、知らず

知らずのうちに促され、自覚する。全体性は担い手組織が意図しないうちに「促し」という形で浸入しているのである。

1-3 地域の自立を担うNPO（民間非営利組織）

　疲弊した地域社会の中で、「こうすれば何とか生活を成り立たせることができる」という取組を進めようとしたとき、みんなが生活できる所得を自分たちで稼ぐ——自ら稼ぐ——とともに、ローコストでの公共サービスの提供が必要になる。この時、従来の行政主導の取組や企業的な経営で成功することは可能であろうか。現状では、極めて困難なことが予想される。行政は財政難に陥り、民間企業は環境変化に対応できていないからである。行政ではない民間の主体でありながら、明らかに利益を第一の目的としない新たな経営体が全国各地で立ち上がろうとしている。この新たな経営体とは、NPOである。ただ、こうした経営体は「地域を自立させる」という高い理念を掲げてはいるが、地域を持続し発展させることは並大抵の努力ではできないのが実情であろう。本節では、地域の生活を成り立たせようとする経営体であるNPOに着目した上で、市民公益活動・民間非営利セクターの社会的意義について検討する。

　まず、ここで着目しているNPOについて定義する。本研究では「NPOとは、社会的な使命をもって公益的な活動を行う、営利を目的としない自主的で自立的な市民が主体となって活動する団体」と定義する。必ずしも、特定非営利活動法人（NPO法人）を指しているわけではなく、法人格の種類・有無は問わない。NPOは、前述した定義にあてはまれば、NPO法人だけではなく、公益法人、中間法人、企業組合、事業協同組合、株式会社の他、任意団体も含まれる。株式会社は、法人形態としては明らかに営利目的と考えられるが、非営利型株式会社[9]という理念で設立されたNPOも誕生している。

1-3-1 新たな"公益"の担い手

　日本では、民法第34条によって、公益に関することについて、行政や行政のお墨付きを得ている公益法人（財団法人・社団法人・社会福祉法人・学校法

人等)以外の団体が行うことは、実質上禁止されていた。しかし、阪神大震災を契機とし、市民の公益活動が注目をあびる中で、1998年12月、市民＝議員立法で「特定非営利活動促進法」(NPO法)が成立した。市民が公益を担う根拠となる法律が成立したのである。それから10年、市民が自ら組織する市民活動団体が法人格をとって、環境・福祉・まちづくり等さまざまな分野[10]で活動を開始している。2009年4月末までに、NPO法人の認証数は3万7,368団体までにも達している[11]。

　こうした市民の手による公益活動が期待されるのはなぜか。

　総合研究開発機構『市民公益活動基盤整備に関する調査研究』(1994年)は、市民公益活動を「民間非営利活動の一部で、その中でも特に多くの市民の自主的参加と支援によって行われる自立的な公益活動」(同上書、p.1)と定義している。この定義を他の活動概念との関係を踏まえて示したのが図表1-3-1である。

　いわゆる「55年体制」が生まれたのは、敗戦から10年後であるが、それは、政界だけではなく、企業経営や社会生活の面でも存在した。日本で終身雇用という言葉がはじめて使われたのが56年であるが、この頃から戦後の日本型経営が定着していく一方で、日本の社会全体が「企業中心社会」に変わって

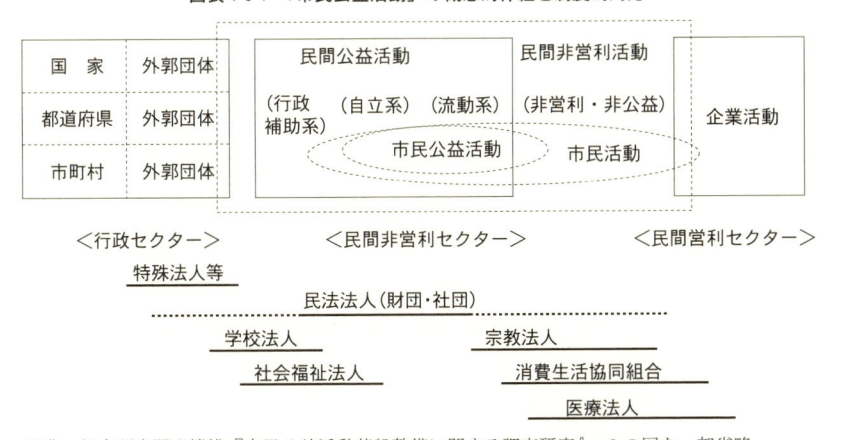

図表1-3-1　「市民公益活動」の概念的枠組と制度的対応

		民間公益活動	民間非営利活動	
国　家	外郭団体	(行政補助系)　(自立系)　(流動系)	(非営利・非公益)	企業活動
都道府県	外郭団体	市民公益活動	市民活動	
市町村	外郭団体			
＜行政セクター＞		＜民間非営利セクター＞		＜民間営利セクター＞

特殊法人等
民法法人(財団・社団)
学校法人　　　　　宗教法人
　社会福祉法人　　　消費生活協同組合
　　　　　　　　　　　医療法人

出典：総合研究開発機構『市民公益活動基盤整備に関する調査研究』p.3の図を一部省略。

いった。つまり、職場が共同体化し、地域コミュニティや家族制度が崩壊する現象がすすんだ。

　この戦後体制——すなわち、冷戦構造の中で西側陣営に属し、政治的には自民党単独政権が続き、経済的には規格大量生産型産業の発展をめざし、社会的には地縁・血縁を排して職場共同体社会に徹する——という構造は、戦後の世界的な流れにも適合し、日本に大きな繁栄をもたらした。しかし、90年以降、この戦後体制は急激に崩壊過程に入っていった。奇跡的な高度経済成長と国際競争力強化を実現してきた官僚組織と一部の経営者が、バブル崩壊の過程で、国庫と企業に膨大な損失を与えた。"政治家は二流だが官僚は一流""政治は二流だが経済は一流"といわれた神話は崩壊し、政治家はもちろん硬直化した日本の官僚組織や企業組織には、今の閉塞状況を打ち破り、これからの時代にふさわしい改革を実現する能力と勇気に欠けているようにみえる。

　このような状況の中で、市民公益活動を担う市民活動団体は、行政セクターや民間営利セクターではできない先駆的な活動への挑戦や多様なサービスの供給実現、そして行政セクター・民間営利セクターを監視することを期待されているのである。

　日本社会に、なぜ市民公益活動の発展が必要なのかについて、総合研究開発機構『市民公益活動の促進に関する法と制度のあり方——市民公益活動基盤整備に関する調査研究（第2期）——』（1996年）は、以下の5点に整理している（同上書、p.5）。

① 自己実現社会の構築 ── 人々が社会に関わり貢献することによって自らのアイデンティティや生きがいをつくりだし、自己実現をうながす。

② 地域社会の再構築 ── 高齢化の進展等にそなえ、地域における生活の質の向上を図り、地域福祉活動をはじめ分野をこえた連携により、地域の再構築をすすめる。

③ 小さな政府と自己責任社会の担い手 ── 市民公益活動が公共領域に進出することにより、小さな政府の実現と自己責任社会の創造をもたらす。

④ 新しい経済の担い手 ── 非営利セクターは雇用機会を増大し、リスクの大きい新産業分野に挑戦する人々の意欲を育成し、新しい仕事やマーケットをつくる。

⑤ 地球市民社会の担い手 —— 海外協力・支援を目的とした NGO、NPO などの国際交流を通して地域を国際化し、地球市民でもある新たな地域人をつくる。

1-3-2　NPO と民間非営利セクター

さて、そもそも NPO とはどういう団体をさすのであろうか。

NPO は、nonprofit organization のことだといわれ、直訳すると「非営利組織」となる。しかし、非営利の組織というと国や自治体さらには、公社公団等も営利を目的としない非営利組織であり、NPO は正確には「民間非営利組織」である。

非営利というので、対価をとらず無償でなければならないということではなく、ここでいう非営利とは、「事業活動からプラスの利益を計上しても構わないが、その利益を関係者で配分せず、利益が生じた場合目的とする活動にすべて再投資すること」（非配当の原則）で、けっして無償の奉仕をするボランティア団体というような意味ではない。NPO は、営利よりもミッションを優先させて活動する組織なのである。

NPO は、かなり幅広い概念で、非常に異なった 2 つのカテゴリーに分かれる。1 つは、公共奉仕型 NPO で、主として「公共に奉仕する」性格をもつものである。もう 1 つは、会員奉仕型 NPO で、公共の目的は持っているが、主として「会員に奉仕する」性格を持つものである。後者には、業界団体・労働組合・協同組合・社交クラブ等が含まれるが、本研究では、主に前者に焦点を当てている。

公共奉仕型 NPO には、環境・福祉・まちづくり等の市民活動団体ばかりでなく、財団法人・社団法人・学校法人・社会福祉法人等の公益法人も基本的には含まれる。ただ、こうした日本の公益法人の中には、主務官庁制のもとで個々の官庁からのコントロールが強く、厳密に言うと非政府性にあてはまらないと指摘されるものもあるし、一方で、社会福祉法人でありながら、市民公益活動を行っている団体もある。日本の既存の法人制度をもとに、NPO の概念を整理することは困難である。

このように、市民活動団体は NPO とイコールではなく、NPO の一部になっ

ている。町内会・自治会の地縁組織やボランティア団体・ボランティアグループも含めて、「NPOをめぐる諸概念の構成」を図にすると、図表1-3-2-①のようになる。

行政が税金を使って非営利の公共的な財・サービスを提供する活動が第1セクターである。これに対して、民間営利企業が財・サービスを提供する活動が第2セクターである。これまでの日本社会は、第1セクターと第2セクターが強大で、第3セクター・市民セクターともいうべき民間非営利セクターがほとんど認識されてこなかった。

NPOを担い手とする第3セクターは、第1セクター・第2セクターだけでは十分でない社会的・公共的サービスを先駆的に、あるいは多様に供給していく。第3セクターのことをアメリカでは、nonprofit sector や independent sector、イギリスでは、voluntary sector という。これらの言葉は、「非営利」「（政府から）独立的」「自発的」とそれぞれ第3セクターの意味をよく表現している。

日本では、第3セクターは、国や地方公共団体と民間企業の共同出資で設立される事業体であると理解されているが、国際的には通用しない概念である。社会を3つのセクターに区分する場合、行政（第1）セクター・民間営利（第2）セクター・民間非営利（第3）セクターに区分するのが、国際的に一般化

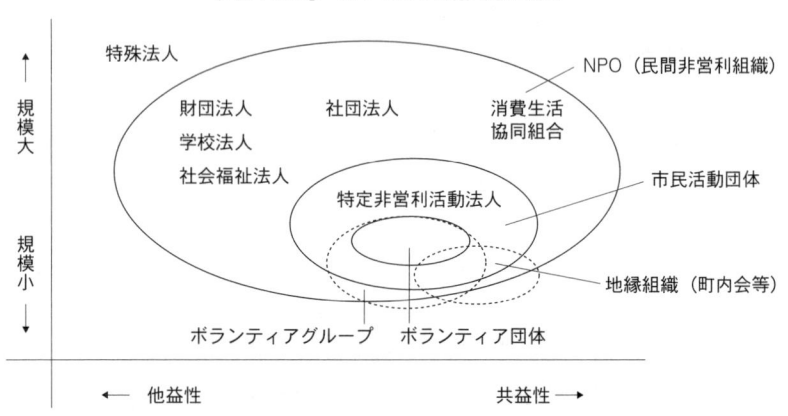

図表1-3-2-①　NPOをめぐる諸概念の構成

出典：山岡義典『NPO基礎講座2』1998年、p.3。

図表 1-3-2-②　行政・営利企業・NPO の特性比較

	行政	営利企業	NPO
組織理念	社会的合意	最大利益	価値実現
行動原理	法令（手続き）	競争（マーケット）	共感（ネットワーク）
行動特性	公平性・画一性	能率性・機動性	自発性・互助性
受益範囲	全体的	選択的	部分的

出典：東京都『行政と民間非営利団体』1996 年、p.64。

している。

　行政・営利企業・NPO は、それぞれに固有の社会的価値を追求し、独自の組織理念・行動原理・行動特性を持っている。これらをまとめたのが図表 1-3-2-② である。

1-4　新しい公共・公益のあり方

　前節では、本研究における NPO（民間非営利組織）を定義したうえで、市民公益活動・民間非営利セクターの社会的意義について検討した。本節では、社会が大きく変化する中で、新しい公共・公益はどうあるべきなのかを検討する。

　これまでは、行政職員も市民も「公共＝行政が担うもの」を当然のことと考えていたのかもしれない。しかし、公共は行政の独占物であるという時代は終焉を迎え、「市民自らも公益の担い手である」という新しい公共性の考え方が根を張ろうとしている。「新しい公共とは、行政だけが公共を占有するのではなく、市民・市民団体・事業者・行政が協働して創造し共に担うもの」という考え方である。

　地域が自立していくためには、行政が担ってきた従来の公共だけではなく、環境変動に対応できる「新しい公共」の創造が必要になっている。そのような中、市民による自発的な公益活動を行う組織として、NPO（民間非営利組織）に対する期待が高まってきているのである。これからは、市民セクターと行政セクターがお互いに対等の立場に立った上で、ある部分ではそれぞれが単独

で、ある部分では協働で公共を担っていくという、「新しい公共」の実践が求められているのである。

　村田晴夫は、「公益は、物質的な安定と精神的な豊かさが感じられる安定・安心の日常を保障してくれる社会を実現するために共有されてある活力の源泉である[12]」と述べている。また、小松隆二は、「公益・公益活動とは、自分を大切にするだけではなく、みんなのこと、地域や社会のことも大切にする考えを基礎としているものであり、自分づくりから、それを超えてまちづくりに進み出ることである[13]」と述べている。

　地域の人々が、物質的な安定と精神的な豊かさ――経済的自立と精神的自立――を獲得するためには、共有する活力の源泉である"公益"を創出し育成していく必要がある。また、一人ひとりが自分のことだけを考えるのではなく、みんなのこと、地域や社会のことを考え、個人もさまざまな組織もまちづくりの活動に取り組むことが必要なのである。

　堀尾輝久は、「公共とは、一人ひとりのものであると同時にみんなのもの[14]」と表現しているが、村田晴夫は、「公益は、一人ひとりのためのものであり、みんなのためのものである公共性を生み出すものでなければならない[15]」と述べている。

　公共サービスとは、地域に住むみんなのためのサービスであり、政府によるサービスだけとは限らない。地域の公共的な必要性を満たすためには、政府機関だけが公共サービスを提供するのではなく、非政府の民間組織が公共サービスを提供することも必要なのである。歴史的にみても、政府が確立する以前は、地域共同体において、隣人の助け合いによる公共的なサービスの提供が行われてきた。中央政府も地方政府も財政難に陥り、地方政府が行政サービスの縮小をせざるを得ない状況の中で、地域社会自身が地域における公共サービスの在り方・水準を選択し意思決定したうえで、公益を高めていくことが重要なのである。

　以上の議論を踏まえると、公益とは「公共性を生みだす源泉」であり、公益活動とは「自分のことも含むみんなのため、地域や社会のために必要な公共サービスを提供する活動」なのである。

1-4-1　地域に必要な公共サービスを考える

　多くの地方自治体が財政危機に陥る中、行政だけで従来通りの公共サービスを維持していくことは極めて困難な状況を迎えている。医療・福祉・交通などさまざまな分野でそのことを実感する。たとえば、公共交通の分野では、「利用者の減少→バス路線の減便・廃止→さらなる利用者の減少」という悪循環に陥る現象がみられる。それでも、行政の責任で、料金を値上げしないでバス路線と本数を確保しようとすれば、補助金の負担をどんどん増やすしかない。しかし、地方自治体は財政的な余裕がないので、負担を増やすことには無理があり、そこでオルタナティブな公共サービスの提供方法が求められている。

　行政が直接サービスする非効率性を克服し、地域住民の満足度を高めながら、ローコストで公共サービスを提供していくためには、どんなことが必要なのであろうか。ローコストには、供給にかかるコストを下げるという意味と、受益者が負担するコストを下げるという2つの意味が含まれている。

　地域住民の満足度を高め、ローコストで公共サービスを提供するためには、次のような手順が必要になる。地域の現状を把握した上で、課題を明確化し、その課題に対する解決策の選択肢を示した上で、関係者の合意形成を図り、新たな公共サービスの提供を開始する。ここで重要なのは、「現場の声を聞いた上で解決策を考える」「1つの解決策ではなく選択肢を示し関係者の合意を取った上で決定する」ということである。この2つの手法は、関係者が納得し、主体的な行動をすることを促すことにつながるのである。

　公共交通を例にとると、鉄道にしてもバスにしても利用者が減少する理由は、少子高齢化（人口減少）とモータリゼーションの進展にある。こうした現実は変えることができない。パイが増えないという前提で考えると、公共交通を維持するためには、観光客をはじめとした域外の人々という要素もあるが、関係者である地域住民自身が、今より利用する回数を増やすことが必要となる。解決策として、利用者側は、① 通学の際になるべく親の送迎をしない、② 通勤の際に車の通勤をなるべく減らす、という行動が必要になる。また、サービス提供側は、③ 気軽に安心して利用できるような情報提供をする、④ 乗ってもらえるような安価で便利なダイヤ編成にする、などが求められるであろう。

数十年前であれば、自動車が今のように普及していないし、主力の利用者であった高校生の数も格段に多かったので、パイの縮小による公共サービスの縮小ということを考える必要はなかったかもしれない。しかし、環境が大きく変化する中で、事業者も行政も、そして利用者である地域住民も、自らの判断で公共交通をどうしていくのかという選択を迫られているのである。「どうしようもない」「何をしたらいいのかわからない」では、自分たちの生活を維持・発展させていくことは到底できないのである。

住民のほとんどが、自分の短期的利益を重視し、①や②の行動は自分の便利さ快適さを減少させることなので、そんなことはできないという行動を取るとする。そのことは、「地域全体の公共交通の維持」という自分も含まれる地域全体の中長期的な利益を失うことにつながる。地域にとっての「共同財＝公共財」を失うことになりかねないのである。公共交通を利用しなくなった人々は、自分の子どもや孫の世代のこと、地域に存在する交通弱者のことも想像した上で、そういう行動を取っているのであろうか。

また、サービス提供側も、利用者が利用しやすいように、③のような情報提供に積極的に取り組んでいるのだろうか。そもそも、地域にとって必要な共同財でありながら、関係者みんなが一緒になって考える機会すらないことが一般的になっている。そのことが社会的要因の劣化につながっているのである。

ところで、④の安価で便利なダイヤというのは、人によって基準が違うと考えられる。地域全体で考えた時には、地域全体の中長期的な利益である「地域全体の公共交通の維持」を基本にしながら、関係者が①、②、③のような行動で協力する前提で、事業者・行政・住民がお互いに納得できる水準で合意形成することが望ましい。

このように、個々人の生活を尊重しながらも、地域全体の視野で考え、地域として維持・存続するために、みんなが少しずつ知恵を出し、お金を出し、汗をかくことが必要な時代になったのだと考える。こうした状況は、ある意味ピンチではあるが、この危機をきっかけに地域を再生できるチャンスでもある。それを生かすも殺すも地域社会自身なのである。

これからの時代は、地域社会自身、つまりそれを構成するさまざまな主体が、主体性を持って公共サービスを担うことが最も重要なのである。行政は、

それを見守りバックアップする立場で関わる必要がある。地域の維持・存続には、主体性が不可欠なものであり、それを育てるのは行政でも、外部のだれかでもなく、地域社会自身なのである。

　公共交通を例にとったが、以上のように、従来までの「公共サービスは行政におまかせ」という考え方では、地域社会を維持・存続させていくことが難しい時代に入ったのである。さらに言うと、財政危機に直面している地方自治体の現状を考えると、これまで行政が提供していた行政サービスの水準すら維持することが厳しいと考える必要がある。つまり、「公共サービスは行政におまかせ」ではなく、公共サービスの内容や水準を自らが決定し、行政と協働しながら地域の関係者自身が担っていく時代に入ってきたのである。こうした転換は、他人事で行われる公共サービスから、自分事で行う公共サービスに転換することであり、地域住民自身が、地域社会のことを決定していく契機となる可能性を秘めている。

1-4-2　地域における経済的自立と精神的自立

　前項では、地域に必要な公共サービスを民間主導でどう維持・継続していくのかという観点で述べてきた。次に、疲弊した地域社会の中で、「こうすれば何とか生活を成り立たせることができる」という取組を進めようとしたとき、みんなが生活できる所得を自分たちで稼ぐ——自ら稼ぐ——には、どんなことが必要かについて述べる。生活が成り立つという意味は、経済的にも精神的にも自立することである。環境が激変する中で、人口が減少し市場主義的なマーケティングだけでは一般に採算を取ることが難しいであろう地域で自立的なビジネスを構築し、生活を成り立たせていくためには、どんなことが必要なのであろうか。

　疲弊した地域社会では、多くの民間事業者——中小企業・商店・旅館・民宿・農家・家族経営の個人事業主など——が、これまでと同じ方法で商品を作り、同じ方法で販売している。こうした方法では、採算をとり、雇用を維持していくことは極めて困難なことが予想される。もう一度、地域にある資源を発掘し、その資源を生かして、これまでとは違う付加価値をつけ、あるいは本来ある価値通り、販売することが必要である。そして、一連の取組を通して地域

としての誇りや自信を取り戻すことが重要なのである。そのことによって、経済的自立だけでなく、精神的自立も手に入れることが可能になる。

　ここで、地域資源について整理をしておく必要がある。食べ物、人、景色をはじめ、地域にある自然、歴史、生活、文化など、これらはすべて地域資源である。これらの地域にある資源を活かし継承することによって、地域の人々は、物質的な安定と精神的な豊かさ——経済的自立と精神的自立——を獲得することができるのである。他の地域にはない自分たちだけの地域資源を発掘し、それを活用したビジネスで採算を取ることで、誇りも取り戻すことができると考えられる。そういう意味で、本研究では、「食べ物、人、景色をはじめ、地域独特の自然、歴史、文化、生活などを地域資源と呼び、地域を活性化するために活用すべきもの」と定義する。

　全国一律で画一的な商品を製造・販売して、仮に経済的に自立することができたとしても、精神的な自立までは手に入れることはできないであろう。外から企業を誘致して外来型の発展を目指すのではなく、地域資源を活用し内発的な発展を目指すのが、われわれの基本姿勢である。

　地域でビジネスを起こし、そこで人を雇用し、みんなの生活を成り立たせることは、非常に難しい。人口が減少し地域全体の産業活動が低迷する中では、市場主義的なマーケティングを行っても採算が取れるという結果になることは稀であろう。しかし、交通量調査や近隣駅の乗降客数などと言った客観データだけでは採算が取れそうになくても、そのビジネスを行う事業者の地域内での信頼やその事業に共感し応援しようというさまざまな個人や組織によって支えられることによって、地域資源を活用し、地域課題を解決するビジネスを継続的に取り組んでいくことが可能である。

　本研究では、こうしたビジネスのことをコミュニティビジネスと呼ぶ。コミュニティビジネスは、共感・連帯・信頼などの社会的価値の創出が大きな特徴になっている。

　コミュニティビジネスは、統一された明確な定義はないが、特定非営利活動法人コミュニティビジネスサポートセンターは、「コミュニティビジネスとは、市民が主体となって、地域が抱える課題をビジネスの手法により解決し、またコミュニティの再生を通じて、その活動の利益を地域に還元するという事業の

総称である[16]」と定義している。本研究では、「コミュニティビジネスとは、地域の資源を活用して、地域の課題を解決し、住民が主体となって地域を元気にする公益的ビジネス」と定義する。

コミュニティビジネスの担い手は、本研究で定義しているNPO（民間非営利組織）であり、法人形態は、NPO法人だけではなく、公益法人、企業組合、事業協同組合、株式会社などの法人の他、任意団体も含まれる。

こうしたプロジェクトを進める際には、1企業1団体だけで取り組んでも、効果を上げることは難しい。地域全体で目標を設定し、さまざまな主体が協力して取り組むことが重要である。その時、その地域ごとに、戦略的な地域資源があるはずである。その象徴的な地域資源を軸にしながら、成功までのプロセスを描くことが可能になる。

こうしたプロジェクトを成功させるための手順について述べる。まず、戦略的な地域資源に関わる関係者の現状を把握した上で、課題を明確化する。その課題に対する解決策の選択肢を示した上で、関係者の合意形成を図り、たとえば農産物であれば新たな生産方法・販売方法でのビジネスを開始する。ここで重要なのは、「現場の声を聞いた上で解決策を考える」「関係者みんなが満足できる選択肢を示し関係者の合意を取った上で決定する」ということである。こうした手法は、前述した公共交通の事例と極めて共通性を持っている。つまり、この手法を取ることによって、関係者が納得し、主体的な行動をすることを促すことにつながるのである。

課題をきちんと明確化した上で、後は関係者や行政と連携し、さまざまな応援団を組織することができれば、その事業の担い手となる組織が中心になってビジネスとして成果をあげることができるであろう。

1-4-3 新しい公共・公益を担うNPOと各主体の役割

次に、新しい公共・公益を担い、地域の生活を成り立たせようとする新たな経営体であるNPO（民間非営利組織）の役割について検討する。合わせて、地域の各主体——行政・地域内の他団体——のそれぞれの役割ついても述べる。

たとえば、観光を切り口としたまちづくりを基盤にしながら事業を展開しよ

うとしている、いわゆる「観光まちづくり事業体」は全国で 500 事業体以上あるといわれており[17]、その法人形態は、第 3 セクターの株式会社あり、NPO 法人あり、事業協同組合あり、さまざまである。観光の分野では、以前は国土交通省から一律に観光協会へ税金が流れるという構造があったが、そのシステムでは効果が上がらないこともあり、現状では、地域の資源を活かして自立的に観光振興に取り組む地域を重点的に支援する方向に向かいつつある。

　こうした国の政策転換はもっともであるが、より重要な要素として、地域の中で、主体的に生活を成り立たせる取組をする「担い手組織」の存在である。本研究で言う「担い手組織」とは、前述した地域に必要な公共サービスの担い手であり、地域が経済的精神的に自立するために行うコミュニティビジネスの担い手である。「担い手組織」が地域の公益を創出し、公益活動を展開するのである。

　この「担い手組織」は、法人格が何であれ、NPO（民間非営利組織）なのである。NPO がコミュニティビジネスを起こし持続的なビジネスとして成功させることによって、地域の生活を成り立たせることができる。コミュニティビジネスは、地域内で 1 つだけ成功すればいいというものではなく、連続的に創出しクラスター化することによって、より効果を発揮する。そのような状況が作れれば、一般の民間事業者にも好影響を与え、地域内で好循環が起こると考えられる。NPO は、地域を自立させるために、主体的に生活を成り立たせる取組をする「担い手組織」としての役割を持っている。

　疲弊した地域が活性化を目指すためには、「担い手組織」が中心となって、民間主導で地域を元気にするビジョン及びアクションプランを策定することが重要である。同時に行政にも応援してもらい、地域内の主な団体にも理解を求めながら策定する必要がある。このプロセスについては、第 2 節で述べたとおりである。ここでは、行政や地域内の他団体との関係や役割についても考えてみよう。

　まず、行政について考えてみる。こうした「担い手組織」は、地域内では数少ない「やる気のある人々の集団」であることが極めて重要な条件である。だからこそ、主体性を持った取組が可能になる。ただ、やる気のある人々も、周りの人や組織から批判されたり、足を引っ張られることがあると、エネルギー

を失い挫折してしまうことが考えられる。そういう意味では、「やる気のある人々が普通に頑張れる条件を作る」必要がある。そのために、行政に味方になってもらうことは必須の条件である。この味方になってもらうという意味は、財政的な支援をしてもらうという意味ではなく、「担い手組織」を応援しているという意思を表明してもらうことである。具体的な実践段階になれば、事業実施のために、行政が資金負担をすることも考えられるが、ビジョンやアクションプランを策定する段階では、「担い手組織」に対する直接的な資金支援は考えなくてもいいであろう。

　次に、地域内の他団体についてである。地域で何か新しいことを始めようとすると、やっかみや足引っ張りが出てくることがある。それが大きな影響力を持たなければいいが、「担い手組織」が普通に頑張るための条件を侵害するようなことになると、その活動に支障が出ることになる。こうした取組を進めるときに、「パートナーシップテーブル」という手法が有効である。パートナーシップテーブルは、地域の課題解決に向けて、合意形成のために設けられる関係者による議論の場で、行政も含めた地域内の関係者が出席し、第3者がコーディネート役として加わり、課題解決に向けて合意形成を図るものである[18]。

　こうした手法をうまく実施することによって、地域内での大きな足引っ張りのような動きは出なくなるし、地域の他団体からも一定の理解を得ながら、取組を進めることができる。一般的に、人の意思決定は非論理的過程の影響が大きいので、こうした手法を使うことにより、地域のさまざまな主体から「聞いていない。気に入らない」と言われることもなくなり、協力まではしてもらえなくても、邪魔まではしないという一定の歯止めをかけることが可能になるだろう。

　以上のように、地域の公益──地域自らが稼いでいくことも含めて──を担おうという組織が表れて、行政、地域内の他団体、住民との間に、一定の合意形成ができていくと、地域全体に「小さな希望」が生まれるであろう。その希望を大きく育てるのも、途中でつぶしてしまうのも、地域社会自身にかかっている。みんなで合意形成し、ある目標を掲げ役割分担するということは、組織人格としてその目標達成に向けて貢献していくことを意味する。貢献は、お金を出したり、知恵を出したり、汗をかくことなので、重要な役割を果たすべき

主体が、その役割を放棄すれば目標を達成することは困難になるのである。しかし、それぞれの主体が、当たり前にやるべきことをやれば、地域の「小さな希望」を大きく育てることが可能である。

1-4-4　担い手組織に寄り添う中間支援組織

最後に、担い手組織のパートナーとして、これまで述べた一連の過程を意識的に創出する組織についても触れることにしよう。NPOやコミュニティビジネス事業者をサポートする中間支援組織である。

中間支援組織の原語は intermediary organization とされる[19]。仲介あるいは媒介という意味があり、NPOやコミュニティビジネスを育てるインキュベータと説明されたり、各種資源を提供する側と必要とする側の仲介役とされたりする[20]。通常は、既存の経営支援組織とは区別して、NPOやコミュニティビジネスの支援を目的とした組織と言われている[21]。

少数ではあっても、地域の公益――地域自らが稼いでいくことも含めて――を担おうという思いの人々が集団化しようとしているとしよう。その時、リーダーがこれまで述べた一連の過程を理解して、「組織化し、戦略を立て、地域のさまざまな主体と合意形成し、目標に向かって関係者の貢献を獲得すること」をイメージすることは至難の業であろう。その時、こうした取組を成功させようとすれば、「担い手組織」をサポートする中間支援組織が必要になる。そして、中間支援組織もまた、担い手組織同様さまざまな法人形態が考えられるが、NPO（民間非営利組織）なのである。

地域の疲弊や閉塞感を憂えて、本気で地域を変えたい、希望をもちたいと思っている人はいる。しかし、具体的に何を目的・目標にして、それをどう実行していけばいいのかがわからない。つまり、「担い手組織」のメンバーだけで希望を創り、障害にぶつかってもあきらめない主体性を創造し続けることは困難である。だからこそ、それを支える中間支援組織の役割が重要になる。

中間支援組織のリーダーには、地域の閉塞状況を打ち破り、地域を自立させたいという「信念」がある。だから、地域に寄り添おうとする。寄り添うとは、中間支援組織が、担い手組織の精神的、物質的な苦しみに共感し、それを共に背負うことを進んで受け入れ、一緒になって主体性を創造しようとするこ

とであった。

　中間支援組織のリーダーが、担い手組織のリーダーが持っている「信念」──「お金のためではなく」「自分だけのためではなく」「みんなのために」地域を活性化させたいという思い──と出会い、そこにお互いの共感と信頼が生まれる。

　担い手組織に中間支援組織が寄り添い、そこに共感と信頼が生まれることによって、担い手組織と中間支援組織のそれぞれの主体性が融合して、一体化した主体性が現れる。それを「融合組織」と呼ぶ。融合組織は、その瞬間瞬間に現れる主体的な存在であり、常時存在するのではなく、現れては消え、消えては現れる。

　融合組織では、担い手組織のメンバーだけでは生まれにくい「希望」が生まれやすい。希望が実現する可能性が高くなると思えること、意思決定しようとする際に背中を押してもらえることが原因である。そこには、2つの期待感がある。1つは経済面での期待感であり、担い手組織だけでは調達できない外部の資金・情報・専門家などを中間支援組織が媒介してくれることを意味する。もう1つは精神面での期待感であり、中間支援組織が一緒にいることによって、心の支えになることを意味する。2つの期待感によって、「希望の灯」が生まれやすくなるのである。

　希望は、中間支援組織が担い手組織に押し付けるものではない。共感と信頼が生まれた瞬間に融合組織が現れ、そこで「希望の灯」が生まれる。共感と信頼は、指導する立場指導される立場ではなく、お互いが同じ目線に立って対話することによって生まれる。希望は、最初は希望の暗示であり、それを一緒になって形成していくのである。

1-5　地域の自立プロセス理論

　前節では、地域における新しい公共・公益のあり方を検討した上で、公共・公益を担う各主体の役割について述べた。本節では、持続可能な地域社会について検討する。そして、地域の自立プロセス理論とは何かについて述べ、自立

に向けたプロセスを提示する。

1-5-1　全体プロセスをマネジメントできる人材の育成

　地域で、やる気のある人々を集め、公益的活動をしようとしても、それを持続させることはかなり困難な仕事である。それを定着させるためには、人材を育成し「担い手組織」を立ち上げ、地域社会が精神的にも経済的にも持続・発展できる状況まで高める必要がある。

　こうしたマネジメントができる「担い手組織」にまで高めるためには、短期間では難しく、「中間支援組織」が「担い手組織」に寄り添いながら一体となって地域の関係者との間に信頼関係を醸成しながら実践を積み重ねていく必要がある。

　地域ビジョンの策定を行い、さまざまな関係者と合意形成を図りながら事業を実践していくためには、中間支援組織にその一連のプロセスを構想し、その実践過程を促進できる人材が必要になる。また、同時にその全体プロセスを最もよく理解し、「担い手組織」と一緒に現場を作っていくサポートができる人材が必要になる。本研究では、一連のプロセスを構想しその実践過程を促進できる人材を「地域プロデューサー」と呼び、全体プロセスを最もよく理解し、担い手組織のメンバーと一緒に現場を一緒に作っていくサポートができる人材を「プロセスマネジャー」と呼ぶ。

　地域社会が精神的にも経済的にも持続・発展できる状況まで高めるには、関係する主体が主体性を創造する活動を繰り返し行う必要がある。個人はもちろん、協働システムも同様に、主体的過程と客体的過程を繰り返し、その中で新たな主体性を創造することになると述べた。

　つまり、地域を変えたいという意思をもった集団ができ、それが公式組織化する過程の中で、一度は個々人が主体性を持てたとしても、個人は組織目的が定立し具体的目標が設定された途端に、その目的達成のために組織人格化し客体として組織に貢献する存在となる。そのままでは、主体性を新たに創造することは困難なのである。マネジメントする立場の人間は、新たな希望を創ることによって、人間と協働システムが主体性を創造し続ける好循環を起こさなければならないのである。この主体性を創造し続けることができる人間と協働シ

ステムが存在する地域が、持続・発展できる地域なのである。

人間の主体性を創造するための中心的役割を担うのが、「担い手組織」のリーダーである。ただ、一定期間は「中間支援組織」の地域プロデューサーとプロセスマネジャーが一緒になって主体性を創造する。それは、「担い手組織」自身とコアメンバーが、主体性を創造し続けられるような見通しが立つまでである。「担い手組織」のリーダーは1人でいいわけではないし、複数の人が育つことが望ましい。また、「担い手組織」自身も最初は1つだろうが、地域内に複数できていくことが望ましい。そうした協働システムが連続的に創出されていくということは、地域内に経済的価値と社会的価値を創出する協働システムがクラスターを形成することになる。そして、そうした状態まで高められると、経済的な意味でも精神的な意味でも地域全体が活性化し、地域の自立的な発展が実感できることであろう。

1-5-2 持続可能な地域社会の創造

地域を維持・発展させる、あるいは持続可能な地域社会の創造とはどういうことか。それは、次の2つを実現することである。

第1に、精神的自立と経済的自立を獲得することである。

第2に、地域の人間、協働システム、地域社会自身が主体性を創造し続けることである。

この2つを達成することが、持続可能な地域社会を創造することであり、地域を自立させることなのである。持続可能な地域社会を創造するためには、精神的自立と経済的自立を獲得することが不可欠である。しかし、一方でそれを維持することは極めて困難である。それを維持・発展させるためには、地域のさまざまな主体が、主体性を創造し続けなければならないのである。この2つの必要十分条件を満たすことが、持続可能な地域社会を創造することであり、地域の自立を実現することなのである。そのことが実現した地域では、人間も協働システムも地域社会も活き活きと生きている地域になるのである。

「地域の自立」というミッションに共感するさまざまな人と協働システム——NPO（民間非営利組織）・民間事業者・行政など——が連帯して、「未来」に希望を持ち、「現在」を変革する力を持ち続けることが、持続可能な地域社会

を創造するということなのである。そこで、繰り返し主体性が創造することができれば、世代を超えて、その精神が受け継がれていくだろう。次章以降で紹介する成功事例も、長い歴史の中でみれば、ほんの一瞬なのかもしれない。単発の成功に満足することなく、その一瞬一瞬を積み重ねていく、発展させる。そのことが持続可能性なのである。発展というのは、経済的発展という意味ではない。経済的にも精神的にも自立することが重要なのである。「人々の主体性を創り続けること」そして「みんなが自立しようとする、自立し続けること」が、「地域の持続性を創ること」につながるのである。

この「人々の主体性を創り続ける」ためには、希望が必要である。希望は、何かが実現するのではないかという「未来に対する予感」であり、「満足に対する期待」である。それがあるからこそ、主体性の再創造が可能になる。

そして、メンバーが組織から抑圧されず持続的に貢献するためには、メンバーたちの自発的な共通感覚を具体化することが必要になる。そして、それを可能にするためには、共感の場を創造することと、人間の個々の感受の力を増進させることが必要である。

「地域の自立」プロセスでは、新しい意味を創造し続けるために、一連のプロセスに、共感の場を創造し、人間の個々の感受の力を増進させることを常に組み込んでいくことが必要である。

1-5-3　地域の自立プロセス理論とは

本章の最後に、地域の自立プロセス理論とは何かについて述べる。

システムは生成されつつ自己を生成する。ここに主体性が生成されてくる。人間も協働システムも地域社会もシステムである。システムは、諸々のサブシステムを客体として統合することによって新たな自己システムとして生成されるのであり、統合する主体が自己の生成をリードするのである。

人間も協働システムも地域社会も、主体的存在として生きている。疲弊した地域であっても、やる気のある人々が集い連帯することによって、人間は主体性を強化していくことが可能になる。その時、1人だけではできないので、「担い手組織」という「地域を活性化する」ことを目的とした協働システムを立ち上げることになる。この「担い手組織」とやる気のある人々は、協働の

「現在」では、人間が組織目的のために手段へ転化し、協働の「未来」では、協働システムが人間の目的のために手段へ転化するという循環過程を上手にマネジメントしなければならない。その循環過程の中で、人間も「担い手組織」も主体性を強化した新たな自己システムとして生成される。

　ただ、地域にやる気のある人々がいたとしても、協働システムを立ち上げるのには困難が伴うし、活動を開始した後の障害を自分たちだけで乗り越えるのも難しい。そこで、中間支援組織が、立ち上げ段階から担い手組織に寄り添い、一緒になって主体性を創造するのである。

　協働システムである「担い手組織」がさまざまな取組を実施することによって、地域内にいろいろな変化が起こる。「担い手組織」は1つだけでなく、2つ3つと増えていくかもしれない。「担い手組織」がきっかけとなって起こすさまざまな取組によって、地域社会自身も新たなシステムとして生成され、主体性を強化していくのである。

　「地域の自立プロセス理論」とは、その地域の人間と協働システムが主体性を創造し続けながら、地域を活性化させていくことにより、地域社会自身も主体性を持つことができ、人間、地域内の協働システム、地域社会の3者がともに自立するという理論である。こうした考えは、方法論的個人主義ではなく方法論的有機体主義に依拠している[22]。

　どんなに疲弊した地域にも、やる気のある人はいる。これが、われわれの実感である。ただ、繰り返し述べてきたように、やる気のある人がいても、具体的に何をしたらいいのかわからない、何かやりはじめても障害にぶつかるとそこを乗り越えることができない、という実態がある。それを乗り越え、地域の未来に希望を持てる道筋を創ることが「地域の自立プロセス理論」の目的である。

　どんなに閉塞感に覆われた地域でもやる気のある人はいる。地域を変えたい、地域に希望を創りたいと考えるやる気のある人々に、きっかけをつくり背中を押すことが求められているのである。そのとき、本章で述べたプロセスを具体的に積み重ねていけば、地域が自立する道筋が見えてくるであろう。今、こうしたプロセスを意識的に創出していくことが、政策的にも求められている。

　お金中心の価値基準でものごとを考える状態から、地域内の信頼や幸せを中

心とした価値基準でものごとを考えられる状態にすることが非常に重要になる。そのことが遠回りのように見えて、地域の絆を取り戻し、地域経済の活性化にも結び付いていく。

地域の自立を実現するためには、そこに住む人々、そこで営まれている協働システム、そして地域社会自身が主体性を強化し続けることが必要なのである。それを実現するためには、そこに住むやる気のある人々から始めるしかない。そして、人間と協働システム、地域社会の同時的発展は可能であるし、そのことを実現することが「地域の自立」につながるのである。

「地域の自立」とは、人間も協働システムも地域社会も活き活きと生きている地域になることである。

これまで述べてきたことから、地域の自立は、中間支援組織が地域に寄り添うことから始まり、希望が創出され、人間と協働システム、地域社会の主体性が強化されることによって達成される。そのプロセスをまとめると、以下のようになる。

① 中間支援組織が地域に寄り添う
② 新たな担い手組織を立ち上げる
③ 担い手組織と中間支援組織による融合組織化によって希望を創出する
④ 自分たちで目的を設定して実践する
⑤ 担い手組織の自立によって中間支援組織の役割は終了する
⑥ 担い手組織の主体性が地域内の他協働システム及び人々へ伝搬する
⑦ 地域社会自身の主体性強化により地域の自立が実現する

ここで提示したプロセスに、第2章以降の実践事例での考察を加え、第6章で具体的な地域の自立プロセスとして述べることにする。

さて、ここで第2章以降の展開を簡単に述べておく。

これまで述べてきたように、地域の自立プロセスの基本には、「寄り添う→希望を創る→目的を設定して実践する→主体性を創造する」という過程がある。そして、その過程を繰り返すことによって、人々と協働システムが主体性を強化し自立していくのである。また、その結果、地域社会自身が人々と協働システムが主体化し活性化する場として機能していくことが求められている。

第2章から第5章までは、中間支援組織が地域に寄り添った4つの具体的事

例を取り上げる。そして、それぞれの事例が地域の自立プロセスの基本に照らしてどのように評価できるのかを考察することにする。

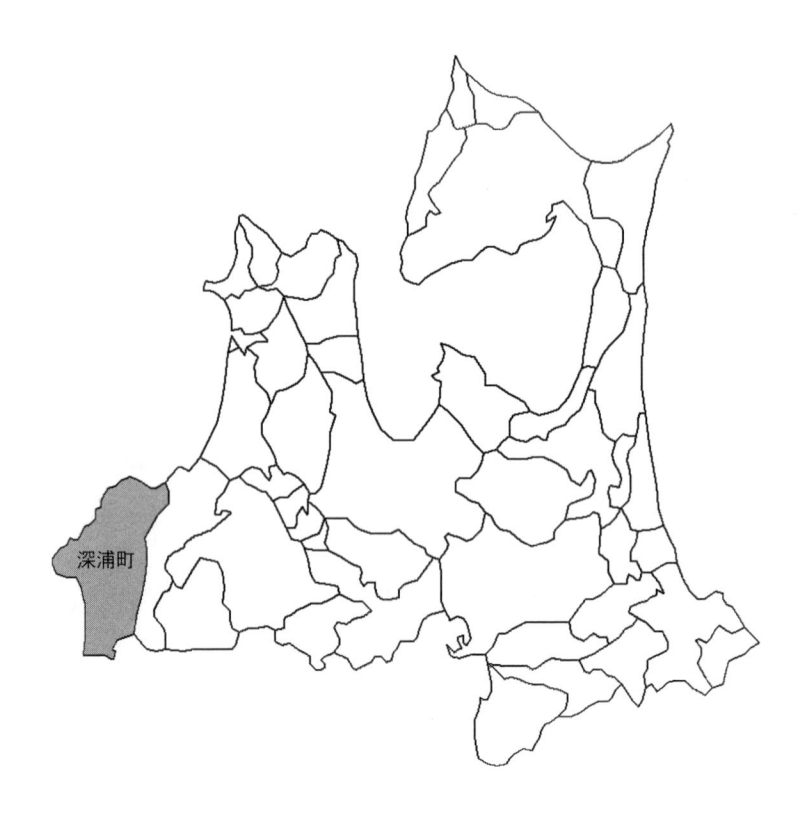

第 2 章
深浦の地域主体性
―― 寄り添いと自立 ――

深浦という地域は、日本海に面し津軽地域[23]の西南に位置している。深浦町は、1926年に町政施行。2005年に旧深浦町と旧岩崎村が合併してできた町で、秋田県に接している。2町村での合併以前には、深浦町の東側に位置する鯵ヶ沢町も含めた3町村での合併が模索されたが、不調に終わり2町村での合併と

なった。

　世界でも最大級のブナの原生林が広がる世界自然遺産白神山地をはじめ、数多くの観光資源に恵まれた地域である。西に広がる海岸線は海に沈む夕陽が美しいことから「夕陽海岸」と呼ばれ、風光明媚なさまざまな奇岩・怪岩が見られる。また、旧岩崎村には1704年の大地震によって川がせきとめられ形成されたという「十二湖」があり、青インクを流し込んだような美しさの「青池」が有名である。

　深浦は北前船の風待ち湊として栄え、大阪や京都などからの文化導入の表玄関として発展し、神社仏閣や貴重な巨木など、多くの文化財がある。深浦港そばにある円覚寺は、807年に坂上田村麻呂が十一面観音を安置させたのが起源とされ、国重要有形民俗文化財の船絵馬をはじめ数多くの文化財が公開されている。町北部の北金ヶ沢地区には、樹齢1,000年以上の神木「日本一の北金ヶ沢のイチョウ」（国の天然記念物）がある。さらに、深浦町には、26地区に伝統芸能として神楽の風習が伝承されており、それぞれが数百年の伝統を持っている。

　町の面積は488.85 km²（国土地理院「平成21年全国都道府県市区町村別面積調」による）で、南北に70 km以上あり、海岸線に沿ってJR五能線と国道101号が走っている。町内の公共交通は、JR五能線が普通列車5往復（リゾート白神[24]は除く）走り、町内に18の駅がある[25]。路線バスは、鰺ヶ沢～深浦線4往復、十二湖線[26]往路8本、復路10本となっている。朝夕には、小学校3校と中学校3校（いずれも町立）に通う児童生徒のために15台のスクールバスが運行されている。また、町内各集落の高齢者を対象に町で運営している温泉施設「フィットネスプラザゆとり」へ週1回送迎が行われている。駅や停留所まで徒歩でいくのが困難な住民にとっては、公共交通を利用して移動することが難しい。深浦町まちづくり住民アンケート（2010年1月実施）によると、「バスや鉄道など公共交通手段が利用できる」という質問項目に対して、満足が8.6％（満足3.4％、やや満足5.2％）であった。同じ項目に対し、重要とする割合が61.2％（重要23.3％、やや重要37.9％）であった。

　町の人口は1万375人、世帯数4,032世帯である。そのうち、年少人口（0～14歳）は981人であり全体の9.5％と10％にも満たない。また、高齢化率

は 37.6％となっている（いずれも、「2009 年 9 月 30 日住民基本台帳」による）。

　産業別就業人口は、2005 年国勢調査によると、第 1 次産業 1,262 人（農林業 667 人、漁業 595 人）、第 2 次産業 1,213 人、第 3 次産業 2,295 人となっている。1985 年国勢調査と比較すると、第 1 次産業－49％、第 2 次産業－34％、第 3 次産業＋6％となっている。

　深浦町まちづくり住民アンケートによると、42 項目の質問のうち、満足度が一番低かったのが「安心して働ける場が確保されている」という項目で 0.7％（満足 0％、やや満足 0.7％）であった。2 番目に低かったのが「担い手が育ち産業が活性化している」が 2.6％（満足 0.6％、やや満足 2.1％）であった。また、重要度では「安心して働ける場が確保されている」が 88.8％（とても重要 70.5％、重要 18.3％）で最も高く、「担い手が育ち産業が活性化している」が 78.0％（とても重要 42.0％、重要 36.0％）であった。

　以上のように、人口減少、少子高齢化の進行、公共事業の激減や誘致企業の撤退などにより、地域経済が疲弊している中で、地域として有効な戦略を打ち出せていないことがうかがわれる。

　町役場に隣接する浜町にある「海鮮市場ピアハウス」では海産物の販売などが行われていたが、指定管理業務を受託していた第 3 セクターは採算が取れないことから 2009 年の年末で営業を中止した。町は、新たな指定管理者の公募を行ったが、応募がなかったため継続を断念した。観光客はもちろん、地元住民の買い物にも支障がでる状況に陥っている。浜町商店街にはピアハウスから歩いて数分の場所にスーパーマーケットがあったが 5 年ほど前に閉店しており、人口減少・景気後退⇒事業採算性の悪化⇒買い物に不可欠な店舗の閉鎖という悪循環に陥っている。このように深浦町では、公共交通や買い物の他、食事、育児、医療など住民生活に最低限必要なサービスの供給をどのように確保していくのかが大きな課題となっている。

　こうした状況に対して、住民が中心となった取組が始まろうとしている。1 つは、町づくり応援隊「いいべ！ふかうら」という任意団体が、町の活性化を目的に立ち上がったのである。「いいべ！ふかうら」は、地域の現状に大きな危機感を持って「何かしなければ」という思いで 2010 年 5 月 27 日に設立され

た新しい団体である。「いいべ！ふかうら」は、設立総会の時点で役員数9名だが、会長が飲食店経営、副会長が保育園経営のほか、電気店経営、ペンション経営、JR駅長など、約半数が経営者、約半数がUターンIターン組で構成されている。

もう1つは、前述の閉店したスーパーで女性農業者が中心となって元気直売所「まちなか」の運営を2010年4月から始めたことである。事業主体の元気直売所「まちなか」友の会のメンバーのほとんどが、ピアハウスで農産物の産直をやっていたメンバーであった。「まちなか」友の会の中心メンバーが「いいべ！ふかうら」の会員にもなっており、今後さまざまな連携も期待できる状況にある。

こうした動きに行政が大きな期待を寄せているのが、深浦の大きな特徴となっている。深浦町の吉田満町長は、「深浦町は地域経済が疲弊しさまざまな地域課題がある。住民との協働による地域活性化への取組を促進したい[27]」と語っている。吉田は、行政だけで公共サービスを維持するのは難しいことを理解した上で、地域課題の解決のために自発的に取り組む住民組織が必要と考えているのである。そして、具体的な実践に期待をしているのである。多くの自治体で「住民との協働」を掲げているものの、具体的な取組を実践している事例は稀である。官民が連携した新しい公共の創出が期待される。

本章では、深浦における地域主体性の形成について、その自立プロセスを物語ること、そして、それを通して「地域の自立プロセス理論」の深化を目指す。本章は、次のような構成で展開される。

第1節では、疲弊する深浦町の現状と地域の将来予測について述べる。併せて、地域の活力を維持するためには、地域が主体的に新たな雇用を生む事業を創出することがもっとも重要であることを述べる。

第2節では、地域が主体的に新たな雇用を生む事業を創出の際に必要な2つの視点について述べる。

第3節では、深浦町における担い手組織の立ち上げを振り返るとともに、中心メンバーの主体性がどのように創造され強化されたのかについて述べる。

第4節では、地域再生に向けた地域内での合意形成の必要性と担い手組織が地域内の他団体や行政とどのように連携するのかについて述べる。

2-1 深浦の将来予測と新たな雇用を生む事業の創出

本節では、人口減少と少子高齢化が進行する中で地域全体が疲弊している深浦の現状を述べる。そして、現状の課題に対して特別な対策を打たない時の将来について予測する。併せて、地域の活力を維持するためには、新たな雇用を生む事業の創出がもっとも重要であることについて述べる。

2-1-1 疲弊する深浦の現状と将来予測

深浦で地域課題となっているのが、公共交通、買い物の場などであるが、それらの課題の前提となっているいくつかの問題がある。ここでは、食事や育児に関する問題を取り上げる。

高齢化の進行とともに夫婦のみ世帯、単身世帯が増えると、高齢者の食事の問題が出てくる。何品かの惣菜を料理することはコストも手間もかかる。さらに、それを1人で食べるとなると、料理をする張り合いがないことになる。そうした状況では、毎食料理を作るのは難しい。町内に高齢者が気軽に食事のできる店や惣菜を買える店があればいいのだが、そうした店が十分にあるとは言えない。そうすると、栄養のバランスが取れた食事を取るのが難しくなる。それを回避するために、食事のできる店や惣菜を買える店を増やすことが地域の課題となるわけだが、人口の推移等から予測すると、地域の中で意識的な取組がない場合、そういう店が減ることはあっても増えることはないような状況である。

2000年、2005年の国勢調査及び2009年4月1日住民基本台帳によると、世帯数合計の推移は3,878→3,725→4,029、65歳以上の高齢単身世帯数の推移は409→513→767、高齢夫婦世帯（夫65歳以上妻60歳以上の1組の一般世帯）数の推移は520→604→547となっている。高齢者のみの世帯割合が、21.5%→30.0%→32.6%と増加しており、特に高齢単身世帯の増加が際立っている。

深浦には、高齢者の食事を支える仕組みとして、配食サービスがある。町から社会福祉協議会への委託費が1食800円、本人負担が400円という条件で

サービス提供が行われているが、実際に利用者が食べる弁当は、「通常だと500～600円程度のもの[28]」という声もあり、工夫の余地が残されている。

　高齢者が、健康で安心して暮らすためには、栄養のバランスが取れた食事を取ることが重要である。そのために、気軽に食事のできる店や惣菜の買える店、併せて配食サービスが利用できるなどの仕組みを地域で創ることが必要である。

　また、深浦町には、いずれも社会福祉法人が運営する8つの認可保育所がある。総入所人員が226名（2009年4月現在：深浦町調べ）となっている。町内に幼稚園は存在しない。日本全体では、保育所への入所待ちが発生しているが、深浦町のような少子化が進んだ町ではそうした悩みはない。それどころか、各事業所・地域が存続を希望しているため、入所者の奪い合いが起こっているのである。45名以上の入所者がいないと事務職員をおけない仕組みになっているため、現在入所者数が33名の保育所では、園長先生が朝夕のバスの送迎及び事務作業を1人で切り盛りしているという[29]。

　今後さらに入所者数が減少することが予測される中で、統廃合や新しいシステムの導入など、地域間での調整と合意形成が必要な時期に差し掛かっているのだと考えられる。経営効率を考えて、単純に今ある保育所を減らすとなると、住民にとってはますます子どもを育てにくい環境を作ることに直結する。たとえば、小学生を対象とした学童保育の事業を取り入れるなど創意工夫をしながら、地域全体が持続可能な形で存続できるよう、合意形成を図っていくことが重要である。色々な努力をしてもなお、すべての保育所が存続できず統廃合する場合、こうした努力を積み重ねた結果であれば、地域住民も納得感を持ってその結果を受け入れることができるのではないだろうか。

　これまで述べてきたように、深浦には多くの過疎地域で抱えているさまざまな課題が存在する。少子高齢化が進み、このままでは、加速度的に人口が減少するであろう。国立社会保障・人口問題研究所の将来推計人口によると、20年後の2030年には、町の総人口6,750人、年少人口490人、高齢化率は49.5％に達する。2010年10月1日時点での推計では、総人口1万38人、年少人口952人、高齢化率38.0％となっている。今深浦町に住んでいる人々が、大人になり高齢者になっても安心して暮らせる地域であることと同時に、これから

生まれてくる子どもたちが住み続けられるような地域を目指す必要があるであろう。

　このまま、成り行きにまかせるだけでは、10年先、20年先の将来が見通せないまま、地域としての自然死を待つことになりかねない。住民・民間事業者・町が協働して、地域の将来に希望が持てる取組を一刻も早く始めることが必要なのである。最初は先が見えないなかでも、外部人材の協力も受けながら、地元関係者が試行錯誤するところから始めて展望を切り開くしかないと考えられる。

　特別な取組をしないまま、このままで推移するとどのようになるのかについて考えてみよう。

　たとえば、買い物や食事について供給者側から考えると、店に来てくれる顧客が一定以上あることで採算が取れることになる。しかし、20年後の将来人口推計を考えると、深浦町でスーパーや商店、飲食店は減少することになるであろう。公共交通が住民の自由な移動を支えているとはいえない状況も含めて、住民側にとっては買い物や食事はますます不便になる。それを放置したままにすると、栄養のバランスのとれた食事をすることが難しくなり、高齢者の健康にも影響を与え、地域全体の医療費の増加にも結び付きかねない。

　1人世帯の高齢者は、都市部に住む子ども世帯との同居を選択する人が多くなるかもしれない。また、子どもを抱える世代の中では、子どもの教育や医療・福祉面を考慮して、都市部に移住する人も増えていくことが予想される。いずれにしても、何らかの取組がなければ、加速度的に人口減少が進んでいくことが予想される。

2-1-2　人口減少地域でも存続できる店

　人口が減少し少子高齢化が進む地域では、飲食店でも小売店でも、まったく採算が取れず存続できないのだろうか。必ずしもそうではない。

　それでは、どんな店であれば、存続できるのであろうか。

　店が維持され継続していくためには、従業員、管理者、株主、顧客、取引業者、金融機関、行政などからの、さまざまな貢献が必要である。ただ、彼らがその店に対して何らかの貢献をするのは自分の動機を満たすためである。店が

彼らの求める効用を提供できなければ、彼らは貢献を継続してくれないであろう。

協働システムを存続させるためには、組織主体が、人々から継続的に貢献してもらえるだけの誘因を提供する能力を保持し続けることが必要になる。組織主体は、貢献者に対して、物的効用、社会的効用などを提供する必要がある。効用の交換の過程において組織主体が貢献者に提供するのは、物的効用だけではなく、組織主体と顧客及び他の組織との間に生ずる社会的効用も含まれる。親切なサービス、なじみの関係、店内の暖かい雰囲気などは共感を創りだし信頼を生む。そして、組織主体の対外的信用を創りだす。これらの社会的効用は、お金以上の満足を生み出すことが可能である。つまり、物質的価値、経済的価値だけではなく社会的価値で貢献者を満足させることができる店が、継続的な貢献を得ることが可能となり存続できるのである。

バーナードは、協働システムの構成要素である物的要因、人的要因、社会的要因及び公式組織の4つの下位システムについての効用を、効用の創造、変形及び交換という見地から、それぞれ物的経済、個人経済、社会的経済、組織経済と呼んでいる。組織経済は、物的経済、個人経済、社会的経済を包括するものであり、協働システムには、これらの4重経済が存在する[30]。

村田晴夫は、「物的経済は、物的要因に対して組織が附与する効用からなる。個人経済、社会的経済は、効用の交換に関するものである。すなわち、個人経済は、協働システムの内側の個々人、つまり協働参加者、と組織主体の間で結ばれる効用の交換関係であり、誘因の経済として論じられるものである。一方、社会的経済は、協働システムの外側の個々人や他の組織と、その当の組織主体との関係において成り立つ効用に関する経済である。その関係から、組織に対する効用が発生する。組織に対する効用は、協働システムの外側の人々にとっては、その協働に参加したいとか、積極的な関係を持ちたいという"可能性"を潜在的な力として持っている[31]」と述べている。

バーナードの言う物的経済、個人経済、社会的経済、組織経済という4重経済の観点から見ると、深浦では次のような状況になっていると考えられる。

人口減少や少子高齢化の進展により、地域内で経済的価値を生みだすのが難しいという側面に目がいきがちになっている。そして、社会的効用の側面で創

意工夫し、トータルの効用を維持向上させるという取組やそういう価値観を持とうという姿勢が不足している。

　個人経済の面では、社会的効用を高めることでより地域内の人々及び他組織の貢献が得られることが期待される。また、社会的経済の面では、社会的効用を高めることにより地域外の人々及び他組織の貢献が得られることが期待される。組織経済を維持していくためには、組織が包括している3つの経済のバランスをとり、機能させていくことが重要である。そのことによって、人口減少や少子高齢化が進んだとしても、店の存続が可能になるであろう。

　たとえば、深浦で小売店を存続させるために最も重視する基準として、一般的には経済性を優先して基準を決めるのがよいと考えるかもしれない。しかし、実際選択する基準は社会的な意味や政治的配慮があり得るのである。実際の協働状況で採用される基準は、ある特定の価値と結び付いている。それは、組織と関わる個々人の動機や価値観に影響され、組織が提供できる効用に関連する。つまり、住民にとって「町外の価格の安い大きなスーパーマーケットに車で買物に行くことが満足度の高い行動」と考えるのか、「価格が多少高くても歩いて買いにいける店で買い物できることが満足度の高い行動」と考えるのか、という問題が出てくる。前者の価値観を持っている住民が多いと、町内の小規模な小売店は価格や品揃えで不利になるため、存続が難しくなる。一方、後者の価値観を持っている住民が多ければ、価格や品揃えで不利であっても、存続できる可能性が大きくなる。もちろん、後者の価値観を持つ住民を増やすためには、その小売店の社会的効用が充実していることが前提となる。そして、そうした価値観を共有することを個々人の良識に任せるだけではなく、地域全体で創り上げていこうという意思が必要なのである。

　深浦のような過疎地域であっても、それぞれの主体による以下のような努力によって、小売店存続の可能性が高まると考えられる。

　まず、事業者は経済的価値以外の効用、たとえば、親切なサービス、なじみの関係、店内の暖かい雰囲気、さらには、共感、信頼、信用などの社会的効用を提供することで存続できる可能性が高まるであろう。また、住民は、自分も含む地域の中長期的な利益を考えて、できるだけ地域内の店から買物をすることで、存続できる可能性が高まるであろう。

こうした事業者の努力と住民の協力があっても存続が厳しいが、それでも「買物ができる小売店が地域に必要なサービスだ」という合意形成ができれば、行政の施策としてあるいは社会的な制度として、それを存続させることを選択することは可能である。

　行政が誘致企業を優遇することと地域に必要不可欠なサービスを提供しようとする組織を支援することを比較して考えてみよう。

　行政が誘致企業を優遇するのは、雇用の創出が大きな目的であろう。そのことで、住民の所得向上や税収が増えることに結びつくのを期待しているのである。そのことを実現するために、行政は工場用地や道路の整備、固定資産税の減免などを行っている。一方、採算をとるのが難しい事業であっても、行政が町内の企業やNPOなどを支援すれば、そのことで地域に必要なサービスが提供される。さらに、雇用が創出され、税収が増えることになれば、行政にとって極めて満足度の高い効用が創出されることになる。

　これまで、モノを売ることや食事を提供することは、民間企業が営利目的でやることが当たり前だと考えられていた。しかし、過疎地域においては極めて重要なサービスでありながら、民間企業の営利活動だけでは存続が困難だとすれば、行政が何らかの支援をするのは合理的なことだと考えられる。そもそも、地域に必要な公共サービスは、時代の変化に伴って変わっていくものである。それを地域の合意として自らが創り上げていくことが必要なのである。

　具体的な方法として、担い手組織が必要なサービスを担うことが考えられる。担い手組織は、利益を第1の目的とすることなく、地域全体の利益を考えて事業を運営するであろう。行政は、無償または低価格での施設を提供することや立ち上げ時の補助金などの支援が考えられるであろう。また、こうした担い手組織が行うサービスについて、行政だけではなく、地域住民や他の団体も含めて地域全体がそれを支えていくという価値観を醸成していくことが重要なのである。

2-1-3　ふるさとと思える深浦に──未来志向の「ふるさと」──

　さて、今の小学3年生を例にもう少し具体的な深浦の将来像を考えてみよう。

現在深浦にある唯一の高校である県立木造高等学校深浦校舎は、定員割れが続き存続の危機にある。2010年度の深浦校舎入学者数は20名で、全員町内の3つの中学校からの入学者であった。それ以外の多くの子どもたちは町外の高校に進学している。

深浦町には現在小学3年生は約70人いる[32]。今から10年後には、高校を卒業して、町外に就職する者、大学に進学する者がいる。地元に就職するという選択をする者、あるいは選択できる者は何人いるであろうか。また、さらにその10年後の時点で、仮にいったんふるさとを離れても、やはり深浦で暮らしたいと帰ってくる選択をしている者は何人いるであろうか。小学3年生が、今の時点で深浦に住み続けたいと考えたとしても、今の一般的な親世代の意識で多くの大人が行動した場合、極めて悲観的な予想しかできないであろう。一般的な親世代の意識といったとき、「いい大学に入って、一定以上の収入が得られる安定した会社に入ってほしい」という考えの人が圧倒的に多いのではないだろうか。この考え方には、「深浦でなくても安定したところがいい」という思いが含まれている。しかし、深浦のほとんどの人がそういう考えを持ったとしたら、子どもたちは、「深浦をふるさとだ」と心から思えるのであろうか。

ふるさとというのは、「自分が生まれ育った場所」というだけのものであろうか。

首都圏で生まれた地方出身の子ども世代、孫世代は、「自分にはふるさとがない」と言うケースがある。しかし、首都圏だけではなく、地方都市においても、「ここが自分のふるさとだ」と多くの大人が自信を持って言えるのであろうか。ただ単に「その地域で自分が生まれ育った」ということだけではなく、そこで暮らしている同世代や異なる世代の人々との交流を通じて、その地域でさまざまな経験をすることで、それが思い出となり、価値観を共有することができたからこそ、ふるさとだと言えるようになるのである。そういう意味では、逆に深浦出身の人でなくても、深浦の人々と交流し、価値観を共有し、深浦のことが好きになってくれた人は「深浦を第2のふるさとだ」と思ってくれるであろう。今、日本社会には多くのホームレス──ふるさとのない人々──がいるのかもしれない。こうした人々を対象に交流人口を増やしていくことは、深浦の活力を維持していくことにつながるであろう。自分が暮らしている

かいないかは別にして、その地域に何らかの縁があり、共通の価値観を持てるような経験ができる場があれば、人々はそこをふるさとと思うことが可能になる。そうしたことを実践ができる地域には、主体性のある人間がいて、主体性のある組織があるからこそ、地域内外の人を引き寄せ、そうした場ができるのであろう。

川喜田二郎は、「『ふるさと』とは、過去を振り返っての懐かしさではなく、全力傾注で創造的行為を行い、それをいくつか達成した、そういう達成体験が累積した場所だから、『ふるさと』になったのである」と述べている[33]。

自分が生まれ育った地域だからということではなく、自分が創造的に行動した地域だから、ふるさとなのである。だとすれば、生まれ故郷でなくても、第2のふるさと、第3のふるさとを持つことができる。そして、創造的に行動するということは、過去を指向するのではなく、未来を指向するふるさとづくりをすることである。「ふるさと」とは過去指向のものではなく、むしろ未来指向のものとして捉えなおされねばならない。未来指向は、すなわち「希望」である。

未来指向のふるさとづくりのプロセスでは、地域内外の人々が価値観を共有し、それまでの伝統を大切にしながらも、新たな伝統を再創造することができるのである。

2-1-4 新たな雇用を生む事業の創出

さて、バブル崩壊以前は、多くの人が新卒で正社員になることが可能であっただろうが、バブル崩壊以降は非正規雇用の割合が増加し、特に過疎地域での雇用は厳しさを増すばかりである。そんな環境の中で、深浦の大人たちは、「子どもたちに深浦で働いてほしい。住み続けてほしい」と真剣に考えているのだろうか。前述した2009年度まちづくり住民アンケートによると、「安心して働ける場が確保されている」という項目は、重要度で88.8％、満足度で0.7％という結果であった。つまり、この結果は、自分たちが住んでいる地域で働ける場所を確保するのは非常に重要であるが、実際には働く場がないと感じていることを意味していると考えられる。

深浦町内の民間事業者で、経営がうまくいっていて、子どもに自分の跡を継

いでほしいと考えている者がどのくらいあるだろうか。仮に「自分がやっている事業は儲からないから、自分の代で終わっていい。子どもにはやらせたくない」と考える民間事業者が多いとすれば、事業所数がどんどん減るわけだから、雇用の維持や新たな創出は極めて難しいことになる。子どもたちが大人になったときに、生活していける収入を得られる仕事――農業でも漁業でも会社勤めでも――を地域で創っていかない限り、今の小学3年生は深浦に住み続けることはできないのである。

　多くの大人たちが、地域に誇りを持った上で「子どもたちに深浦で働いてほしい。住み続けてほしい」と考え、苦しくても「子どもたちが働ける職場を作る。みんなが安心して暮らせる地域にする」という意思を持たない限り、展望は開けないのである。そうした意思を持ち、それに向かって努力をするという決意と実践があれば、子どもたちだけではなく、それに共感したよそ者が、深浦をふるさとと思い移住してきてくれる人も現れるかもしれない。これが希望の創造であり、未来志向のふるさとづくりである。

　今、地域を取り巻く環境が悪化し、活力が低下しつつある。地域の活力が加速度的に低下していくのか、ゆっくりと低下していくのか、今は低下しつつあるが未来は向上していくのか。それは、そこに暮らし生活している人々が、未来を自分たちがどうしたいと思うのか、そして、そのことを実現するための行動を起こすのかどうかによって、大きく違うのではないだろうか。20年後の将来人口推計では年少人口が今の半分ということになっている。しかし、こうした意思と行動がなければ、もっと加速度的に人口が減少するであろうし、逆であれば、今の年少人口を維持することもあり得るのではないだろうか。

　青森県のホタテ生産量は、昭和58年に3万1,000トンに達し、その後は100億円産業になったと言われている。自然繁殖に依存していた時代の陸奥湾のホタテ貝漁業は、自ずとその生産量は激しい変動の繰り返しであった。それがホタテ貝の養殖技術が定着し、昭和40年代後半以降、生産量が急激に伸びていった。このことによって、出稼ぎも減り専業の漁家も増えたのである。

　たとえば、東津軽郡平内町の「昭和56年町勢要覧ひらない」には、「昭和30年、当町が誕生した年には8,375人の就業人口のうち、71％が第1次産業、6％が第2次産業、23％が第3次産業でした。20年後の昭和50年には、就業者

8,121人のうち、第1次産業47%、第2次産業22%、第3次産業31%に変わりました。農業は、20年間で就業者数が5,278人から1,835人と3分の1に減少しておりますが、漁業は、1,090人であったものが、ホタテ貝養殖の成功により昭和45年頃から急速に伸び昭和50年には1,854人になりました。また、第2次産業の伸びは、製造業特にホタテ加工業と建設業の伸びによるものです」「昭和41年の出稼ぎ人口は総人口に対する比率が36.3%と県率の2倍を超えていました。しかし、ホタテ養殖の成功により、米、リンゴ産業に並ぶ産業として一大躍進をとげ、当町における漁業は若年層の定着を生み、その発展はめざましい」と記述されている。

　ただ、こうした取組は、一朝一夕で成果の上がるものではない。養殖技術を確立するのは、漁業者の悲願であったが、昭和32年当時の西平内第一漁業協同組合の豊島豊太郎組合長は、私財を投げ打って種苗生産に取り組み、採る漁業からつくり育てる漁業への転換を提唱した。豊島組合長は、昭和40年病に倒れ成功を見ずに他界したが、その後青森市奥内の工藤豊作がホタテ貝の稚貝採苗法を考案し、陸奥湾全体に普及し億単位の採苗が可能となったのである[34]。

　多くの漁業者や研究者の試行錯誤の繰り返しから、最終的に成功を収めるまであきらめずに継続することによって、今の100億円産業を築いてきたのである。こうした取組は、当然のことながら、最初から「何年やればここまで成功する」という予測を立てるのは難しい事業である。しかし、事業が成功することによって、漁家の収入が増え、家族が安心して暮らせるようになっていったのである。十分な収入があれば、若者も後継者に名乗りをあげることが可能になる。このことが、地域が主体的に産業の創出に取り組む意義である。

2-2　新たな事業の創出とコミュニティビジネス

　前節では、地域の活力を維持するためには、地域が主体的に新たな雇用を生む事業を創出することがもっとも重要であることについて述べた。本節では、具体的な事業創出の際に必要な2つの視点について述べる。ひとつは外的連関関係に対する視点であり、もうひとつは内的連関関係に対する視点である。

2-2-1 新たな事業創出の視点

　地域社会を1つの協働システムと考えると、協働関係にあるさまざまな組織とそこで暮らす人々の関係で4重経済を分析する必要がある。

　新たな雇用を生む事業の創出を考えると言っても、単に地域が経済成長すればいいというのではなく、地域の経済的側面、精神的側面、関係性の側面を強化するという考え方が必要である。つまり、起業することや雇用を創出することが、経済的側面の強化という効果だけではなく、そのことが直接的、間接的に、精神的側面や関係性の側面での強化につながるということが、地域の持続可能性を高めるのである。

　こうした考え方に立って、新たな事業創出の2つの視点を述べる。

　1つ目は、外的連関関係に対する視点である。バーナードのいう4重経済の中では、特に、社会的経済にあたる部分である。これは、地域資源を活用し地域内での消費を増やすと同時に、地域外からの社会的・経済的価値を獲得できる事業を創出することである。それは、地域外の人々に深浦産の商品を販売することや、深浦に観光に来て消費をしてもらい対価を得ることを指している。

　たとえば、農水産物をはじめとした地域の誇れるものを活用することによって、収入を得るのである。その時、農水産物をそのまま市場に出荷するのではなく、付加価値をつけて収入を増やす工夫が必要である。また、年間200万人前後訪れる観光客[35]に喜んでお金を使ってもらう仕組みづくりが必要である。いまだ協働関係に入っていない地域外の人々や組織との協働を目指し、好意を持ってくれる消費者、取引を希望する事業者の創出を目指すことになる。

　これらを成功させるためには、地域内での連携はもちろん、外部の協力者との連携が不可欠になる。地域内部の人間だけの連携だと、外に開かれていないため、地域独特の良さが当たり前すぎて理解できない、新しい取組をしようとする人間を疎外してしまう傾向がある。だからこそ、外部の協力者の視点が必要になるし、その支援によって自信を持って新しい取組が実践できるようになるのである。地域を外に開くことによって、自分たちの地域資源が持っている価値を価値以上で取引できるような商品に磨き上げていく必要がある。そのことで、地域外からの社会的・経済的価値を獲得できる商品や仕組みができるであろう。

第1章で定義したように、「地域資源とは、食べ物、ひと、景色をはじめ、地域独特の自然、歴史、文化、生活などで、地域を活性化するために活用すべきもの」である。

外から企業を誘致して外来型の発展を目指すのではなく、地域資源を活用して内発的な発展を目指すことが、経済的な自立だけではなく、精神的な自立に結び付いていくのである。

2つ目は、内的連関関係に対する視点である。バーナードのいう4重経済の中では、特に、個人経済にあたる部分である。これは、地域に必要な公共的サービスを提供する事業の創出である。

たとえば、移動が不便な住民のための移動サービスの事業、買い物が不便な住民のための事業、あるいは、1人で食事を準備するのが困難な高齢者に食事を提供する事業などである。これらの住民ニーズが高い事業であっても採算性が厳しい事業は、企業が営利目的でサービス提供するとなると、新たな参入が難しい、あるいは事業を維持継続するのが難しいというケースが多くなるであろう。深浦のような過疎地域で、こうしたサービスを提供しようとする事業者は、一般的には人口減少に比例して加速度的に減少していくことが予想される。しかし、視点を変えて、「このサービスは地域にとって必要不可欠な公共サービスである」という合意形成ができれば、住民・事業者・行政が協働して、そのサービスを維持していくことが可能になるのではないだろうか。このように、住民ニーズは高いけれども、営利目的だけでは参入できない、あるいは維持できない事業について、地域の関係者で合意形成を取ったうえで、そのサービスを持続的に維持していくことを実践するのである。

こうした公共性のある事業を維持継続する場合、行政・住民・他の事業者などさまざまな主体の協力が不可欠である。行政は、資金面や施設利用面で一部その事業を支援することが考えられる。そのため、支援に当っては、行政が行うより費用対効果が高いことや、特定の組織のための事業にならないような透明性が確保されていることが必要になる。また、住民は、そのサービスを積極的に利用するなどの協力が求められる。地域関係者での合意形成をするためには、その事業が住民にとって必要であることや、その事業を主体的に実践する担い手組織が地域から信頼を集めていることが必要になる。

第1章第4節で述べたように、公益とは「公共性を生みだす源泉」であり、公益活動とは「自分のことも含むみんなのため、地域や社会のために必要な公共サービスを提供する活動」である。行政サービスの縮小をせざるを得ない状況の中で、地域社会自身が地域における公共サービスの在り方・水準を選択し意思決定したうえで、公益を高めていくことが必要なのである。「公共サービスは行政におまかせ」ではなく、行政と協働しながら地域の関係者自身が担っていく時代に入ってきたのである。こうした転換は、他人事で行われる公共サービスから、自分事で行う公共サービスに転換することであり、地域住民自身が、地域社会のことを決定していく契機となる可能性を秘めている。

2-2-2 コミュニティビジネスで経済的な安定と精神的な安定を

外的連関関係と内的連関関係、この2つに対する視点で考えられる事業とは、まさしくコミュニティビジネスである。「コミュニティビジネスとは、地域の資源を活用して、地域の課題を解決し、住民が主体となって地域を元気にする公益的ビジネス」と定義されるものである。

以上のように、地域として人口減少が避けられないとしても、地域資源を活用した農商工連携や観光振興などの取組によって、採算の取れる事業を起こし雇用創出をする。併せて、地域に必要不可欠な公共サービスを官民が連携し地域が一体となって提供する仕組みを創ることによって、雇用を創出する。これらのことを実践することが、地域に経済的な安定をもたらすとともに、安心して暮らせるという精神的な安定をももたらすのである。

地域が活力を失っていくのは、人口が減っていくこと自体に大きな要因があるからではなく、そこに住んでいる人々が自分たちの将来に安心や希望を持てなくなることに大きな要因があるのではないかと考えられる。だからこそ、未来指向のふるさとづくりが、希望を創り安心をもたらすのである。

公共工事が激減し、これといった産業がない地域では、雇用を維持するのは非常に厳しい状況にある。深浦町では、2002年の縫製工場[36]（126人）、2003年の電子機器製造業[37]（73人）など、数少ない誘致企業の撤退[38]も相次ぎ、自立的な起業と雇用創出が求められている。企業を誘致しようという外来型発展ではなく、自分たちが誇れる地域資源を活用した内発的発展を目指すという

意思と実践が必要なのである。

　ただ、新たな雇用を生む産業として、地域資源を活用した地域外からの社会的・経済的価値を獲得する事業や地域に必要な公共的サービスを提供する事業と言っても、簡単なものではない。

　地域資源を活用した地域外からの社会的・経済的価値を獲得する事業を起こすために留意すべきことは何か。

　深浦は、農水産物・観光資源に恵まれた地域であり、こうした地域資源を生かした起業と雇用創出には大きな可能性がある。しかし、こうした取組は、短期間に成果を上げることは難しく、時間がかかる取組になる。そのことを理解したうえで、信頼関係やネットワークに基づいた粘り強い取組が求められる。

　株式会社ジェイティビー常務取締役で立教大学教授の清水愼一は、今後の観光の在り方について、「最近の観光客の動向や旅行スタイルは、いままでの観光とは様変わりしている。『これからの観光』を端的に表現すれば、団体ではなく個人グループ単位で、地域の食材や伝統文化などの生活を求めて、現地で体験したり交流するような、じっくり滞在する旅行といえる[39]」と述べている。

　高度成長期には多くのビギナーが観光を支えてきたが、人口減少時代の観光の主体はリピーターとなる。そして、物見遊山な観光ではなく、地域資源──食、人、景色、自然、歴史、伝統、文化、生活──をじっくりと体験し、住民との交流を楽しむ「滞在型観光」がこれからの観光の中心になっていく。

　地域の伝統、文化、生活を担い、地域のことを一番よく知っているのは住民であり、住民がこれからの観光の主体とならざるを得ない。だとすれば、地域資源に誇りを持ち、それらを住民自身が楽しみ活用するまちづくり活動が必要になる。観光客は、住民が楽しんでいる魅力ある地域資源をおすそ分けしてくれる地域を訪れたいのである。

　清水愼一は、こうした観光振興の考え方を「まちじゅう観光[40]」と呼んでいる。「まちじゅう観光」は地域主体の自立的な取組であり、地域主導の「着地型観光」であり、地域が担う「滞在型観光」である。それは、旅行会社が主導するものではなく、行政が主導するものでもない。

　「まちじゅう観光」の考え方は、地域資源を活用しながら、地域を自立させ

るためのまちづくり活動を展開するという考え方を持つものであり、住民自身が日々の暮らしを楽しみ、地域に誇りを持つことが必要になる。こうした考え方は、地域を訪れた観光客がそこを「第2のふるさと」と思ってくれるような取組にしようという呼びかけにも通ずる。

従来の観光が、「よそ者が地域を外側から観る」スタイルだとすれば、これからの観光は、「よそ者が地域の内側に入って体験する」スタイルになる。体験するプロセスで、未来志向のふるさとを一時的にでも共有できる人々は、その地域のファンになりリピーターとなって、また訪れることになるであろう。

さらに、「まちじゅう観光」を意識した観光振興やまちづくり活動は、地域のさまざまな課題を解決することも期待できる。

たとえば、「鳴子の米プロジェクト[41]」では、鳴子温泉の地元関係者の一体的な取組とそれを支援するよそ者の協力により、米を高価格で生産者から買い取っている。こうした取組によって、後継者不足や米価の低迷で危機的な状況にある中山間地の農業が生き返ることが可能になる。こうした活動を支える人々には、ふるさと願望があり、地域を訪れると同時に、地域の特産物も購入する。観光を通じて、地域の実情を知り地域の人々の取組に共感し、地域の応援団になっていくのである。こうしたプロジェクトは、まさしく「未来指向のふるさと」の共有であり、希望の創出である。

また、地域の高齢者が、昔話、手料理、まち歩きガイドを担うことにより、生きがいと収入が生まれ、精神面でも経済面でも高齢者を活性化させていくことが可能になる。この他にも、空洞化した中心商店街が息を吹き返すことや経営危機に陥っている地方鉄道の再生に寄与することも可能になるであろう。

清水愼一の主張する「まちじゅう観光」を展開するということは、単に観光で地域外のお金を獲得するという狭い考え方ではない。地域が主導する観光振興とまちづくり活動をきっかけに、地域のあらゆる産業を活性化していくという過疎地域にとっての戦略的な取組である。そのことで、さまざまな地域課題が解決し、誇れる地域をつくることが期待されるのである。

さて、深浦の観光振興における課題にはどんなものがあるだろうか。

たとえば、リゾート白神の人気の影響もあって、深浦駅〜千畳敷駅間[42]を普通列車に乗って海岸線を眺望する企画を含んだツアーで、多くの観光客が貸

切バスで町を訪れている。こうした観光客が来たときに、深浦駅前で時間調整時間が 10〜20 分あったとしても、買い物やちょっとした飲食ができる気のきいた店がないので、観光客は時間を持て余しているという。また、駅から徒歩 2〜3 分の食堂に旅行社から団体客の昼食の依頼があったが、「店のスペースが限られているので、30〜40 人の団体客に対応できない」と断ったという。

　このようなときに、観光客を満足させられる体制がないのである。お金を使いたいと思う観光客や地元ならではの食事を食べさせたいという旅行社が存在しても、そこでお金を使ってもらう仕組みが十分にできていないのである。この食堂の例でいうと、地元の海のもの山のものを使用した海彦山彦定食が看板商品である。能代市や弘前市の業者がツアーに弁当を納めている実態もあるので、海彦山彦定食を弁当にして出せれば、観光客は地域の食材を使った料理に満足してくれると思われる。

　駅から 2km ほど離れたところに円覚寺がある。隣接地には風待ち館もある。円覚寺周辺整備事業として、町の肝いりで周辺の区画整理までして、10 数戸の世帯が集団で移転している。10 億円近いお金をかけて整備し、観光客の入り込みも期待していた。円覚寺の向かいに、全体で約 15 坪の広さでこみせ[43]3 店を新築したが、採算が取れなくて 2 店のみの営業になっている。ターゲットを観光客中心にするのではなく、地元住民にも利用してもらう工夫が必要なのではないか。今は、観光客をターゲットにした店ではなく、地元の人たちが支持している店にいきたいというのが、多くの観光客の希望になっている。

　深浦には、恵まれた自然や景観の他に、神社仏閣、伝統芸能、海の幸、山の幸を活かした生活文化など、観光客に喜んでもらえそうな地域資源がたくさんある。こうした個々の地域資源を活かしていく、そしてつないでいくためのセンスも必要になる。そこで暮らしている住民は、往々にして、こうした地域資源に気がつかないし、評価していないし、活用していない。こうした地域資源の掘り起こしや再発見の取組から始めることが必要になる。そのとき、もちろん地域住民が中心に取り組まなければならないのであるが、そこに外部の視点や適切なアドバイスが必要になる。自分たちが気づいていないことを外部の人間と協働することによって理解し、そこから自分たちの地域の良さがより明確に見えてくるのである。

つまり、外からの視点を受け容れつつ、地域で共有できる新たな価値を創造していくのである。そのことを「開きつつ閉じる。閉じつつ開く」というプロセスを繰り返しながら、創り上げていくのである。そのことを踏まえた実践によって、地元の人々が住んで楽しいし、観光客が訪れて楽しい地域づくりが始まる。そして、「魅力ある住民」が生まれ、「魅力ある地域」となり、喜んでお金を使ってもらえるようなサービスやシステムを構築することが可能になるであろう。

　次に、地域に必要な公共的サービスを提供する事業を起こすために留意すべきことは何か。

　前述したように、深浦では、移動・買い物・食事・子育てサービス等でさまざまな課題を抱えている。こうした課題を解決することができなければ、ますます人口減少を加速することになる。それは、ますます町内のさまざまな事業者の経営が成り立たないことにつながり、地域の存続が危ぶまれる状況になりかねない。

　地域に必要な公共的サービスの提供は、一方で住民の満足度を高めると同時に雇用の創出や副次的効果にも結び付けられる可能性がある。さらに、これまでの非効率な公共サービスの提供をより効率的なものに転換する可能性も含んでいる。

　たとえば、デマンド型タクシーの活用等によって、高齢者をはじめとした交通弱者の移動手段を保証するのである。こうした施策は、効率的で便利な移動サービスの提供とともに、町内での消費拡大にも結び付く可能性を持っている。さらに、高齢者の外出機会の増加は、医療費の削減に結びつくことも期待される。

　また、配食サービスの実態に見られるように、本来住民のための事業であるはずのものが、受託している組織のための事業に陥っているという側面がある。できるだけ少ないコストで最大限の効果を得るためには、行政と協働して民間組織が担う公共サービスの分野で、行き過ぎるのはよくないが適正な競争意識が働くことも重要である。

　新たな公益の担い手として、地域を何とか変えたいという担い手組織が力をつけ、コミュニティビジネスの実践を積み重ねていけば、「自ら稼げる地域」

「住民満足度の高い公共サービスの提供」という道筋が見えてくる。そして、そのことが地域に経済的安定と精神的安定をもたらすのである。

担い手組織が中心となって、関係者との合意を作りながら、地道に取り組み試行錯誤を繰り返すうちに、途中であきらめなければ、必ず全体プロセスが見通せるようになるであろう。数年の時間を真面目に積み重ねることによって、最初はゆっくりした歩みであっても、飛躍的に発展する時期を迎えることができるのである。要は、「そうなる」という自分たちの可能性、希望というものに確信を持てるだけの努力をするかしないかが大きな分かれ目である。

2-3　担い手組織の立ち上げと主体性の創造・強化

前節では、地域が主体的に新たな雇用を生む事業を創出する際に必要な視点について述べた。本節では、深浦における担い手組織の立ち上げを振り返るとともに、コアメンバーの主体性がどのように創造され強化されたのかについて述べる。

第1章で述べたように、地域の自立プロセス理論の基本には「寄り添う→希望を創る→目的を設定して実践する→主体性を創造する」という過程がある。それを繰り返すことによって、人々と協働システムが主体性を強化し、自立していくのである。いいべ！ふかうらの立ち上げを振り返る時、地域の自立プロセスを積み重ねることができたのであろうか。本節では、深浦の地域主体性の形成について、その自立プロセスを具体的に物語る。

2-3-1　いいべ！ふかうら設立の経緯

いいべ！ふかうらの山本千鶴子会長は「このままではだめだ。地域を何とかして変えたい。でも、具体的にどうしていいのかわからない」と考えていた。しかし、わからないからと言って行動を起こさなければ何も始まらない。そして、試行錯誤ではあっても何かを始めようという時に、中間支援組織のメンバーが山本に寄り添うことによって、「この方向で間違っていない。きっとこの道に可能性があるんだ」と思えるようになっていったのである。本項では、

担い手組織として立ち上がった町づくり応援隊「いいべ！ふかうら」の立ち上げを振り返る。
　山本は、町づくり応援隊「いいべ！ふかうら」を設立した思いを次のように語っている[44]。

　　人口や働き場所の減少で、私たちの仕事もどんどん先細りしてきた。深浦は昔から観光の町としてアピールしてきたが、一年を通して訪れる人は少なく、頼みの漁業も年々漁獲量が少なくなり、後継者もいない現状がある。「自分の商売を何とかしたい」と考えても、同じ町の中で、少ない消費人口を取り合いするだけになってしまう。
　　この町で、子どもを育て、親を見送ることを考えた時、このまま何もしないでダメになってしまうより、町がもっと元気になり、町が豊かになることを考えていくことが必要だと感じた。町の人たちの心を動かし、稼げる町になるために、仲間と一緒に何ができるか。それを考え、実践する。これが、町づくり応援隊「いいべ！ふかうら」を設立した思いである。

　山本は、地域の衰退という「負」の方向性を率直に受け止める中で、あきらめるのではなく、その危機を乗り越えたい、未来に希望を持ちたいという意思を持つことによって、自らの主体性を立ち上げていった。そして、山本が自らの進む道の可能性を自覚し、希望を膨らませていく過程では、中間支援組織のメンバーが寄り添い、山本が障害にぶつかってもあきらめることがないよう手助けしたのである。そして、山本の主体性が立ち上がり、コアメンバーの主体性が立ち上がり、これから、深浦で、他のさまざまな協働システムや人々の主体性、最終的には地域の主体性が立ち上がっていくことが期待されている。
　山本が、地域の現状に危機感を感じる。そして、地域のさまざまな人も危機感を持つ。しかし、それをどう行動に移すのか。行動は、意思の問題である。「危機感から行動へ」これが、地域主体性への自覚である。
　地域の主体性は、個人の主体性とともに現れる。山本の主体性が立ち上がる。それに共感する人々の主体性が立ち上がる。そして、地域主体性が立ち上がる。個人の主体性、担い手組織の主体性、そして地域の主体性が共に現れ

る。それが、人間と協働システムの循環であり、さらには地域社会との循環である。

　山本は、生まれも育ちも深浦で、木造高校時代[45]の3年間を除くと深浦で暮らしている。現在は、夫婦と小学2年生の娘との3人世帯である。夫とともに経営している食堂は、自宅から2～3キロ離れたところで、駅から徒歩2～3分の距離にある父母の住む生家である。食堂を始めてからもう25年になる。父はサケマス北洋漁船に乗ってから、イカ釣り船の船主として働いていた。母は和裁・洋裁をしながら家計を支えていた。今は父が磯舟で取る魚や母が畑で作付している野菜が、食堂の食材として重宝している。1人いる妹は弘前市の短大を卒業後、結婚して札幌に移り住んでいる。山本は2人姉妹の姉だったこともあって、跡取りという意識もあり、最終的に深浦を離れないで地元に残る選択をした。そして、どうせ深浦に住み続けるのなら「深浦を楽しい町にしたい。出て行った人が深浦を目指して帰ってきてほしい」と思うようになったのである。

　いいべ！ふかうらが設立されたのは2010年5月である。2009年1月に津軽鉄道サポーターズクラブの飛嶋献会長を招いて「井戸端会議」を開催したのをきっかけに、約1年間定期的に「井戸端会議」を継続し、具体的に組織化に動き出したのは2010年の年が明けてからだった。最初に、山本がどうしてこうした活動を始めたのかについて述べる。

　山本は、7～8年前から町がどんどん寂れていくことに危機感を持っていたが、何からどう手をつけていいのかがわからずに、悶々としていた。その当時の様子について山本は次のように語っている[46]。

　　危機感を持ち始めた時期は、縫製工場（2002年）、電子機器製造業（2003年）の撤退の時期に当っている。駅前でセイリングという食堂をやっていたこともあり、特に縫製工場で働くお母さんたちが職を失うことで大きな影響を受けた。つまり、お母さんたちが忙しいと、家族や仲間とセイリングで食事をしたり、弁当を注文してくれていた。それが、お母さんが職を失うと、外食はしなくなるし、お父さんのお昼ごはんもお母さんが作るようになった。誘致企業で働いているときは、お金はあるけど時間がないので、少々高

くても電気製品を買うのに町内の電気屋さんにお願いしていたが、今は時間があってもお金がないので、五所川原市や秋田県能代市などの量販店に買いに出るようになってしまった。

　町の将来に危機感を持ちながらも悶々としていた当初は、商売がダメになってみんな元気がなくなっていった。自分も商工会や商店街のメンバーではあったが、活動が面白いとは思えなかったし、会合に参加しても後ろ向きの話が多く、外から批判的に眺めていた。

　本格的にまちづくり活動に取り組もうと思ったきっかけは、2008年春の町商工会の総会だった。総会ではこれといった意見も出ないで終了した時に、現在の町長で当時町議会議長を務めていた吉田満から「地域には色々な課題があるのに、年1回の総会の場で何も声が出ない」という発言があった。これを聞いて、「自分の思ったことをしゃべってもいいんだ。みんなは何で声を出さないんだろう」と思った。
　地域が疲弊していくことに数年間危機感を持っていた山本であったが、吉田の発言が、彼女が具体的な行動を起こすきっかけを作ったのである。
　山本が主体性を創造するためには、自らの自由意思の力である、自発的な「指向性」を高めていくことが必要になる。一方で、組織の場における外生的な「促し」の力が、その「指向性」を抑制することもある。商工会の総会の場で自由闊達な意見交換がない、ということ自体が、「メンバーが考えていることを自由に発言できる」という組織文化がない、あるいはそういう価値観を共有できていないと考えられる。疲弊している地域では、本来まちづくり活動を担うことが期待されている既存団体において、こういう傾向があるのではないかと考えられる。
　しかし、山本が「自分の思ったことを発言してもいい。実行してもいい」と決意しても、1人の思いや行動だけではなかなか周囲の理解も得にくく、何かを形にしていくためには、困難な状況にも直面した。
　2008年夏、読み聞かせの会がフォーラムを開催することになり、山本は「町内のJR驫木（とどろき）駅に置いてあるノートに観光客が書いた文章をフォーラムで朗読したい」とJR側の了解もとって会議で提案した。ノートに

書いてある内容、つまり驫木を度々訪れてくれる観光客がいかに驫木のことを素晴らしいと思っているのかを住民に伝えたかったのである。そして、そうした読み聞かせの活動がまちづくりや人材育成につながると考えた。

しかし、「前例がない」という理由で会のメンバーの反対にあった。それでも、反対を押し切って朗読を実行したところ、「観光客が自分たちの住んでいる驫木のことをこんなにいいと思っていてくれたのか」と地元の住民が涙を流して喜んでくれたという。山本は、「これが自分にとってまちづくり活動の始まりであり、『道が見えた』と思えた。しかし一方で、会のメンバーとの対立もあり、ほろ苦い経験でもあった[47]」と語っている。

読み聞かせの会がフォーラムを実施したときに、山本と会のメンバーが対立したのは、お互いが考える組織の目的や目標にずれがあったのではないか、と思われる。山本は、地域の現状に危機感を持ち、地域を何とか変えたいという思いがあり、読み聞かせの会の活動もまちづくりや人材育成につながるような活動にすべき、という考え方である。一方、会のメンバーは、子どもたちに読み聞かせをすること自体が会の中心的な活動という考え方であり、そこには大きな違いがあったと思われる。山本は、ある意味で組織に新しい価値観を持ち込もうとしたが、みんなを説得できるだけの理由づけが十分ではなかったし、周りのメンバーにはそうした価値観を受け入れる準備がなかったのかもしれない。

その後、山本は2008年の年末に、津軽鉄道サポーターズクラブ（TSC）の飛嶋献会長に出会うことになる。そのことがきっかけで、深浦に外の風が入るようになり、担い手組織が立ち上がっていく大きなきっかけとなっていく。

当時、TSCの活動がマスコミで取り上げられ有名になっていたこともあり、山本は飛嶋に是非会いたいと思い知人に紹介してもらい、「深浦の人たちに話をしてほしい」と頼み、2009年1月に飛嶋をゲストに「井戸端会議」を開催することになった。2ヵ月に1回ぐらいのペースで「井戸端会議」を始めるようになると、お互いに知ってはいるものの、それまでにはみんなで議論するようなことのなかった話題について話し合ったり、付き合いのなかった人々との交流も少しずつ広がるようになってきた。並行して、山本は太宰治の朗読に取り組む「津軽のわ！実行委員会[48]」やNPO推進青森会議の会合にも参加し、

ネットワークを広げていった。

　山本は「井戸端会議を開催しながら、町内の面白い人を探そう。そして、もつけ[49]集団作ろう」という目標を持っていたが、井戸端会議自体は毎回ゲストスピーカーに話題提供してもらい参加者で意見交換する形式でサロンのようなものであった。そのため、メンバーは一定ではないし、最終目標をどうするのか、どういうプロセスで組織化を進めていけばいいのかがわからないまま試行錯誤を続けていた。2010年1月に、「組織を作りたいので、仲間になってほしい、と表明すればいい」とアドバイスされ、組織化を強く意識するようになった。

　同年2月には、「津軽のわ！実行委員会」主催のフォーラムが深浦町で開催され、猛吹雪の中100名を超える参加者があった。このフォーラムには、津軽鉄道社長やJR五所川原駅長がパネラーとして参加した。太宰治の朗読という形のまちづくり活動が、地域の鉄道である津軽鉄道とJR五能線を結び付け、沿線の人々をもネットワークしていったのである。町役場のエントランスでは、地域内の6事業者と地域外の4事業者[50]計10事業者による特産品の販売も行われた。

　そして、フォーラムで話された津軽鉄道沿線での取組を聞いて、参加者の中には「自分たちにも何かできるのではないか」という気持ちを持つことができるようになった人もいる。井戸端会議によく参加してくれ、フォーラムでもボランティアとして手伝ってくれたメンバーは、井戸端会議やフォーラムをきっかけに、「今までとは違う風を感じ、新鮮だし面白いと感じる[51]」ようになっていったのである。

　山本は、パネラーとしてフォーラムの中で「みなさんは、こんな猛吹雪の中でも一歩踏み出してこの会場まで来てくれた。そこには何か気持ちがあるはずです。先が見えないから一歩踏み出すのが怖かったかもしれませんが、これから何かを形にするため、一緒に一歩踏み出しましょう」と参加者に呼びかけている。

　一緒に地域を変える活動を始めようとした時、疲弊した地域に対する危機感は共有できたとしても、最初はそこに参加しようとする個々人の意識、考え、方向性はばらばらである。個々人の意識、考えが集約され方向性が定まった

時、みんなが共有できる目的が設定され、そのことによって組織が立ち上がることが可能になる。組織を立ち上げるためには、最初に立ち上げようとする人間は、参加者に自分の思いを共感してもらうとともに、個々人の意識、考えを集約し方向性を定める必要がある。そして、その方向性を表現したみんなが共有できる目的を設定する必要がある。

　山本は、井戸端会議やフォーラムへの参加をきっかけに関係ができたメンバーに声をかけ、担い手組織を立ち上げるべく、発起人会を組織するのであるが、正式に組織が設立されるまでにも次のような問題が起こっている。

　それは、山本がイメージしている担い手組織としての「いいべ！ふかうら」の目的が、一緒に活動に取り組むことになる役員たちには十分な理解がされていないことから起こる問題点であった。

　設立総会の資料によると、町づくり応援隊「いいべ！ふかうら」の目的は、「本会は、住民主導で人を元気に、町を元気に、地域を元気にするために、継続的に活動し、地域の活性化を目指すことを目標とする」となっている。山本は、前節までに述べたような地域の危機的な状況を変えるために、みんなが協力をして、単なるまちづくり活動に終わるのではなく、コミュニティビジネスの実践までしようと考えている。そのためには、相当な覚悟を決めて取り組もうとしている。しかし、役員の中で、危機的な現状に関する認識は共通だとしても、個々人の覚悟には相当な差がある。ある人は、自分たちがまちづくり活動に取り組むことをきっかけに雇用を生むような事業を立ち上げたいと思うだろうし、ある人は自分の現在の仕事で生計を立てながら、活動はあくまでボランティアで関わろうと考えているのである。組織や活動に対する個々人のコミットの仕方は違っても構わないのであるが、その時に組織自体としては、「地域の危機的な状況を変えるために、みんなが協力をして、まちづくりの活動だけではなくコミュニティビジネスの実践を目指す」ということを確認し、それを実行するために、お互いができる協力をするという意思統一をする必要がある。

　発起人会を組織した後に、「もっとメンバーを増やさないと心配だ」というメンバーの声があって、発起人以外の人間にも参加を呼びかけて会合を開き、色々な意見を言われて、さらに迷ったり、不安になったりということがあった。

この会合が終わった後、「今までにない脱力感に襲われた。9人の発起人で何回も話し合って、メンバーが同じように考えているはずだと思っていたのに、他の人が入った時にそれぞれの人が全然考え方が違っていて意思統一されていないのがわかった[52]」と山本は語っている。

　山本は、この時、考えがばらばらな9人をまとめていけるのか、と自信を失いかけた。しかし、みんなが、まだお客さんの状態で、「自分が動かなくても、いいべ！ふかうらという組織は動くだろう」と思っていることに気がついた。そして、そのことを変えるためには、それぞれの本当の思いを語ってもらわないといけない。自分も、みんなにいい顔をして人を集めようとするのではなく、本当に覚悟を決めて踏み込んだ話をしていかねばならないと考えたのである。

　「地域の活性化」という漠然とした目的に対しては賛同を得られたとしても、具体的目標を設定し、どのような活動を実践することによって達成するのか、という手段が問題になる。その議論になると、個々人の意識、考えはばらばらである。仮に方向性が定まり組織が立ち上がったとしても、共有できる目的を明確な言葉で示し、目的を具体化した目標を掲げなければならない。そして、その目標を達成させるための活動を展開し、組織に参加したメンバーからの貢献を得なければならないのである。

　そういう意味では、この時点で表面的な議論ではわかったような気がしていても、組織の目的及び目標が明確化されていないので、発起人の理解がばらばらなのはある意味仕方がなかったのである。山本が言うように、発起人個々人が持っている本当の思いを語りあい、そのうえで、組織の目的及び目標を受け容れてもらうことがなければ、実践の場面で心からの貢献を得ることはできないであろう。

　そして、2010年5月27日、「いいべ！ふかうら」の設立総会が開催された。設立総会の場で、電気店を経営している役員の1人Kから「この10年くらいで店を閉める人が多くなり、みんな飲みに出歩かなくなってきたし、新しい会もできなくなって、地域の将来に不安を感じていた。『いいべ！ふかうら』に来てみんなと話をすると、将来に少しは希望が持てる。町のためになることは、自分のためにもなると思う[53]」という発言があった。こうした発言から、

「地域の将来に危機感を持って何かをしたい」と思う人が、担い手組織に参加し小さな希望の灯が点ったことがわかる。

ただ、まだまだ役員間の温度差が解消されているわけではないし、山本が思い描く組織の目的が定着しているわけではない。そのことを理解した上で、担い手組織として、一つひとつ着実に成果を上げていくことによって、希望を大きくしていく、確固たるものにしていくことが重要である。

2-3-2 コアメンバーの主体性の創造

前項では、担い手組織であるいいべ！ふかうら設立の経緯を述べたが、本項では、「寄り添う→希望を創る→目的を設定し実践する→主体性を創造する」という地域の自立プロセスから見たとき、深浦のケースでは、山本を中心としたコアメンバーがどのように主体性を創造していったのかについて述べる。

山本は、数年前から、地域の現状に危機感を持っていたが、どうすればいいのかを見通すことができず悶々としていた。しかし、中間支援組織を媒介にして、他地域の実践を聞き、自分自身が精一杯やることで周りが動いていくということがわかって、「自分が動いていいんだ」と思えるようになったのである。ただ、「自分が精一杯動くことで、そこから周りが動く」ということが、深浦の人たちにはすぐには受け容れてもらえないのではないかという不安もあった。しかし、今までは「動いてもしょうがない」と思っていたのが、少なくとも「動けば何とかなるかもしれない」という気持ちになったのである。

中間支援組織が寄り添うことが、山本が動くことの精神的支えになったのである。そして、実際の現場でもサポートを受けることによって、自分だけ、あるいは深浦の人たちだけではできないことができるようになった。外との色々なネットワークも広がっていった。深浦の人たちから見たら、中間支援組織のメンバーがサポートするということは「何で自分たちの利益にならないことを一生懸命やるんだろう」という疑問が最初はあった。これまでのお金中心の価値観でみると、ある意味当然である。しかし、井戸端会議、フォーラム、設立に向けた会合など回数を積み重ねることによって、そうした疑問が消え、行政にも地域住民にも少しずつ肯定的にとらえてもらえるようになっていった。こうした取組を積み重ねることによって「動けば何とかなるかもしれない」とい

う希望と自信が山本の中に生まれ、大きくなっていったのである。こうしたプロセスで大きな影響を与えたのは、外部からの促しであり、特に中間支援組織の寄り添う力が大きかったと考えられる。

　中間支援組織の中心メンバーには「地域を変えたい」という信念がある。そして、それに取り組もうとする人に共感し信頼できれば、主体性の一体化——融合組織化——が起こる。それぞれの地域には「地域を変えたい」と本気で思い、試行錯誤しようとしている人がいる。中間支援組織のリーダーは、そういう人に心から会いたいと思っているのである。

　だからこそ、中間支援組織のメンバーは、山本を精神面でも実践面でもサポートしていった。そのことが、山本に自信を与え、深浦の人々にも影響を与えていった。深浦の人々は「この人たちは本当に信用できるのだろうか。何かだまされるようなことはないのだろうか」と思ったのだろう。しかし、一緒に意見を交換し、実践することによって、そうした疑念は消えていったのである。そのプロセスで共感と信頼が積み重ねられ、融合組織化が起こり、山本だけではなくコアメンバーの一部にも主体性が創造されていった。

　ただ、これまでに述べたように、いいべ！ふかうらに参加している個々人によって、希望の強さはばらばらである。希望とは、自らの進む道の可能性に対する促しの自覚である。それは、他者が何かをしてくれるということではなく、自らが主体性を発揮することによって、何かが実現するのではないかという予感から始まり、場の力によって自らの進む道の可能性を自覚することにより意思となる。つまり、山本のように自らの進む道の可能性を強く自覚し、そう進むことを決意できたレベルから、山本の言うことが共感できるし、一緒にまちづくり活動に積極的に取り組む意思を固めたレベルの人、共感はしたが、まだ意思が固め切れていないレベルの人までいるのである。

　まだそれぞれの意思のレベルには違いがあるものの、深浦における担い手組織「いいべ！ふかうら」が立ち上がったのである。そして、山本以外にも、保育園園長の大沢潤蔵、電気店経営のKをはじめ、自らの進む道の可能性を自覚し、自律的な行動を起こそうとする仲間ができつつある。

　いいべ！ふかうらが設立されて初めて具体的に取り組んだイベントとして、「いいべ！ふかうら手を振り隊」がある。6月27日（日）と7月4日（日）の

2日間、深浦駅のホームや駅前で、観光客に手を振ったり、観光情報の配布、深浦の名水「トヨの水[54]」のふるまいのほか、手作りの惣菜、のしイカ、するめ、弁当などの販売も行ったのである。深浦駅前には、通常の乗降客のほか、貸切バスで時間調整する観光客がたくさんいて、「ただ通り過ぎている観光客がこんなにたくさんいることがわかった。駅前で何かやることでお客さんにもっと喜んでもらいたいし、深浦のものも買ってもらいたい[55]」という意見があった。また、このイベントに参加した会員にとっては、とてもやりがいのある満足度の高い時間を過ごすことができた。

山本は「みんなやっていることが楽しそう。各自が考えて動くことを自然にやっている。それぞれがやらされているのではなく、自分で考えて最大限やっている。確実に違う気持ちが生まれてきている。自分自身も仕事に追われるのではなく、すごく贅沢な時間を過ごすことができた。嬉しかった[56]」と語っている。また、手を振り隊にリーダーとして関わった電気店経営のKは「事務的に指示された行動をしているのではなく、心からの行動、心からのおもてなしをしているという実感があった。こちらが精一杯の行動をとると、列車に乗っているお客様の笑顔が返ってきて、手を差し伸べて握手してくれたり、わざわざ列車から降りてきて一緒に写真を撮ってくれたりする。行った後は寂しくなるので、心から『また、来てね』という言葉がでてくる[57]」と語っている。また、副会長の大沢潤蔵は、手を振り隊の反省会終了後の懇親会で「これからの活動のことを思うと、わくわくする[58]」と語っている。

「何をどうすればいいのかわからない」という状態から始まった取組から、「動けば何とかなるかもしれない」という希望が生まれ、「動くことで何かが変わるかもしれない」という希望が共有されつつあることが感じられる。そして、同時に主体性が創造され強化されていることが感じられるコメントでもある。

山本は「Kは自分がイベントの責任者として計画し実行することで、新しい何かを感じていると思う」と語っている。Kはフォーラムの手伝いをしていた頃、「今までとは違う風を感じ、新鮮だし面白いと感じる」という何らかの予感を感じた。そして、いいべ！ふかうら設立までの発起人会でのさまざまな議論の中で、地域の現状に危機感を抱きつつ「みんなとなら何かができるの

ではないか」とういう希望を持てた。さらに、具体的目標を設定し実践することによって、自らの進む道の可能性を自覚し始めていると考えられる。

このように、自分自身が意思決定し、主体的な行動を積み重ねていく。自律的な行動を生成しながら、さらに自らの方向を産み出していく。こうした実践のプロセスを繰り返す中で、担い手組織もコアメンバーも主体性が創造され強化されていくのである。

2-4　地域の自立に向けた合意形成と各主体との連携

前節では、深浦町における担い手組織の立ち上げを振り返るとともに、コアメンバーの主体性がどう創造され強化されたのかについて述べた。本節では、地域の自立に向けた地域内での合意形成の必要性と担い手組織が地域内の他団体や行政とどのように連携するのかについて述べる。

2-4-1　元気直売所「まちなか」との連携

「いいべ！ふかうら」の会員には、浜町商店街で元気直売所「まちなか」の運営をしているメンバーも数名いる。彼女たちは、営利企業が新規に営業を開始しても採算をとるのはかなり難しいことが予想される中で、閉店したスーパーの一部を借りて、2010年4月、農産物や惣菜などの販売を始めたのである。周辺に住む来店客からは「お店を開いてくれてありがたい。助かる。これからも頑張ってほしい[59]」という声があがっている。

「まちなか」友の会は、閉鎖されたピアハウスで農産物等の販売を行っていた有志が中心となってできた団体であり、会員数は13名である。ピアハウスの閉鎖が決まった時に、何とか農業を続けるために、野菜を売る場所がないかと考えていた。また、同じ時期に地元の人から「近くに新鮮な野菜を買える場所がほしい」という要望もあり、メンバーは開業を決意したという[60]。今のところ売り上げは順調で、家主の好意で賃借料が無償であることや町の補助金による支援などもあり、継続していける手ごたえを感じている。

「いいべ！ふかうら」の会員で、「まちなか」友の会会長を務める西巻陽子

は、まちなかの運営に関して次のように語っている[61]。

> ピアハウス友の会としてやっていた頃は、第3セクターのふかうら開発がピアハウスの指定管理者で自分たちは農産物を持ちこんで売上の15%を払うだけだったので気楽な稼業だった。今は自分たちの責任で人件費や光熱費などの固定費を賄わなければならないので責任が違う。売上の20%を徴収して運営費に回している。
> 来店客はほとんどが高齢者で近場の人である。1人暮らしの男性が多い。5台ある駐車場がいっぱいになることはほとんどない。売上の6割が惣菜になっている。「これで料理を作らなくていい。助かる」という声が多い。
> ピアハウスが閉まることが決まった時、よく来店する高齢者から「野菜を買うところがなくなるし、行くところがなくなる」という話を聞いた。自分たちも、お客様も困っている。友の会と住民のニーズが一致しているので、やれるのではないかと思った。

西巻の話から、車のない高齢者が中心商店街で買物をしたいというニーズや食事のための惣菜を買いたいというニーズがあるのがわかる。そして、高齢者の「行くところがなくなる」という発言から、こうした店が「用事がなくてもいける場所」であり、「ちょっとしたコミュニケーションのとれる場所」であることがうかがわれる。こうした店は、高齢者にとって社会的効用が高く、単に商品を買えるという機能だけではなく、高齢者を孤立させず、地域で支えるための機能を持つことが可能なのだと考えられる。運営者と利用者の間にある「いい商品とサービスを提供し、喜んで購入してもらう」という友好な関係性が、両者の間に共感と信頼を積み重ね、主体性の一体化――融合組織化――が起こるのである。

個人経済の観点から言うと、野菜が安く買える、手作りの惣菜が食べられるといった物的効用はもちろんだが、なじみの関係や親切な応対など社会的効用が高いだけに、郊外のスーパーマーケットと対抗しても、維持継続することが可能であろう。自分たちの強みを意識して、さらに利用者との信頼関係を深めていくことが期待される。

西巻は、山本及び「いいべ！ふかうら」について、「色々な情報が入るし、勉強にもなる。行政や他地域の人と付き合う時にコーディネートもしてもらっているので助かる[62]」と語っている。

山本は、西巻が「まちなか」を始めるかどうか悩んでいた時に、「大丈夫だよ。手伝うから是非やりましょう」と励ましたという。それは、「飛嶋さんと会う前なら絶対言えなかったと思う。中間支援組織のメンバーをはじめ、誰かが助けてくれる、どうにかなる、と思えるようになったからこそ言えた」と語っている。

実際、山本が地元で開催したコミュニティビジネスの勉強会[63]に出席することで、西巻は悩んでいた課題が整理できた。また、山本が西巻を町の関係課に連れて行って悩みを説明したことがきっかけで、町が補助金で支援することが決まっている。「まちなか」の開店は、西巻をはじめとした友の会メンバーの主体的行動が原動力になっているが、こうした一連の動きを見ていると、山本がイメージしていた「自分が精一杯動くことで、周りも動いていく」ということが、少しずつ実践されているのがわかる。

山本は、「JR深浦駅前にコミュニティカフェを開店して、高齢者が気軽に食事を取ったり、『まちなか』のように農産物や惣菜の販売スペースを設けたり、観光客にも利用してもらえるようにしたい」と考えている。「まちなか」友の会と連携することによって、さらに配食サービスの分野にも参入することも考えられるであろう。

いいべ！ふかうらが、担い手組織としてコミュニティビジネスを起業し、地域の公益を担うのはもちろん重要であるが、このように、他団体と連携し、地域に必要なサービスを提供していこうという視点は非常に重要である。

2-4-2　既存団体との連携

山本は、深浦に今までとは違う新たな動きを作りだそうと考える一方で、既存団体ともいえる観光協会の理事を2007年から引き受けている。本項では、観光協会や商工会、商店街など既存団体との連携について述べる。

山本が観光協会理事の要請を受けた時、「自分は理事になれば黙っていられない性分だけれどもいいですか」と言ったところ、「そういう人も必要だ」と

言われ理事を引き受けている。

　観光協会の理事を引き受けてまずやったのが、利用者のニーズを把握したいと思い、祭りでお客様からアンケートをとった。そのことは、協会事務局が了解した上で実施したはずなのに、町の課長から「そんなことを大っぴらにやってもいいのか」という指摘を受けている。翌年は理事会で提案した上で、アンケートを実施し、成果を上げている。既存団体で、新参者が前例のない取組をするのは難しいのだろうか。

　山本は、観光協会や商工会などの活動について「外部から見れば同じ深浦町なのに、観光協会や商工会も含めて、同じような取組であってもバラバラにやっている。みんなが色々な組織で一生懸命やっているのに、縦割りで同じ取組をやっているだけで、横につながろうとしない。それぞれの団体が閉じてしまっている。それぞれの団体が開かれて、支え合い、一緒にやればいいのに、と思う[64]」と語っている。

　各団体に重複して会員になっている人はいるが、色々しゃべるだけで、間に立ってつなげようと言う人はいない。山本は、観光協会の理事をやり始めてから、団体と団体をつなげる取組をすることを意識したという。たとえば、JRが主催する「駅からハイキング」の事業で観光協会がまち歩きガイドを頼まれた時、円覚寺がコースに入っていたので、そこで読み聞かせのグループにお願いして太宰治の朗読をしてもらった。具体的な行動を一緒にやったという意味では成果が上がったことになるのだが、この時感じたのは、「一緒にやるという事実があっても、自分が考えたシナリオを決まった通りやるだけでは意味がない」ということであった。

　団体と団体をつなげるということは、組織の総意として決めて実行しないといけない、それしか手がないと、山本は考えていた。しかし、そこに参加した個人の自発性が発揮されないとうまくいかないことに気づいたのである。

　2010年2月の津軽のわ！実行委員会主催のフォーラムは、山本が「是非やりたい」と深浦で開催することにしたが、自分自身が全体をイメージできるわけではないし、それを具体的に詰めていく作業が必要であった。それを自分の周りにいる協力者を巻き込み、ぶつかりながらも、みんなで一緒に創り上げることができたのであった。

フォーラムに協力してくれた個々人は、それぞれが商工会や観光協会に所属するメンバーも多かった。この経験から、組織そのものを動かすというよりは、その組織の中にいる誰かと一緒に動いた方が、結果的にその組織に浸透しやすいのではないかと考えるようになったのである。
　山本が、中間支援組織や津軽のわ！実行委員会のメンバーなど外部からの刺激を受ける前は、つながるというのは組織と組織がつながることだと考え、それしか方法がないと思っていた。しかし、自分がそれを段取りして実施しても思ったより効果もなく、「なぜ、うまくいかないのだろう」と疑問に思っていた。それが、フォーラムの開催では、自分がイメージできないことを、外部の支援を受けながら、地元の人たちで一緒に創り上げる経験を積むことができた。その過程では、みんなの自発性が発揮され、一体感を感じることができた。結果として、参加者は「できることを精いっぱいやった」という満足感があったし、次にまた何かやりたいと思えたのである。
　山本は、横にネットワークをつなげていくためには、既存の組織よりも新しい組織をつくったほうがやりやすい、と考えるようになった。しかし、すべてを「いいべ！ふかうら」という新しい組織で担うのではなく、観光協会や商工会など既存の組織とも連携しながら取り組んでいくという姿勢は非常に重要である。
　前述した清水愼一が提唱する「まちじゅう観光」を実践していくには、さまざまな団体を巻き込みコンソーシアムを組織する。そのコンソーシアムは、縦割りで閉じるのではなく、お互いに開いて支え合うような運営をすることで、相乗効果を発揮できるのが理想だと考える。こうした考え方は、観光に限らず地域でのさまざまなまちづくり活動に共通する。
　深浦のような小規模な自治体の場合、担い手組織の中心メンバーは、既存団体の役員を兼任していることが多い。新しい組織で新しいプロジェクトに取り組んだり、新しいネットワークをつくることと同時に、既存の組織やそのメンバーに粘り強く働きかけることも重要である。

2-4-3　行政との連携

　地域の自立に向けた取組を進める時、行政の役割は重要である。地域におけるまちづくり活動の開始段階やそれを基盤としたコミュニティビジネスの具体

2-4　地域の自立に向けた合意形成と各主体との連携　91

的実践段階で、その役割が変わってくることも理解する必要がある。

　地域の現状に危機感を持った担い手組織が立ち上がり、まちづくり活動が開始される段階では、行政としての暖かい理解と担当者レベルでの参加・協力が必要となる。

　2010年2月のフォーラムは大成功のうちに終了したが、その過程では問題も発生した。たとえば、「津軽のわ！実行委員会」のメンバーとして中心的に関わった町役場の若手職員の2人がいる。深浦で実行委員会に参加していたのは山本の他、若手職員2人の3名だけであった。2人は、山本に誘われ実行委員会に参加し、町外のメンバーと一緒に活動することに楽しさを感じ、その中で成長し磨かれていった。しかし、行政の組織内では、こうした取組に職員が深く関与することに関して否定的なとらえ方をする組織文化も残っている。

　フォーラムを深浦で開催することが決まり、山本は町教育長にフォーラムの趣旨説明と協力要請に行ったところ、「素晴らしい取組だ。教育委員会としても、みんなで応援するので、職員もいくらでもお手伝いもする」と言ってもらったのである。若手職員の2人は、1人は教育委員会部局、もう1人は町長部局であり、教育委員会部局の職員はおおっぴらに準備や運営に関わることができた。一方、町長部局の職員は、主に勤務時間外に関わっていたが、職場では冷たい視線にさらされながらも、献身的に準備や運営に関わったという。2人が津軽のわ！実行委員会の活動に共感し、準備や運営に一生懸命関わることによって、みんなが喜んでくれる素晴らしいフォーラム開催の下支えをしたのである。深浦町のような規模の町では、住民が主導して組織を立ち上げても、なかなか事務をこなせる人材がいないので、行政の職員がその役割を担うことが重要なこととなる。

　過疎地域においても、熱い思いをもってまちづくり活動に取り組もうとするリーダーはいるが、そのリーダー自身が事務的なことまで高いレベルでこなすことはかなり困難である。行政はそうした活動を暖かく見守ると同時に、特に活動の初期段階では職員が事務作業などの具体的な支援ができるようなシステムづくりや組織文化を育むような意識的な取組が必要であろう。たとえば、ボランティア休暇を制度化すると同時に、勤務評価の項目に職員が住民の自発的なまちづくり活動に協力することを加えること等が考えられる。吉田町長は、

こうした考え方に前向きな姿勢を示している[65]。この段階では、フォーラムやセミナーの開催経費などは別にして行政が資金的な支援をするというよりは、担い手組織を精神的な面でバックアップするというのが支援の中心的役割と言える。

次に、まちづくり活動を基盤にしながら、コミュニティビジネスの実践段階になると、資金面、施設利用面などでの支援が必要になってくるであろう。

深浦の例では、2009年の年末でピアハウスの採算が取れず閉鎖され、2010年2月に新たに指定管理者を募集したが、応募者がなかった。そこで、ピアハウスで農産物の販売をしていた友の会のメンバーが元気直売所「まちなか」の事業をスタートすることになった。

「まちなか」友の会のメンバーは、最初から町の補助金を当てにしていたわけではないが、西巻が山本と一緒に町の関係課に事前に相談に行って状況を説明していたので、町側も「ちょっとでも支援したい」と考え、単なる産直施設の開設支援ではなく、高齢者や移動手段を持たない方々が身近で買い物ができない状況を解消できることが公益に資する事業であると認め、急遽30万円の補助金を出すことにしたという[66]。また、4月12日の「まちなか」オープンの日に取材に行き、町広報5月号に大きく取り上げることによって、町民への広報面で強力にバックアップしている。

地域に必要なコミュニティビジネスの立ち上げ段階で、担い手組織のリーダーがコーディネート役を担い、資金面でも広報面でも、行政と事業者の協働がうまくいったケースと言っていい。

町では、2010年度から起業や新分野進出への取組を促進するため、対象経費をソフト事業にも拡大するなど、制度の見直しを行った。1事業者当り上限50万円までであるが、公益性のある事業を行おうとするコミュニティビジネス事業者に対し、ハード事業ソフト事業両面での支援が可能になった。このことや一連の動きについて、山本は次のように語っている[67]。

今までなら、自分自身も含めてつぶやくこともしなかった人が、つぶやき声を出すようになった。その気持ちが町にも届き、思いがけない30万円の補助金が出た。さらに、コミュニティビジネスの起業支援補助金という仕組

みになった。つぶやきから仕組みができたことは素晴らしいと思っている。町と連携できていることで自信になる。

　今は、好循環で動いている。西巻さんたちのように、「こうしてはいられない。自分たちが動けば、こうなる」と思える人が1人ずつ増えていく。そのことで地域がもっと大きく動いていけるのではないかと思う。

　このように、深浦では、地域の課題解決に取り組もうとする民間団体と行政が友好な関係を持ちつつ協働することができている。吉田は、各集落の高齢者を毎週定期的に送迎している町営の日帰り温泉施設フィットネスプラザゆとりで、「コミュニティカフェの営業や惣菜の販売などをやってもらってもいい[68]」と考えている。高齢者の買い物や食事に関わるニーズを理解したうえでのことである。担い手組織がもっと力をつけ、利用者の詳細なニーズを探る中で、具体的な提案をしていくことが望まれる。

　2010年9月からは、「深浦未来塾」という人材育成講座も始まることになった。受講生が数人のグループで地域課題を解決するための事業計画を策定するという講座を実施することになった。今年度策定された事業計画が、来年度以降実践されることを目論んでいる。

　行政が果たす役割は、精神面、広報面、資金面、施設利用面など、さまざまな支援が考えられる。しかし、重要なのは、行政が主導するのではなく、住民や民間組織が主導的な立場で事業を構築し運営することに注意する必要がある。一方で、特に過疎地域においては、行政は人材の宝庫でもある。単に行政の担当職員としての立場の役割を果たすだけではなく、地域課題を解決しようとする担い手組織の取組に1住民として積極的に参加することが重要である。そうした自発的参加を促すような仕組みの制度化や組織文化の醸成が求められているのである。

2-4-4　合意形成の重要性と社会システム化

　いいべ！ふかうらという担い手組織は、疲弊した地域に危機感を持ち、さまざまな課題を解決することによって、地域の自立を目指そうとしている。そのプロセスは、山本が言うように「自分たちが動けば周りも動く」ということを

想定している。その時、担い手組織だけではできないので、中間支援組織に寄り添ってもらうことを想定している。

　こうしたプロセスは、単に何かを実践するというプロセスだけではなく、外に開くことによって、外部からの促しがあり、色々な知恵や価値観が入ってくることも含んでいる。そうした外からの刺激に影響を受けながら、自分たちなりに解釈し新たな価値観を作っていくのである。

　元気直売所「まちなか」が立ち上がることができたのは、ピアハウスでの経験があり農産物販売のノウハウがあったことや、西巻が誘致企業の組合委員長を務めていたため、組織的な運営に慣れていたことなども影響している。そうした経験があったからこそ、直売所の運営に踏み切ろうと考えられたのである。一方、だからと言って不安がまったくないわけではなく、そこを山本や中間支援組織が後押しすることによって、直売所の設立に踏み切れたのである。

　また、町は「いいべ！ふかうら」や「まちなか」友の会に期待を寄せると同時に、中間支援組織のノウハウやネットワークを活用することに前向きである。2010年2月のフォーラムをきっかけに、毎月、吉田町長、まちづくり戦略室との意見交換をする機会を設けられるようになり、その中で「深浦未来塾」の事業も決定した。

　吉田は、行政サービスだけで今の公共サービスを維持できないことを認識し、さらに産業・雇用面でも今のままでは展望が開けないことを理解し、新たな方策が必要だと考えている。その中で、「行政と住民の中間的な組織が公益を担ってほしい[69]」と考えている。吉田がイメージしている中間的な組織とは、正しく担い手組織なのである。

　山本は、「これまでも町主催で地域づくりに関する講演会などが開催されていた。弘前大学の先生が来て『いつも同じメンバーで議論していると、どうしても澱んでしまうので、外からの風が必要になる。必要があれば、自分のようなよそ者を呼んでほしい』と言われたのが印象に残っている」と語っている。

　担い手組織や行政が、自らを外に開くことによって、さまざまな刺激を受けることは重要である。一方で、自分たちが誇れる地域資源──食べ物、ひと、景色をはじめ、地域独特の自然、歴史、生活、文化──を発掘し、これまでの伝統を活かしつつも新たな伝統を創り上げていくことが必要である。つまり、

外からの刺激を受けつつ、地域で共有できる新たな価値を創造していくのである。そのことを「開きつつ閉じる。閉じつつ開く」というプロセスを繰り返しながら、創り上げていくのである。

その循環がうまくいくと、担い手組織のコアメンバーも担い手組織そのものも、「人間の主体性が強化される→協働システムの主体性が強化される→より一層人間の主体性が強化される→より一層協働システムの主体性が強化される」という好循環を起こすことが可能になる。こうした好循環は、当然のことながら、担い手組織とコアメンバーだけではなく、町内のさまざまな協働システムとそのメンバーに起きることが期待される。

今後、「いいべ！ふかうら」が中心になって、深浦でさまざまな公益を担うコミュニティビジネスが展開されることが期待されるが、そのことを成功させるためには、地域内での合意形成が重要である。

たとえば、これから深浦で「まちじゅう観光」の取組を始めるとする。その時には、いいべ！ふかうらだけの力だけで「魅力ある住民」をつくり、「魅力ある地域」にしていくのは困難である。行政も含めた町内のさまざまな協働システムと一緒になって取組を進める必要がある。

そのためには、①「誇れる地域資源を発掘する」「住民が地域資源をこのように暮らしに活用する」「地域資源を観光客にこのようにおすそ分けする」というような検討を幅広い参加者を募って行う必要がある。併せて、② そうした作業をリードするリーダー層の人材も育成する必要がある。こうした作業を中間支援組織や専門家のサポートを受けながら、丁寧に積み重ねていくのである。「深浦未来塾」は、②に重点をおいているが、受講者でテーマを選んで①のような検討も行うことになっている。

来年度以降、「深浦未来塾」の卒業生や担い手組織のコアメンバーが中心になって、広範な住民を巻き込み、ワークショップを開催することが1つの目標になる。広範な住民を巻き込んだワークショップの開催によって、計画の策定に自発的に参加した住民が実践段階でも自発的に参加してもらうことが期待できるのである。

さらに、こうした取組に関わることが想定される町内の団体に集まってもらい、意見交換する機会を設けることが必要である。

仮に、「いいべ！ふかうら」が町と協働でワークショップの開催を住民に呼びかけたとすると、既存の組織は、特定の団体の取組であるということで、それを冷ややかに眺めるだけということになりかねない。合意がとれるのであれば、既存の組織にも実行委員会に入ってもらい内容を議論してワークショップを開催する。そこまでいかなくても、開催趣旨や内容を説明した上で、協力団体としてできる協力をしてもらう、という方法もあり得るであろう。

　また、さまざまな団体に組織として関わってもらうのが難しい場合は、第5章で取り上げる「パートナーシップで進めるおおわに活性化意見交換会」が参考になる。町内の各団体に、ワークショップ開催前に、開催趣旨や活動内容を説明する。そして、ワークショップが終わり、それをアクションプランにまとめた段階で、もう一度各団体に集まってもらい、説明するのである。そのことによって、取組に対する一定の理解を得ることが可能になる。

　こうした手法は、観光振興に限らず、さまざまな地域課題を解決するための合意形成にも適用できる手法である。

　地域が疲弊している1つの大きな理由は、お互いのコミュニケーションが不足し、関係性が弱まっているからである。こうした課題を解決し、お互いのコミュニケーションが活発化すれば、地域の未来に希望が生まれる可能性が高まっていくであろう。

　地域の中で、地域住民が学び交流できる場をつくる。地域のさまざまな団体が意見交換し合意形成する場をつくる。こうした場をつくることが地域の文化として定着することが重要なのである。

　そのことによって、地域のさまざまな構成員が協働連携して地域の活力を高めていくことが可能になる。こうしたプロセスで合意し、住民も納得できる仕組みを社会システム化することも重要である。そのためには、地域の現状をよく理解し、自分たち自身がその課題をどのような形で解決するのか——行政の役割・事業者の役割・町内会の役割・住民の役割など——を合意形成した上で、公共交通の問題にも、子育て支援の問題にも、買い物や食事の問題にも、取り組んでいく必要がある。そして、合意した取組を実践し、それがみんなの協力で持続可能なものは、社会システムとして定着させていくことが重要である。

地域において、このような実践の積み重ねをしていくことが、人々の主体性を強化し、協働システムの主体性を強化し、最終的には地域社会の主体性を強化していくのである。

2-4-5 地域主体性の強化

山本は、手を振り隊の取組を終えた後、「よくわかったことは、イベントと事業は違うということ。イベントをやっていればいいというわけではない」と語っている。大きな満足感を覚えると同時に、そこにとどまっていては「地域を変えていくことは難しい」ということに気づいているのである。

つまり、手を振り隊というイベントでは、会員が自発的に参加し、自由意思で心からのおもてなしを実践できた。しかし、イベントだけでは事業として経済的な採算をとることは難しい。地域として「自ら稼げる」ようになるには、事業として継続した取組にしていく必要がある。

その時に、参加者がミッションに共感し、その達成に貢献したいと思う。組織は、貢献者が自由意思で動ける活き活きとした場を維持しながら、事業を継続していく。そして、参加者が貢献することによって、自分と組織の未来に希望を持てるマネジメントが必要になってくる。これは、「いいべ！ふかうら」という担い手組織の重要なマネジメント課題なのである。

参加者自らが意思決定し自由意思で動ける場があり、それが継続しているということは、人間と協働システムの好循環があり、ともに主体化し活性化しているということである。いいべ！ふかうらという担い手組織の中で、人間と協働システムが交互に主体性を強化するという好循環を起こす。さらには、組織内だけではなく組織外の人々や他組織にも共感され、そのミッションが、多くの人々に共有されるようになることを目指すことが期待される。

そして、深浦という地域社会も主体性を持つことが可能である。それは、深浦のさまざまな協働システムとそこに暮らす人々が、共感と信頼で結ばれ、特定の協働システム、たとえば行政などが主導することなく、自然に各主体が主体性を持って地域活性化に取り組めるような場を次々と創出することを意味している。

「深浦という地域を変えたい」という意思を持った人々が、共通意識を共有

できるようになった時、地域主体性が立ち上がる。地域のさまざまな協働システムが、「深浦」という地域を意識して頑張れば、それぞれの仕事を見出すことが可能であろう。そして、地域の人々が、それぞれの協働システムを支えることによって、事業の維持継続が可能になっていく。そのプロセスを通じて、地域の主体性は創造されるのである。「地域を変えたい」という意思を持って、人間と協働システムが主体性をもって頑張り、お互いを支え合うとき、それを包み込み支える「深浦の地域主体性」が存在するのである。

設立されたばかりの担い手組織「いいべ！ふかうら」は、まだまだ主体性をもった協働システムとは言えない。しかし、中間支援組織の支援を得ながら、コアメンバーは確実に主体性を強化し協働システム自体の主体性も創造されつつある。今後、行政や他団体との連携も大きく進展する可能性も秘めており、そのことで、協働システム外の人々や他協働システムにも主体性が伝搬していくことが期待できる。そして、そのことが実現していくプロセスで、地域主体性が立ち上がり、強化されていくのである。

こうした循環を繰り返すことによって、「人間の主体性が強化される→協働システムの主体性が強化される→地域社会の主体性が強化される→人間の主体性が一層強化される→協働システムの主体性が一層強化される→地域社会の主体性が一層強化される」という好循環を起こすことができる。この好循環によって、地域主体性は強化されるのである。

2-4-6 本事例に関わる考察

最後に、深浦における一連の取組について考察してみよう。担い手組織を立ち上げた人々に中間支援組織が寄り添い、希望を創出する。目的を設定し具体的な行動を実践していく過程とはどんなものであっただろうか。以下にそのプロセスを整理する。

① 担い手組織のリーダーが「このままではいけない。地域を何とか変えたい」という強い危機感を持つ。
② しかし、「何をどうすればいいかわからない」ので、中間支援組織のリーダーに相談する。
③ 明確な道筋はわからないが、試行錯誤を繰り返す中で、担い手組織の

リーダーと中間支援組織のリーダーの間に深い共感や信頼が生まれる。その瞬間に、主体性の一体化が起こり「希望の灯」という予感が生まれる。

④ 最初の段階では、「自分が動けば何とかなるかもしれない」という予感でしかなかった「自らの進む道の可能性」が、主体性の一体化を繰り返すことによって促され、予感から「自分が覚悟を決めて動くことによって展望を開く」という意思を固める。

⑤ 並行して、担い手組織のリーダーに芽生えた「希望」が、人々との接触や相互作用によって、他の人々の意思にも影響を与える。担い手組織のリーダーと担い手組織のメンバー間だけではなく、中間支援組織のリーダーから担い手組織のメンバーへも影響を与える。

⑥ 担い手組織のメンバーの中で、方向性が定まっていくことによって、「希望」は明確になっていく。それを実現したいという意思を持った人々によって、「希望」は共有されたものになる。そこから組織目的が生まれ、個々人は協働へ参加することを意思決定する。

⑦ 組織目的が定式化細分化され目標となり、個々人は設定された目的・目標を達成するために、組織人格として具体的な行動を実践することによって協働システムに貢献する。

⑧ いいべ！ふかうらの定式化細分化された目標として、手を振り隊でのイベントが設定され、メンバーが組織人格としてイベントに参加しそれぞれが自発的に貢献した。

こうした一連のプロセスの中で、山本と担い手組織のコアメンバーは、自らの主体性を創造し強化することができたのである。

一方、具体的目標が定まった後、今度は協働システムである「いいべ！ふかうら」がコアメンバーを客体化し、自らの主体性を創造することになった。

前述したように、いいべ！ふかうらの目的――ミッション――は「住民主導で人を元気に、町を元気に、地域を元気にするために、継続的に活動し、地域の活性化を目指すこと」に決定された。これをコアメンバー自身が主体的行動をとることによって達成するという自らの進む道を自覚することが個々人の希望である。このミッションをコアメンバーや会員が受け容れることによって、

組織のミッションとして定着していく。その時、組織の希望がミッションを達成する道として明確化していくのである。

　この後は、協働システムを取り巻く環境（物的要因・人的要因・社会的要因）が変化する中で、組織のミッションをいつも問い直していくことが必要になる。そのことで、自分がミッションに貢献することによって、こういう可能性と未来が、自分の中にも組織の中にも出てくるということを確信できるようになる。このことが実践できた時、「人間の主体性が強化される→協働システムの主体性が強化される→より一層人間の主体性が強化される→より一層協働システムの主体性が強化される」という好循環が起きるのである。

第3章
市民風車をきっかけとした地域活性化

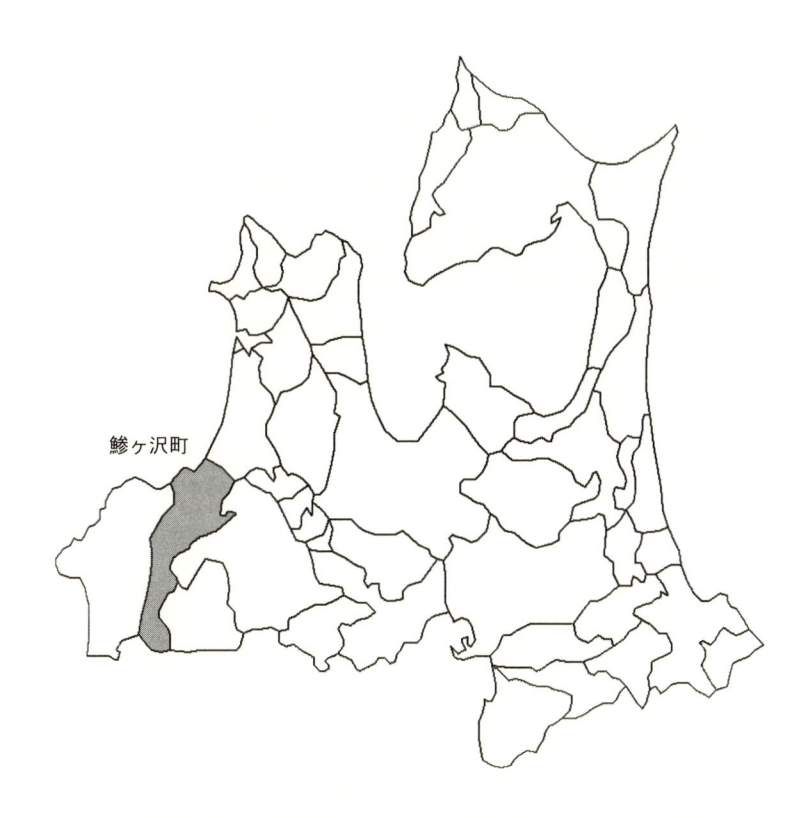

鰺ヶ沢町

　鰺ヶ沢という地域は、第2章で取り上げた深浦町の東側に位置している。1889年の市町村制施行に伴い鰺ヶ沢町が誕生した。1955年に鰺ヶ沢町、赤石村、中村、鳴沢村、舞戸村の1町4ヵ村が合併し、現在の鰺ヶ沢町となった。総面積は342.99 km^2（国土地理院「平成21年全国都道府県市区町村別面積

調」による）で、北は日本海に臨み、南はクマゲラの生息地として知られる世界自然遺産の白神山地を有し秋田県に隣接している。市街地は海岸線に沿って形成されているほか、町土を流れる赤石川、中村川、鳴沢川の地域におよそ40の集落が散在している。

鰺ヶ沢の歴史は古く、南北朝時代にはすでに集落が形成されていたことが石碑などから推定される。1491年には津軽藩始祖大浦光信公が鰺ヶ沢町種里に入部し、藩政時代には津軽藩の御用港として栄え、海上交通の重要な位置を占めていた。

2005年国勢調査によると、町の人口は1万2,662人、世帯数4,228世帯である。そのうち、年少人口（0〜14歳）は1,464人であり全体の11.6%を占めている。また、高齢化率は31.4%となっている。産業別就業人口は、第1次産業1,390人（農林業1,289人、漁業101人）、第2次産業1,227人、第3次産業3,166人となっている。

国立社会保障・人口問題研究所の将来推計人口によると、20年後の2030年には、町の総人口8,252人、年少人口578人、高齢化率は45.9%に達する。2010年10月1日時点での推計では、総人口1万1,758人、年少人口1,152人、高齢化率33.8%となっている。

青森県の西海岸（日本海に面している地域）は、北西の風が強く風力発電の適地である。本章では、市民風車を鰺ヶ沢で建設したのをきっかけに地域の活性化に取り組んだ特定非営利活動法人グリーンエネルギー青森の取組を中心に取り上げる。

環境NPOが呼びかけ、その趣旨に賛同した市民が建設資金の一部を出資し建設された風力発電所は、市民風車または市民風力発電所と呼ばれている。2001年9月北海道グリーンファンド（HGF）が北海道浜頓別町に建設した「はまかぜちゃん」が全国初の市民風車であり、2003年2月グリーンエネルギー青森（GEA）が建設したあおもり市民風力発電所（愛称：市民風車わんず）が全国2例目の市民風車となる。それ以降2007年6月までに、約18億円の市民出資が集まり[70]、全国に10の市民風車が建設されている。

GEAは、「循環型社会の実現」と「地域の自立」をミッション（社会的使命）として設立されたNPO法人である。この2つのミッションを達成する上

で、市民風車事業は極めて重要な意義がある。

　自分たちの使用するエネルギーを自ら生産することを目的に、1994年市民共同発電所の運動が開始された。市民共同発電所は大きな広がりを見せ、2007年9月までに、71の団体によって185の発電所が設置されている[71]。この内、太陽光市民共同発電所の数は164基、市民共同風力発電所（市民風車）10基、小型風車10基、小水力発電所1基となっている。

　しかし、こうした市民共同発電所の取組をしている団体の中で、専従スタッフを雇用し「運動を事業化」することに成功したと思われるのは、市民風車の事業主体であるHGFとGEAだけである。風力発電所の場合、専従スタッフを雇用するだけの売電収入が期待できるケースもあるが、太陽光発電所の場合、ビジネスとして安定的な収入を得るのは難しい状況にある。

　市民風車事業は、趣旨に賛同する多数の市民の出資を通して、市民運動とコミュニティビジネスを結びつけることが可能な事業である。また、環境分野では、すでに行政だけでその公共を担うことは無理があるという合意ができつつある。そんな状況の中で、市民風車事業は市民セクターの戦略的モデルとして注目されている。

　環境NPOが、ミッション達成のために運動を進めていくためには、経済的に自立し、なおかつ地域社会のさまざまな関係者の信頼を得る必要がある。つまり、その時々の課題に対応するだけではなく、安定した組織基盤を作り継続した取組ができることが大きな課題となっている。

　環境NPOが、オルタナティブな形での提案・実践をしていくためには、「運動を事業化」していくこと、つまりその運動に取り組む組織が専従スタッフを雇用し、ミッションを達成するための事業を継続的に進められる事務局体制を確立することが不可欠である。

　GEAは鰺ヶ沢にとってはよそ者であるため、GEA自身が地域の主体性を担うことはできないが、GEAが市民風車事業をきっかけに地域の活性化を目指すことにより、地域にどのような変化をもたらしたのかを中心に考察する。

　本研究は、第2章から第5章までで取り上げる4つの事例を含む実践経験から学ぶものを理論として結晶させたものである。4つの事例の中では、第2章の深浦地域の事例は、2008年度から2010年度頃の取組で最も新しいものであ

る。一方、本章の鰺ヶ沢地域の事例は、2000年度から2006年度頃までの取組で最も古いものである。そういう意味では、中間支援組織側が「寄り添う」という側面で言うと、鰺ヶ沢の事例はそのことへの理解が十分ない中で実践した事例と言っていいであろう。

本章は、次のように構成される。

第1節は、事業主体となったGEAの設立までの経緯を述べる。そして、鰺ヶ沢で展開した市民風車事業の概要と1億7,820万円を調達した市民出資の取組に関して述べる。

第2節は、GEAが市民風車わんずを建設後、それをきっかけとして取り組んだ地域活性化事業について述べる。

第3節は、市民風車わんずが創り出す非経済的価値に着目し、出資者の出資動機を中心にさまざまな社会的価値について述べる。

第4節は、市民風車ビジネスモデルが創り出す希望と今後の課題について述べる。そして、本事例が地域の自立プロセスの過程を積み重ねることができたかについて考察する。

3-1 グリーンエネルギー青森の設立と
あおもり市民風力発電所の建設

GEAは、全国で2例目の市民風力発電所を建設した。本節では、GEAが設立された経緯とあおもり市民風力発電所の概要、その資金調達に関して述べる。

3-1-1 市民風車事業を担うNPO法人の設立

GEAの母体となった21世紀のエネルギーを考える会は、エネルギーの側面から循環型社会の可能性を探ることを目的に2000年3月設立され、同年5月から翌年5月まで合計7回の「自然エネルギー連続講座」を開催した。21世紀のエネルギーを考える会では、講座内容や会員の意見を随時ホームページなどで公開し市民へ情報発信すると同時に、メーリングリストを活用し会員同士

の情報交換を積極的に行った。

同年11月に講師として招かれたのがHGF鈴木亨事務局長であった。日本初の市民風車事業である「はまかぜちゃん」の事業化は、この段階では確定していなかったが、すでに秒読み段階に入っていた。「はまかぜちゃん」が建設段階に入った2001年6月、鈴木が再び青森市を訪れ、それをきっかけに「青森県でも市民風車を建設しよう」ということになり準備を始めた。

2002年2月、21世紀のエネルギーを考える会という任意団体から市民風車事業を実践するための組織として、NPO法人格の取得を前提にGEAを設立した。法人格を取得したのは同年7月であった。

3-1-2　市民風車事業及び市民風車わんずの目的

エネルギーのことを考える時、多くの市民は電気がどのように発電、供給されるのか、その過程の多くを知らない。原子力発電や火力発電は、風力発電をはじめとした自然エネルギーよりかなり発電単価が低いが、だからといって多くの市民が「ただ安ければいい」と考えているわけではない。

原子力発電には放射性廃棄物、火力発電には地球温暖化の問題がある。コストが高くてもクリーンで再生可能なエネルギーを増やしていくことに賛同する市民も多数存在する。そうした一人ひとりの市民が選択できる仕組みづくりが必要なのである。

鈴木は、市民風車事業を立ち上げた動機について次のように語っている[72]。

> 北海道で原発建設問題が浮上し世論が盛り上った時、どうしたらよいか考えた。すでにヨーロッパ、カリフォルニアではグリーン電力が普及していた。1996年に電気事業法が30年ぶりに改正され電力会社の地域独占に風穴が開けられた。また、1997年には地球温暖化防止京都会議（COP3）があり地球環境問題への関心が高まった。こうした状況の中で最後の規制分野である電気事業に市民が参加し、風穴を開けるのは面白いのではないかという「遊び心」で事業を始めた。市民が事業として風力発電をやることにより社会的な連帯を創りだしたいと思った。デンマークやドイツなどの風力協同組合を参考にした。

青森県において、もっとも有望な地域資源「風」に着目した内発的発展を目指すことが、エネルギー政策転換のきっかけをつかみ、さらには地域を自立させることにつながる。住民自身が外から与えられたものではなく内発的、自立的な取組で地域を発展させるという、対抗的な実践が必要なのだという理念がGEA理事たちの共通の思いであった。

鯵ヶ沢における市民風車事業を中核としたGEAの提案型市民事業は、「風」とともに世界遺産「白神山地」などの地域資源も活用し、地域社会に希望を創りだそうという野心的なプロジェクトである。

北海道で始まり、全国各地に展開されつつある市民風力発電事業が、すぐに大きな変革をもたらすとは思わない。しかし、一人ひとりの市民が自分の意思でエネルギーを選択できるきっかけにはなる。制度的なサポートだけではなく、市民自らがエネルギーを創るという行為に参加するからこそ、未来を切り開く可能性があるのだ。

市民風車事業は、個人が家庭用太陽光発電を設置するのとは違い、趣旨に賛同する多くの市民が参画することにより、より大きな社会的影響力を発揮するであろう。

市民風車わんずの事業目的は、「市民参加による風車建設を通じ、自分たちのエネルギーは自分たちで選び、創りだすという仕組みを実現させることと同時に地域社会の活性化に貢献すること」であった。GEAのミッションである「循環型社会の実現」と「地域の自立」達成に大きな貢献となることがわかる。HGFが全国各地に市民風車を展開しているのに対し、GEAは「地域の自立」を掲げ、地域に密着しながら地域の活性化に取り組んでいるところに大きな特徴がある。

3-1-3 全額市民出資で建設された市民風車わんず

市民風車わんずの発電容量は1,500kW 風車1基（GE Wind Energy）で、年間の予想発電量は370万kWh、約1,100世帯分の電気を供給することが可能だ。愛称のわんずは、津軽弁で「私たちのもの」という意味がある。愛称は公募し地元の小中学生を中心に約200点の応募があり、その中から選考した。

2001年12月には候補地を鯵ヶ沢町に絞り込み東北電力へ系統連系協議を申

し入れ、2002年4月に新エネルギー・産業技術総合開発機構（NEDO）への補助申請を行った。5月頃には系統連系の了解をもらう予定で手続きを進めていたが、GEAより1週間早く同じ鰺ヶ沢町で系統連系協議を申し入れた企業があり、そちらが優先されるとのことで、結局この時点では連系が認められなかった。その後、その企業が辞退し、再度連系協議を申し入れ9月末にようやく了解がもらえた。その後の風車建設に関わるスケジュールと発電所の概要は図表3-1-3-①の通りである。

風車の建設資金は約3億8,000万円である。NEDOから半額補助[73]があるが、残り約1億9,000万円を調達する必要があった。その資金調達の中心として、一般市民に一口10万円の市民出資を呼びかけたのである。NEDOの半額補助と東北電力の固定価格での買取契約[74]という2つの仕組みは、NPOが事業を安定的に進められる大きな要因となっている。

市民風力発電所あるいは市民風車の呼称は、NPO法人などが中心となって、不特定多数の市民から出資金を集め風力発電所を建設することに由来する。発電した電気は、電力会社に売電し、出資者には元本と利益分配金を償還するという仕組みである。

出資者の名前は、オーナーとして風車の本体に記される。出資者は、「My風車」と実感できる。日本初の市民風車「はまかぜちゃん」の場合、1億4,150

図表3-1-3-① あおもり市民風力発電所の概要

(1) 事業の目的 :	市民参加による風車建設を通じ、自分たちのエネルギーは自分たちで選び、創りだすという仕組みを実現させることと同時に地域社会の活性化に貢献する。
(2) 愛　　　　称 :	「市民風車わんず」
(3) 建　設　地 :	西津軽郡鰺ヶ沢町大字赤石町字大和田
(4) 発電容量 :	1,500kW 風車1基（GE Wind Energy）
(5) 予想年間発電量 :	370万 kWh／年（約1,100世帯分）
(6) 総事業費 :	約3億8,000万円
(7) スケジュール :	02年10月16日　NEDOの補助決定 02年11月25日　建設工事着工 03年1月26日　風車の据付完了 03年2月28日　営業運転開始

資料：グリーンエネルギー青森。

万円もの出資があった[75]。

2003年2月から5月まで市民自然エネルギー株式会社[76]が窓口となって募集した青森県内分の市民出資は488人1億2,000万円の申し込みがあった。

そのうち、鰺ヶ沢町枠に出資したのは135人4,000万円であった。鰺ヶ沢町の人口13,551人（2000年国勢調査による）のなんと1％に当たる。

出資募集に対しての鰺ヶ沢町の取組は特筆すべきものがあった。町広報で市民風車の取組を積極的に取り上げてくれた他、GEA作成の市民出資に関するチラシを全世帯（約5,000世帯）に配布してくれた。また、2003年2月に開催した「市民出資説明会」には長谷川兼巳町長が自ら参加し発言してくれた。

青森県枠は募集限度額いっぱいの8,000万円の申し込みがあり、最終的には限度額を超えてからの申込者には、一部全国枠へ回ってもらった。こちらも予想を超える成果を上げたといえる。

さらに、3月から9月まで募集した全国枠は5,820万円の申し込みがあり[77]、市民出資合計1億7,820万円となり、市民自然エネルギー株式会社の資本金1,200万円を合わせ、全額市民の出資で「市民風車わんず」の建設資金をまかなうことができた。

予想利回りは、図表3-1-3-②の通りだが、これまでの実績は予想利回りをやや上回る実績になっている。2007年度実績は、鰺ヶ沢町枠年3.06％、青森県枠2.04％、全国枠1.50％であった。

図表3-1-3-②　市民出資募集状況について

	申込金額	出資者数	1人当金額	予想利回り
鰺ヶ沢町枠	40,000千円	135人	296千円	年3.0％
青森県枠	80,000千円	353人	227千円	年2.0％
全国枠	58,200千円	287人	203千円	年1.5％
合計	178,200千円	775人	230千円	

＊鰺ヶ沢町枠は、鰺ヶ沢町在住・在勤・出身者を対象とした。
＊青森県枠は、青森県在住・在勤・出身者の他、ゆかりのある人も対象とした。
資料：グリーンエネルギー青森。

3-2 市民風車事業をきっかけとした地域活性化の取組

　GEA は、市民風車事業をきっかけに地域活性化に寄与する各種事業を行っている。この地域活性化に向けた取組が、他の市民風車事業と大きく異なる特徴となっている。これらの事業は GEA のミッションを達成する上で非常に重要な事業として位置づけられている。本節では市民風車事業をきっかけに取り組んだ 3 つの事業を中心に述べる。

3-2-1　グリーンエネルギー青森のミッションとゴール

　NPO にとってミッションは極めて重要である。多くの人々を NPO の行う事業に協力してもらうためには、そのミッションに対する共感が必要である。

　ミッションとは、組織の使命あるいは理念であり、組織の存在目的及び事業を表現したもので、ビジョン（願望）、バリュー（価値観）を含む。組織が何のために、どのようなサービスを提供するかを示すものである。

　ゴールとは、組織目標であり、ミッションの達成水準を表現した当面の目標である。戦略は、ミッション達成のための手段であり、組織目標は、ミッションの達成水準の目標値である。

　戦略を設定する時、まず組織の意思である「ミッション」を出発点として、そのミッションを達成し地域において信頼を集め存続していくために必要な「戦略」を明確にし、さらには、「ゴール」として組織目標を設定することが必要になる。

　GEA が全国 2 例目の市民風車を建てた実績は確かに大きい。しかし、GEA の目的は風車を建てること自体ではない。1 つの事業を成功させたに過ぎない。

　GEA のミッションは、「循環型社会の実現」と「地域の自立」である。

　このミッションを達成するためには、1～2 年の短期的な事業で達成することは不可能である。GEA は、市民参加型・パートナーシップ型をキーワードとした「新しい社会的価値を生み出す先進モデルを創ること」をゴールとして

いる。

　このゴールを達成することによって、日本社会の閉塞感に風穴をあけ地域社会を元気づけたいと考えている。ゴールを達成するための戦略として市民風車プロジェクトがある。

3-2-2　戦略計画に基づいた市民風車関連事業

　ゴールを達成するためには、毎年事業計画を立て実践する必要がある。GEA が提案し実践した 3 つの市民参加型・パートナーシップ型事業を以下に紹介する。

(1)　まちづくり基金「鰺ヶ沢マッチングファンド」

　鰺ヶ沢マッチングファンドの構想は、「出資者の利益分配金からの寄付を活用し、出資していない人にも還元できる地域全体の活性化につながる仕組みを創りたい」というアイディアから始まった。そして、アメリカの企業で普及しているマッチングギフト[78]の仕組みも参考にしながら、市民（出資者）・NPO（GEA）・行政（鰺ヶ沢町）の 3 者が協働で創る「まちづくり基金」として提案した。

　市民出資者に、利益分配金の一部または全部を寄付してくれるように呼びかけ、その寄付金合計 (A) に GEA が売電収入から同額 (B) を拠出し、さらに (A)＋(B) と同額 (C) を鰺ヶ沢町に拠出してもらい、市民・NPO・行政の協働によるまちづくり基金を創るという構想である。この基金を活用して、鰺ヶ沢町エリア（白神山地を含む）で、環境・農業分野における地域の課題を解決し、地域を元気にする住民の自発的な活動・事業を助成しようと考えた。助成事業を始めるに当たり、運営主体として「鰺ヶ沢マッチングファンド」運営委員会を組織し、GEA と町だけではなく、地元の大学にも参画してもらった[79]。

　このような市民・NPO・行政による市民参加型・パートナーシップ型のまちづくり基金が、新しい公益の担い手づくりやコミュニティビジネスの立ち上げにつながれば、地域の活性化を進める上で大きな力になることは言うまでもないことである。

　実際の取組としては、2004 年 6 月、鰺ヶ沢町枠・青森県枠の出資者に対して初めて利益分配した[80]が、488 名のうち 68 名の方から、約 25 万円寄付をい

ただいた。個人的な見返りがないにもかかわらず出資者の約7分の1の方が出資してくれた。出資者の寄付額確定を受け、GEAでも25万円の拠出を決定し、2005年3月開催の町議会で50万円の拠出が承認され、2005年度には、100万円を原資に第1回「鰺ヶ沢マッチングファンド」助成事業が開始された。2005年度は6団体の応募があり3団体に助成した（図表3-2-2）。

　助成事業は、2008年度まで継続され、4年間とも100万円を原資に助成事業を実施した。2006年度の鰺ヶ沢マッチングファンド発表会を終えた後、鰺ヶ沢町の企画課長は、「マッチングファンドの助成事業をはじめてから、少しずつ住民の自発性が出てきている感じがする。それぞれの団体が連携し地域づくりを進めてほしい」と語っている[81]。

　鰺ヶ沢マッチングファンドは順調に進んだように見えるが、この事業には、基金への資金供給者がきちんとお金を拠出できるかという根本的な課題があった。

　まずは、市民出資者の寄付を振り返ってみよう。必ずしも収益性を重視しない出資者が一定程度存在するだろうという仮説のもとに取組をはじめた寄付の募集は、結果的に毎年25万円程度集まった。毎年の助成原資が寄付額の4倍で100万円になること、毎年同規模の寄付額が継続して集まっていたという2点が、この仕組みをベースで支えていることになる。

　次は、GEAを振り返ってみよう。GEA側の当初の漠然とした予測では、「年間の助成規模は100～200万円くらいがいいな」と考えていた。しかし、寄付総額と同額を拠出することを寄付の募集前から表明していたGEAにとっては、あまり多額の寄付が集まっても負担が大きくなるし、あまりにも少額だと

図表3-2-2　まちづくり基金「鰺ヶ沢マッチングファンド」

(A)	市民出資者からの寄付	25万円
(B)	GEAからの拠出金	25万円
(C)	鰺ヶ沢町からの拠出金	50万円
	合　計	100万円

＊市民出資者の寄付が4倍になる市民参加型・パートナーシップ型のまちづくり基金。
　たとえば、その年の市民出資者の寄付が25万円なら4倍の100万円が基金になる。

資料：グリーンエネルギー青森。

基金のインパクトがなくなるという悩みを抱えていた。結果的に25万円程度の寄付が集まりGEAからの拠出にも大きな問題は発生しなかった。

最後に鯵ヶ沢町を振り返ってみよう。最初に寄付を呼びかける前の2004年春に、GEAから鯵ヶ沢町に基金への拠出を呼びかけたところ、「趣旨には大賛成だが、財政状況が厳しい中では、議会を通すのが難しい」という姿勢であった。そこで、「これまでにない財源であった市民風車わんずの固定資産税が町に入りますよ。初年度は400万円くらいだと思いますが、それは昨年まではなかった新たな収入ですよね。これをマッチングファンドに拠出しても反対する人はいないのではないですか」と説得し、最終的に拠出に同意していただいた。ただ、財政状況の厳しい鯵ヶ沢町が2009年度から基金に拠出することが困難となったため、運営員会で事業を4年間で終了することを決定した。こうした事情を考えると、今後もこうした趣旨の事業を進めていくためには、寄付条例[82]等も検討に値する選択肢である。

出資をしてくれた市民と地元自治体に呼びかけて、NPOが「新しい公益の担い手」づくりにチャレンジするという取組は、全国でも珍しい例と思われる。市民・NPO・行政・大学が協働で運営する「まちづくり基金」は、全国にも発信できる先導的事例ではないか。NPOが「幹となる自主事業を持つ」というハードルをクリアしなければ実現が難しいプロジェクトではあるが、さまざまな分野での応用が可能だと考えられる。

(2) 地元生産者との連携による産品開発「市民風車ブランド」

青森県には、安心して食べられる安全でおいしい産品が多いが、十分販路が広がっていない。会員・出資者を中心としたGEAを信頼してくれる方々を中心ターゲットとした青森県産品の販売にも取り組んだ。「安心、安全、おいしい」産品を開発し、GEAが推薦する商品という形で付加価値をつけ、生産者等とも連携しながら、市民風車ブランドの創出をめざした。GEAが信頼できるパートナーとして、企業組合「あっぷるぴゅあ」と連携して、りんごや毛豆などの販売を実施している。今後、さらに事業拡大していくには、商品開発やマーケティングへの取組が必要と考えられる。

「市民風車ブランド」の取組はGEAの市民風車事業をきっかけにできたスモールビジネスではあるが、市民風車出資者（775名）＋GEA会員（98名）と

いう、連帯感のあるマーケットを中心に顧客を拡大していけるものなので、新しいビジネスモデルとなりうると考えた。

2004年度から開始した鰺ヶ沢町産毛豆「風丸」の取組では、GEAがミッションとして掲げる「地域の自立」を実現するためには、市民風車の建設をきっかけに、鰺ヶ沢産の特産品をブランド化することが有効であると考えた。

市民風車ブランド創出事業は、① 自立を目指す農家をサポートすることにより、結果的に農業後継者を創る、② 売れる農業を創ることにより耕作放棄地を減少させる、③ 生産者と消費者の顔の見える関係を創り、「一緒に農業を創る」ことを可能にする、という一石三鳥をめざした事業でもある。

これまでに、風丸の一坪オーナー事業を実施したが、市民風車への共感者である会員・出資者等を中心に、305坪（2004年度）、534坪（2005年度）の申込があった。また、弘前市の和菓子屋「寿々炉」では、2005年度から風丸を原料に「寿々丸」を製造し好評だという。これまでの取組で、会員・出資者を中心としたコアマーケットの構築に成功したので、今後さらなる共感者・マーケットの拡大をめざしている。

(3)「省エネルギービジョン」の策定から「平成まほろば事業」へ

GEAが鰺ヶ沢町に市民風車を建設することによって、多くの住民にエネルギーについての関心を高めたとしても、そのことだけで循環型社会の実現を目指すというのは十分とはいえない。住民一人ひとりの自発的な省エネ行動を引き出すことが非常に重要である。

また、省エネがこれまでの生活様式を大きく変えたり、我慢を強いるものであってはならない。無理しなくても省エネができる高効率機器の導入（頑張らない省エネ）や創エネにより豊かな暮らしが実感できるライフスタイルの提案が重要である。

自治体が地域省エネルギービジョン[83]を策定する場合、まだまだ中央のシンクタンクが受託することが多くNPOが受託する例は稀である。しかし、住民の具体的な省エネ行動を引き出すためには、ワークショップなどを活用した住民参加型の取組が有効である。

2004年度、鰺ヶ沢町での省エネルギービジョン策定が決定し、9月に行われたコンペの結果、GEAがビジョン策定委託業務を受託することになった。コ

ンペでは「GEA が鰺ヶ沢町の地域特性を十分考慮した提案をしてくれた」との評価を受け、「食の省エネ」「住の省エネ」などの重点プロジェクトを柱としたビジョンを策定することになった。

ビジョン策定の過程では、住民参加のワークショップの開催や地元出資者が中心になって設立したグリーンパワー鰺ヶ沢と連携した省エネに関する学習会も開催した。

自治体の策定する省エネビジョンが必ずしも実効の上がるケースが多くない中で、NPO が受託した鰺ヶ沢町での具体的な取組事例が、先進モデルとなることが期待されている。

その後の展開として注目されるのが、鰺ヶ沢町エコ推進協議会[84]に関連する動きである。2004 年度策定した鰺ヶ沢町省エネルギービジョンの中で、いくつかの重点プロジェクトが提案されたが、それらを中心に同協議会が申請者になって、2005 年度環境省の「環境と経済の好循環のまちモデル事業（平成まほろば事業）」に応募し採択された。

平成まほろば事業への申請手続きは GEA が担当し、町企画課とともに協議会事務局を務めた。この事業は全国で 10 地区採択されたモデル事業であるが、市民風車事業や省エネビジョンを策定した実績が評価された。

鰺ヶ沢町エコ推進協議会が提案したまちづくりのコンセプトは、「地域資源（人・自然・文化）を活用した創エネで豊かな暮らし実現」であった。事業の概要は、① りんご剪定枝活用バイオマス事業、② 省エネ住宅モデル事業（鰺ヶ沢版ビフォー・アフター）、③ よろずミニ ESCO 事業、④ 廃食油活用バイオディーゼル導入事業という 4 つのハード事業とそれを促進するためのソフト事業であった。2005 年度から 3 年間、ハード事業に対して 9,230 万円、ソフト事業に対して 1,125 万円が助成される計画であった。

中でも鰺ヶ沢町の地域資源を生かし全国のモデルとなりうる事業として期待されたのが、りんご剪定枝活用バイオマス事業である。この事業は、各家庭および事業所を対象に、りんご剪定枝を活用して、薪・ペレットストーブを普及させる（薪・ペレットストーブ普及事業）。また、農家や福祉施設等を対象に暖房や給湯の熱源としてチップボイラーを設置する（チップボイラー普及事業）。2005 年度取り組んだ薪ストーブの普及事業では約 40 台のストーブが導

入された。2006年度には、町の鮎の養殖場と老人福祉施設にチップボイラーが設置されている。

3-2-3 地域資源を活用した内発的発展を

　GEAは、2005年度総務省の行う過疎地域自立活性化事例表彰[85]を受けている。市民風車をきっかけとした地域活性化の取組が評価されたからであるが、当該自治体に事務所を置いていない都市団体[86]が表彰されたのは、制度ができて17年間で初めてのことであった。選考委員の1人が「前例がないので選考委員会でも議論になったが、最後はこういう事例こそ表彰しようということになった」と語ってくれた[87]。市民風車事業及びそれをきっかけとした事業の展開で、過疎地域の活性化に貢献したことが評価されたことは、GEAにとって大きな励みになった。

　過疎地域では、財政難に加え急速な高齢化という変化が起こり、それに対応した新しい可能性を見出せていない地域が多い。しかし、日本中どこでも、多くの人が自分たちの住む地域に希望や誇りを持ちたいと思っている。ただ、ちょっとしたきっかけやそれを継続する思いが足りないだけである。そのきっかけを作り、継続する仕組みを提案するのがNPOの重要な仕事なのだと思う。

　GEAという組織が、市民風車というテーマで多くの共感者を引き寄せ、そのテーマコミュニティと鰺ヶ沢という地域コミュニティを鰺ヶ沢マッチングファンドがつないでいるのである。

　市民運動というと「反対」「抵抗」というイメージが強いが、これからNPOを中心とした市民セクターには、何かその地域に問題が発生する都度、対抗的に運動を展開するだけではなく、その団体が掲げるミッションの実現をめざして地域社会の共感を得ながら「実践」「提案」していくことが求められている。

　青森県は、むつ小川原開発に象徴されるように中央依存の外来型発展に希望を託してきたといえる。しかし、地域の資源を有効に活用した内発的発展[88]を志向することこそがより現実的な選択肢だと考える。

　ヨーロッパでは、自然エネルギーを軸とした持続可能な社会を目指す中で、ドイツを先頭に風力発電を中心とした自然エネルギー産業が急成長し多くの雇

用を生み出している[89]。また、デンマーク各地のエネルギー環境事務所や欧州各地の地域エネルギー事務所の取組は、それぞれの地域特性を生かした「循環型社会の実現を目指す取組」「地域活性化を目指す取組」として注目すべきものがある。これらの各地にできた事務所は欧州全体でネットワークを組み、お互いに学びあい相互に協力する中で発展を目指している[90]。

青森県においても、有望な地域資源「風」や「バイオマス」に着目した内発的発展を目指し、市民参加型・パートナーシップ型の取組を進めることによって、「地球温暖化防止」や「地域の自立」の可能性を大きくすることができる。

市民風車事業にしても、鰺ヶ沢マッチングファンドにしても、市民参加型・パートナーシップ型の取組といえる。市民参加型とは、事業主体が呼びかけ市民が自発的に参加することであり、パートナーシップ型とは、事業主体が行政、企業、NPO等他の組織と協働して取り組むことを意味している。

3-3 市民風車わんずが創りだす新しい社会的価値

市民風車に出資をしている市民の期待は、必ずしも経済的価値である収益性ではなく、社会的価値であるところに大きな特徴がある。新しい社会的価値を創り出そうという市民風車事業は、理事・専従スタッフはもちろんGEA会員・出資者・地元住民・自治体・地域社会等、事業をきっかけにそこにかかわる関係者が受け取る満足を最大化させることを目指す必要がある。

3-3-1 市民風車わんずが創りだすさまざまな価値

バーナードは、組織を「2人またはそれ以上の人々の、意識的に調整された活動または諸力のシステム」と定義し、組織を単なる職務や個人の集まりとはみなさず、人々の、目的達成に向かって調整されている活動や行動のシステムだとしている。

一般的には、「理事・スタッフ・会員・出資者は組織の構成員でも、取引業者や地元関係者は組織の構成員ではない」と考えられている。しかし、バーナードの定義によれば、顧客・取引業者・地元住民も組織の構成員である。組

織と個人の関係というより、市民風車を核として GEA が創りだそうとしている社会的システムと個人の関係と捉えるとわかりやすい。

　組織目的の達成に寄与する個人の行動は「貢献」であり、組織が各個人の動機を満足するために提供する効用は「誘因」である。

　バーナードの分類する誘因は、個々人に特定的に与えることのできる誘因として、(1) 物質的誘因、(2) 個人的で非物質的な機会、(3) 好ましい物的条件、(4) 理想の恩恵があり、個々人に特定的に提供されえない一般的な誘因として、(5) 社会結合上の魅力、(6) 情況の習慣的なやり方と態度への適合、(7) 広い参加の機会、(8) 心的交流の状態、がある[91]。

　組織に参加している人は、自分の貢献よりもそのことによって得られる誘因に、自らの価値基準でネットの満足（誘因－貢献≧0）を感じるからこそ、貢献するのである。満足は貨幣価値で測定できないので、本人以外が客観的に測定することはできない。

　企業で働く人であっても、勤務先に対して、(1) の物質的誘因（特に経済的価値）にだけ効用を求めるわけではない。それ以外のさまざまな効用にも満足しているのである。雇用という形ではなく、さまざまな形で NPO に参加する場合、多くの人が経済的価値よりも社会的価値を重視することになるのは当然である。

　NPO が多くの人々から貢献してもらおうとすれば、共感・連帯・誇り・信頼・自分の拠り所など、お金以外の社会的価値が極めて重要である。NPO は、世間一般の価値基準や経済的な尺度だけにとらわれず、そこに貢献しようとする個々人に、経済的価値以外の満足を創りだす必要がある。

　GEA が取り組んだ市民風車事業の過程で、775 人の出資者が元本保証ではない出資という形での貢献を行った。次項では、市民風車事業の創り出した価値とそれに貢献した人々の満足について、出資者を中心に考察する。

3-3-2　市民風車が創りだす価値とそれを受け取る人々の満足

　市民風車事業を実施することにより GEA が提供できる価値と人々が受け取る満足とは、どんなものであろうか。

(1)　出資者の満足

　出資者は、建設資金を投資するという形で GEA に貢献し、事業が順調にい

けば元本と利益分配金を受け取れることになる[92]。利益分配金の予想利回りは年1.5〜3.0％で、出資募集時は超低金利の時代であり、そう悪くはない利回りである。

しかし、投資商品として収益性に重点を置いて出資する人は稀であり、GEAの掲げているミッションや市民風車事業の趣旨等への共感をはじめ、社会的価値に重点を置いて出資してくれる方が多いだろうと考え募集を開始した。

実際、出資者からの聞き取り[93]を整理すると以下のようになる。

① エネルギー政策の転換

原子力に対する不安や地球温暖化に危機感を持っている人で、反対運動という形にはなかなか参加できない人々も、「これなら参加できる」と出資している。こうした人々は、エネルギー政策の転換に期待を寄せている。

「青森県に原子力施設があるのはマイナスイメージ。できてしまったものは仕方がないとあきらめる人が多い。しかし、市民風車をみんなの力で建てることによって、もしかしたらエネルギーの主役が代わるかもしれない」（Bさん）

「ただお金がもうかればいいわけじゃない。社会に還元するという考えに共感した。原発に反対しているだけではだめだ。夫婦で1口ずつ出資することにした」（Eさん）

「『未来に投資する』に感銘を受け、迷わずに自分は出資を決めた。これまでは『原発は嫌だな』と思っていただけで行動はしなかった」（Gさん）

② 次世代に対する責任感

家族、特に子どもや孫のために出資している人は、環境やエネルギーの大切さを子や孫に理解してもらいたいのときれいな環境を子や孫の代まで残したいと考えている。ある意味では、次世代に対する責任感を感じているといえる。

「子ども達にはエネルギーの大切さを知り、無駄遣いしないようにしてほしい」（Aさん）

「リンゴを作っているから、去年の天候で地球温暖化が大問題と実感した。これは環境対策をやらなければならないと思った。子どもに手本を示さなければ」（Dさん）

「とても夢のある話で、その夢を買いたい。孫のために1口出資する」（Fさん）

「孫のために出資した。孫が故郷を忘れないでという思いからです」(Hさん)
③ 記名による顕彰
　風車のオーナーの証として、風車に自分や家族の名前が刻まれることは、大きな満足になっている。経営に参画しているという満足と名前が残るという満足がある。
「こども3人と私と記念にと出資しました」(Iさん)
「家族みんなで出資しました。家族の名前が残るし、良い思い出になると思いました」(Jさん)
④ 連帯意識と信頼
　GEAという組織や理事長・事務局長といった中心メンバーを応援したいという連帯意識と信頼があった。
「リスクはありますが、もし、失敗したとしても次のために生かしてほしい」(Aさん)
「利息がどうのという問題ではない。寄付してもいいくらい。大いにやってほしい」(Dさん)
「お父さんのやることなら間違いないと思い出資しました」(Kさん)
⑤ 風車そのものの魅力
「たった1基の風車でありながら、その風車が生み出す電力の行方やたくさんの人たちが込めたさまざまな思いを感じることができる……そこに市民風車の意味がある」(Cさん)
「風車がとにかくかっこいい」(Lさん)
⑥ 寄付ではなく投資
　まったくの寄付だと10万円という金額は出しづらいが、事業が順調にいけば元本と利益分配金が返ってくることが期待できることを評価された。
「株でだいぶ損しているから、事業のリスクは承知している」(Fさん)
「普通預金より利率も良いですから」(Iさん)
「趣旨には賛同できるが、寄付だとしたら出資できなかったかもしれない」(Mさん)
　①と②は、GEAのミッションや市民風車事業の「自分たちのエネルギーは自分たちで選択し、環境負荷の少ない風力発電を増やそう」という主張に対

する共感と環境や地域社会に対する自分自身の利他的な貢献が満足になっていると考えられる。バーナードのいう「(4) 理想の恩恵」に当たる。

③は、記名による顕彰とオーナーとしての参画意識である。200名の会員・出資者が集まった2003年7月の「市民風車わんず」お誕生セレモニーの時も、多くの人が嬉しそうに記念写真を撮っていた。バーナードのいう「(2) 個人的で非物質的な機会」及び「(7) 広い参加の機会」に当たる。

④は、中心メンバーに対する連帯意識と信頼である。北海道でも鈴木事務局長の周りの人たちが数多く出資してくれたそうである。Kは筆者の娘（当時15才）であるが、それ以外にも「応援するから出資する」という出資者が多くいた。⑤については、出資者の思いを象徴する存在としての風車である。④⑤ともバーナードのいう「(8) 心的交流の状態（仲間意識の機会）」である。

⑥は、まさしく経済的価値で、バーナードのいう「(1) 物質的誘因」である。この誘因がなければ、つまりすべて寄付だったとすれば、これだけのお金が集まることは不可能であっただろう。

個人が組織に対して貢献するかどうかは、すでに述べたように「組織に対する貢献」と「組織から受け取る誘因」とを比較して判断する。つまり、出資者は1口10万円の出資という貢献と受け取るであろうすべての誘因を自分自身の中で計算し、自らの価値基準で、ネットの満足（誘因−貢献≧0）を感じたからこそ出資したのである。個々人の価値基準は、千差万別なので、貨幣価値のように客観的に測定することは極めて難しい。

(2) 地元関係者の満足

次に地元関係者について述べる。鰺ヶ沢町の長谷川兼巳町長は、「1980年代から風力発電には興味があった。その後、企業からの提案もあったが、事業化に至らなかったので、GEAから話しがあった時は『喜んでやりましょう』ということになった。NPOは世直しをする団体と考えている。今回、GEAと一緒に取り組んだことはわが町が変わっていく上で大きな意義があったと考えている。NPOは、鰺ヶ沢町の行政職員はもちろん住民をも変えてくれると期待している。公共は行政だけに任せてはいけない」と語っている[94]。

鰺ヶ沢町エコ推進協議会会長を務める成田守男は、老人保健施設「つくし荘」の施設長をしているが、わんずと同時期に100kWの風車を建てた他、太

陽光発電、ペレットボイラー、チップボイラーを導入する等、新エネルギーの導入に熱心に取り組んでいる。成田は、「どんどん人口は減り町全体の停滞感が深まる中で、GEAが鰺ヶ沢に風車を建ててから色々な取組が始まり、将来に夢や希望を感じるようになった。市民風車が回ることによって新しい風が起きている感じがする。自分も一緒に何かやりたい」と語っている[95]。

長谷川や成田のコメントからもわかるように、地域に閉塞感を感じる中で、何か新しい風を吹き込むものに対する期待感がある。鰺ヶ沢町は、GEAだけではなく、NPO法人と協働して廃校になった小学校を活用した「白神自然学校」を開校する等、NPOとの協働に積極的に取り組んでいる。「協働のまちづくり」を掲げる長谷川は、NPOの力を活用して人々の気持ちを変えたいとも思っている。

市民風車事業を中核とした取組が、GEAが目指す「地域の自立」を達成するための先進モデルに発展していくには、行政や地域の人々との協働が不可欠である。長谷川や成田のコメントが、そのことを物語っている。

市民風車事業が注目されるのは、その事業自体で人を雇用し地域にお金を落とすことが可能なだけでなく、さらに地域社会に多くの付加価値を創りだせる可能性があるからである。このモデルは、経済的価値だけで十分成り立つと同時に、さらに社会的価値も創りだし、その両方の価値を使って、関係者の満足を最大化させようとしているところに特徴がある。鰺ヶ沢モデルは、ビジネスモデルとしてだけではなく、地域振興モデルや投資モデルとしても発展していく可能性を持っている。

3-4　市民風車ビジネスモデルが創り出す希望と今後の課題

市民風車事業は、趣旨に賛同する多数の市民の共感によって、市民運動とコミュニティビジネスを結び付けることが可能な事業である。その事業をきっかけに希望を創出し地域活性化につなげていくことも可能である。本項では、市民風車ビジネスモデルが創り出す希望と今後の課題について述べる。

3-4-1 市民風車事業が創りだす地域社会の希望

　共感と参画を創りだす市民出資という手法を使った市民風車事業が、「自分たちのエネルギーは自分たちで選び創りだす仕組みづくり」を可能にし、さらに地域社会の活性化も視野に入れた事業に成長しつつある。

　「市民風車わんず」の取組は、市町村合併が進む中で、地域資源を活用し住民に誇りを持たせ、地域のアイデンティティを高めていくはずである。また、多くの地元自治体以外の参加者が共感・参画できるプロジェクトでもある。

　戦略としての提案型市民事業＝市民風車ビジネスモデルは、市民参加型・パートナーシップ型ビジネスモデルとして、県内他自治体ではもちろん、風力発電と違うプロジェクトであっても応用可能な非常に発展性のあるモデルとなりうる。また、ビジネスモデルとしてだけではなく、地域振興モデルや投資モデルとしても発展していく可能性を持っている。鰺ヶ沢モデルは、地域社会に大きな希望を創りだすことが可能である。

　成田が語るように、「地域の将来に夢や希望を持ちたい」と思う気持ちは多くの人が共感できるものである。ただ、その気持ちを持てるきっかけをつくり育てていくことは容易なことではない。だからこそ、地域社会全体に閉塞感が漂い、それを打破することが難しいのである。

　鰺ヶ沢における市民風車事業とそれをきっかけとした事業展開は、少しずつであるが確実に人々の心を変え、自ら参画し地域に夢や希望を創ろうという動きになりつつある。しかし、こうした動きはまだ弱々しく、多くの関係者が協力し育んでいかないと大きな希望に成長させていくことは難しい。GEAは、よそ者としての分をわきまえつつも、地元の関係者と一緒になって事業に取り組んでいきたいと考えている。

　鰺ヶ沢で、そして日本中どの地域でも、多くの人が自分たちの住む地域に希望や誇りを持ちたいと思っている。ただ、ちょっとしたきっかけやそれを継続するみんなの思いが足りないだけである。そのきっかけをつくるのがNPOの重要な仕事なのかもしれない。みんなの思いを結集して、地域資源を活用した取組にチャレンジする地域には必ずや希望や誇りが生まれてくることであろう。鰺ヶ沢での市民風車をきっかけとした取組も、その1つとして大きく育んでいきたい。ただ、現実にアイディアを事業として成功させるのは本当に大変

なことである。その仕事のクオリティを決めるのは、現場の1つ1つの積み重ねであり、NPOであっても企業であっても変わらない。

社会が閉塞し時代が大きく変化する中で、NPOが行う新しい社会的価値を創りだす事業は、人々の共感を得ながら全国各地で大きく飛躍する可能性を秘めている。現場の仕事を大切にしながら、地元関係者と一緒になって、これからもミッション達成に向けた事業を着実に進めていくことがGEAの使命である。

3-4-2　市民風車事業ビジネスモデルの戦略的課題

市民風車事業が発展していくための戦略的課題について考察する。

(1)　市民風車セクターによる資金調達

具体的課題の1つは、資金調達についてである。

今回の出資募集では、特に青森県内で予想以上の成果を上げることができ、金融機関からの融資は実質的に使う必要がなかった。しかし、今後風車を増設していくことを考えると、必ず市民出資ですべて調達できるわけではないので、それ以外の資金調達の方法も開発していく必要がある。

まず、金融機関のNPO融資に対する姿勢を変えていくことが重要である。

営利企業であれば、融資を受ける際、信用保証協会から保証をつけてもらうが、NPOは信用保証協会の保証対象になっていない。このことにより、市中銀行はNPOに対する融資に極めて慎重である。この課題は、市民風車セクターだけではなく、NPOセクター全体の課題だが、営利企業にも貸せる会社と貸せない会社があるように、NPOにも色々なNPOがある。国が新しい経済主体・雇用の受け皿ともてはやすのならば、早急にNPOに対する保証制度またはそれに変わるものを創設すべきである。

一方で、制度的な要求をするだけではなく、市民風車セクター自身がファンドを設立し、新規プロジェクトの開発コストや建設資金に対する融資を行える力をつけていくことが有効である。

さらに、もう1つの視点として、新しい投資モデルを創りだすことも重要である。

現在行っている市民出資という方法もユニークな資金調達方法であるが、換

金性がない（あるいは償還期間を選べない）ことが大きなウィークポイントである。欧米では社会的責任投資（SRI）が拡大しているが、日本においても収益性だけを重視するのではなく、「地球環境にいい」「地域の活性化につながる」などの尺度を中心とした社会的な投資商品を創りだしていく必要がある。市民風車に出資してくれた人の思いは、そうした未来の投資商品への期待を投影している。

(2) 行政とのパートナーシップの構築

具体的課題の2つ目は、行政とのパートナーシップ構築についてである。

青森県環境政策課の担当者から、環境省の地球温暖化防止関係補助金資料を入手し、それを持って長谷川と面談した時に、「町の担当者には必ずしもいいアイディアがない。GEAで教えてやってほしい」という依頼があった[96]。

環境省の地球温暖化対策予算は、新たに石油特別会計からの原資もあり、町職員にもわかりにくいのは確かである。しかし、行政職員は異動のサイクルが短いことやデスクワークが多いことから、現場の情報をあまり知らず専門性を蓄積しにくい。

行政職員は、行政手続や定型的な仕事には強いかもしれないが、特定問題に対する専門性や新たなアイディアを期待することは難しい。常に前例主義で仕事を進めている行政組織にとって、現在のように環境が激変する時代に戦略的に対応することはなかなか困難である。

逆に言うと、市民セクターにとっては、行政情報の公開が進み、NPOが新しい公益の担い手としてその力を発揮できるならば、その専門性やアイディアに期待が高まっていくはずである。行政が満足しうる提案をし信頼関係を創ることに成功すれば、将来的には現在行政が持っている資源（予算）を使って新しい公共を担うことも可能になるであろう。そうした信頼関係を創る中核となっていくのが、戦略としての提案型市民事業なのである。

そもそも公共は行政に独占されるべきものではない。これまでの「公共的サービスは行政のするもの」という考えは大きく転換されなければならない。その地域に住む市民も行政職員も「公共は行政の独占物でない」ことを理解した上で、「自分たちの住む地域のことは自分たちで決め、必要に応じて自分たちも公共を担う」という"地域社会の合意"を創りだしていくことが必要である。

政府の予算制約と地方分権が進む中で、より満足度の高い新しい公共を創っていくためのさまざまな試行錯誤が続くであろう。今後、全国各地で市民参加型・パートナーシップ型の先導的取組を成功させることが期待される。

3-4-3　関係者みんなをハッピーにするマネジメント

市民風車ビジネスモデルが注目されるのは、経済的な価値だけで十分成り立つと同時に、さらにより大きな非経済的な価値も創りだし、その両方の価値を使って、関係者の満足を最大化させようとしているところに特徴がある。

NPOが企業と大きく違うのは、「どうすれば利益が上げられるか」から事業を構想するのではなく、ミッションを出発点として、「どうすれば地域に信頼を創り関係者を幸せにできるのか」から入ることである。その上で、組織が存続できるだけの管理費がとれる売上をあげる事業にしなければならないのである。

「本当に儲かるのか」という企業的な発想から入るより、「こうしたらみんな喜ぶ、幸せになれる」という発想から入った方が、イメージは広がりやすいし、協力者も見つけやすいと思われる。実際、企業が新規事業を構想するのも、NPOが構想するのも、たぶん組織としてというよりは、そこに所属する個人がまず構想する。その場合、一般的には企業よりNPOの方が、自由に考えられるし、気軽に組織外の個人から意見を聞ける可能性が高い。そういう意味で、先進的な企業は今後積極的にネットワークを持っているNPOと協働するようになると予想される。

管理費を確保するために目先の仕事を取ってしまい、それがミッションと合致しないケースもあるので、常にミッションとの関わりで事業を選択する必要がある。また、色々な事業に取り組むのはいいが、自分たちが使える資源（人・金・モノ・情報）には限りがあるので、それをどう有効に使って成果を上げるのかという視点が必要である。

常に、組織の意思である「ミッション」を出発点として事業を構想し、「夢の実現」と「組織の存続」を両立しうるようなマネジメントが重要である。

環境NPOの経営は本当に難しい。実際、10の市民風車の事例があるが、専従スタッフを雇用できているNPO法人は、HGFとGEAの2つだけである。

多くの環境NPOは、幹となる自主事業を持たないために、専従スタッフを抱えることさえ厳しいか、仮に委託事業や助成事業を使って専従スタッフを雇用したとしても、相手の都合で収入が大きく変動するため、安定的に雇用を継続することが難しいのが現実である。HGFやGEAのように、一定の専従スタッフを抱え存続している環境NPOは珍しい存在である。それは、風力発電事業によって毎年定期的に入ってくる自主事業収入があるからである。

市民風車事業を幹として持つGEAは、地球温暖化防止対策、地域活性化を進める主体として大きな可能性を持っている。それは、これまでの事業を取り組む中で創りだした"共感や信頼"という財産があるからである。GEAは、こうした財産を今後の事業展開に生かしていきたいと考えている。

NPOという組織は、人・金・モノ・情報とも十分な資源を持っていない。しかし、いったん事業を成功させ信用をつくれば、新しいアイディアやマネジメントでいろいろな展開ができる。

GEAが取り組む市民風車事業で、そこに関係する人々みんなをハッピーにするマネジメントに挑戦してみたい。そのことによって、「組織と個人がともに発展する」NPOマネジメントを実現してみたいものである。

3-4-4　本事例に関わる考察

最後に、鰺ヶ沢町における市民風車事業に関わる一連の取組について考察してみよう。主な成果としては、以下のものが挙げられる。

① 775名の市民が鰺ヶ沢町の市民風車に1億7,820万円出資したこと
② そのうちの135名が鰺ヶ沢町関係者で4,000万円の出資金が集まったこと
③ 風丸プロジェクトを立ち上げ地元農家が中心となって事業を継続していること
④ 環境省のモデル事業をきっかけに新たに有限会社を立ち上げバイオマス分野で環境コミュニティビジネスが創出されたこと
⑤ 市民参加型・パートナーシップまちづくり基金「鰺ヶ沢マッチングファンド」の助成事業を4年間実施したこと

こうした成果を上げることによって、総務省の行う過疎地域自立活性化表彰も受け、首都圏など他地域と鰺ヶ沢町の交流の輪が生まれた。

3-4 市民風車ビジネスモデルが創り出す希望と今後の課題

　地域の自立プロセス理論の基本は、「寄り添う→希望を創る→目的を設定して実践する→主体性を創造する」である。本事例においては、このプロセスを通じて、人々と組織が主体性を創造・強化することができたのであろうか。こうした観点から見た時、本事例はどのように評価できるだろうか。

　本事例は、都市部の NPO が過疎地域で取り組んだ地域活性化事例としては大きな成果も上げたし、評価を受けるものであった。ただ、地域の自立プロセスという観点から見た時に、十分であったろうかという反省がある。

　鰺ヶ沢町で市民風車事業を展開した GEA は中間支援組織ではないが、市民風車をきっかけに地域活性化に取り組んだ。その時、地元の人々と組織に主体性を持つような働きかけを十分に行えただろうか。また、そうした取組の過程で、GEA という組織自体が主体性を強化し続けることができたのであろうか。その2点に反省が残っている。

　市民風車の建設を終えた GEA は、地元での環境保全活動や地域活性化事業を推進するために、地元出資者などに働きかけて、2003 年度グリーンパワー鰺ヶ沢という任意団体を立ち上げた[97]。もちろん、形式的には、鰺ヶ沢町在住の方々を中心に立ち上げた組織であったが、団体の活動を地元メンバーが担うというよりは、事務局業務をすべて GEA スタッフが担うという形になってしまった。この点が、最大の反省点であった。つまり、市民風車の建設をきっかけに「早く具体的な活動」を始めたいと考え、GEA 側が主導して組織を立ち上げた。そして、「地元のメンバーが忙しい」などの理由でサポート役だった GEA が事務局業務をすべてこなす形になってしまった。

　この過程を簡単に振り返ると、市民風車の建設によって、地元出資者を中心に「鰺ヶ沢でも新しい何かができるかもしれない」という期待感は生まれた。GEA は、地元に寄り添おうとしたし、地元出資者の中でグリーンパワー鰺ヶ沢のメンバーになった人もいた。しかし、その人たちの主体性が創造・強化され、自律的な行動を引き出すまでにはいかなかったのである。もう少し地元メンバーが自分自身で意思を固め、主体性を創造しやすい状況を創れればよかったのではないか、という反省が残る。また、GEA 側も、一連の地域活性化事業では、取り組む事業からの収入を得ることが難しく、人件費を持ち出ししながらの事業展開にならざるを得なかった。2基目以降の建設ができなかったこ

ともあり、次第に関与の度合いを低下させざるを得ない状況となっていった。

　つまり、「寄り添う→希望を創る→目的を設定して実践する→主体性を創造する」という観点から言うと、担い手組織側の関係者の間には、「市民風車が回ることによって新しい風が起きている感じがする。自分も一緒に何かやりたい」という成田の言葉に代表されるように、直感的な希望の灯まではできたのではないかと思われる。しかし、その希望を明確化し個々人が意思を固めるという過程が十分でなかったのだと考えられる。その結果として、グリーンパワー鰺ヶ沢という組織は立ち上がったものの、担い手組織としての役割を果たせるような組織には成長できなかったのである。

　また、中間支援組織側とも言えるGEAも、主体性の創造・強化をしていくための環境適応が十分でなかったといえる。環境に適応するということは、経済的側面、精神的側面、関係性の側面を強化する必要があった。すなわち、GEAが鰺ヶ沢町の地域活性化事業に継続的に取り組んでいくためには、その前提条件として、物的要因、人的要因、社会的要因を過程の中で強化していかなければならなかったのである。しかし、担い手組織と中間支援組織が一緒になって、まちづくり活動を基盤としながら、ビジネスを成功させていく活動を継続していくためには、特に経済面で継続が難しい要因が生まれたのである。こうした地域に対する支援コストをだれがどのように負担するのかが大きな課題として残ったのである。

　ただ、地域社会自身が人々と協働システムが主体化し活性化する場として機能していくという観点から見ると、市民風車の取組をきっかけに新しい関係性が醸成されたこと、鰺ヶ沢マッチングファンドをきっかけに町内にまちづくり活動における連携・協働の動きが出てきたこと等は一定の評価ができると考えられる。

第4章
地方鉄道の危機をきっかけとした地域活性化
──津軽鉄道の事例──

中泊町
(旧中里町)

五所川原市
(旧五所川原市・旧金木町)

　津軽鉄道は、津軽平野のほぼ中心に位置する五所川原市から津軽半島の背骨の西側を北上する民間鉄道で、全線単線で電化されていない。駅数は、始発の津軽五所川原駅から終点の津軽中里駅まで12駅で、現在の有人駅は五所川原、金木、中里の3駅のみである。路線距離20.7 kmを37分かけて結んでいる。

会社の設立は1928年、営業開始が1930年であった。

　津軽鉄道沿線の自治体は、五所川原市と中泊町である。五所川原市は、2005年、五所川原市、金木町、市浦村の3市町村が合併して発足した。中泊町は、同年、中里町と小泊村の2町村が合併し発足した。五所川原市、中泊町とも飛び地合併となっている。

　五所川原市は、津軽平野のほぼ中央に位置し、東は津軽山地を挟んで県都青森市、西は岩木川を挟んでつがる市に、南は鶴田町にそれぞれ接し、北は中泊町中里地域に接するとともに、同地域を介在して五所川原市市浦地域が中泊町小泊地域に接している。総面積は、404.56 km^2（国土地理院「平成21年全国都道府県市区町村別面積調」による）である。

　2005年国勢調査によると、五所川原市の人口は6万2,181人、世帯数2万2,067世帯である。そのうち、年少人口（0〜14歳）は8,610人であり全体の13.8%を占めている。また、高齢化率は25.0%となっている。産業別就業人口は、第1次産業4,596人、第2次産業6,196人、第3次産業1万6,922人となっている。

　国立社会保障・人口問題研究所の将来推計人口によると、20年後の2030年には、五所川原市の総人口4万8,863人、年少人口4,362人、高齢化率は39.7%に達する。2010年10月1日時点での推計では、総人口6万315人、年少人口7,484人、高齢化率27.7%となっている。

　中泊町は、津軽半島の中央部を走る津軽山地の西側に位置し、西はつがる市と日本海、南北は五所川原市、そして東は外ヶ浜町と接している。総面積は、216.33 km^2（国土地理院「平成21年全国都道府県市区町村別面積調」による）である。

　2005年国勢調査によると、中泊町の人口は1万4,184人、世帯数4,461世帯である。そのうち、年少人口（0〜14歳）は1,682人であり全体の11.9%を占めている。また、高齢化率は28.7%となっている。産業別就業人口は、第1次産業1,520人、第2次産業1,745人、第3次産業2,517人となっている。

　国立社会保障・人口問題研究所の将来推計人口によると、20年後の2030年には、中泊町の総人口8,698人、年少人口636人、高齢化率は44.2%に達する。2010年10月1日時点での推計では、総人口1万3,003人、年少人口1,322

人、高齢化率32.0%となっている。

　津軽鉄道で最も有名なのが冬季間運行されているストーブ列車であり、車両には石炭ストーブが2台設置されている。この他、特別運行列車として風鈴列車や鈴虫列車がある。また、1996年に投入された主力車両の内燃動力車には、太宰治のふるさとである旧金木町を走っていることから「走れメロス号」と命名されている。

　津軽鉄道の乗客数はピーク時の1974年には256万人に達したが、14年後の1988年には128万人と半分以下に減少した。その後も減り続け2004年には42万人、2008年には30万人にまで落ち込んでいる。1996年までは運営にかかわる行政の補助もあったが、1997年以降補助を打ち切られ経営は厳しさを増す一方であった。

　モータリゼーションの進展や少子高齢化による乗客数減少の影響で、津軽鉄道の現状は厳しいと言わざるを得ない。しかし、こうした現象は、津軽鉄道特有のものではなく、過疎地域で経営を続ける多くの地方鉄道の共通課題である。津軽鉄道は、採算性だけから判断すると、存続は難しい状況にあるのかもしれない。しかし、地域の人々の思いをつなぎ、行政だけに頼るのではなく、地域のさまざまな主体が協働して津軽鉄道を支援することによって再生は十分可能である。

　地域社会には、そこに住み続け、「地域を元気にしたい」という思いを持っている人が潜在的にはたくさんいる。ただ、そうした自発的な思いを持つ人たちが参加するきっかけを創り出すことが出来ていないのだと考える。津軽鉄道サポーターズクラブ（TSC）をはじめとした津軽鉄道沿線のさまざまな主体の取組は地方鉄道を再生させる取組として示唆に富むものである。地域社会にとって、やっかいな公共交通の問題と捉えるのではなく、地域社会の課題を逆手に取って、それをきっかけに、地域社会に共感と信頼を創り出す手段と捉えることが重要なのである。

　2006年度、津軽鉄道沿線で都市再生モデル調査が行われ、地域住民や高校生を対象とした実態調査やワークショップを実施した上で、津軽鉄道を軸とした都市再生ビジョンが提言された。この調査の過程の中で、最も重要視されたのが、利害関係者間の議論及び合意形成や津軽鉄道サポーターズクラブ（TSC）

が主催し取り組んだワークショップ等で出されたアイディアを実践に結び付けていくことであった。2006年度の津軽鉄道の収入を見ると、定期収入は相変わらず減少しているが、定期外収入は13年ぶりに前年比プラスとなり、その後の取組においても成果が見えはじめている。実際、2006年度から2008年度までの当期利益は黒字となっている。

津軽鉄道の危機をきっかけとした地域活性化の取組は、地域内の悪循環を好循環に転換し、地域社会の中に「夢と希望」を創りつつあるのではないかと考えられる。奥津軽という田舎は、津軽鉄道の危機をきっかけに、自分たちの地域の価値にほんの少しだけ気づき、その可能性に期待を託そうとしている。

本章では、この間の津軽鉄道に関連した取組、特に2006年度の都市再生モデル調査を中心に振り返りつつ、地域における変化と成果、そして、今後の展望について述べる。本章は、次のように構成される。

第1節では、2006年1月に誕生したTSCの立ち上げから、2006年度都市再生モデル調査の一環として津軽鉄道沿線で取り組まれたワークショップとそこに関わった人々の変化について述べる。

第2節では、ワークショップ等で出されたアイディアをもとにまとめられた都市再生ビジョン及びアクションプランについて述べる。

第3節では、津軽鉄道存続に向けた関係者の合意形成に重要な役割を果たしたパートナーシップテーブルの経緯と意義について述べる。

第4節では、2006年度策定されたビジョン及びアクションプランに基づいて実践された活動・事業及び今後の展望について述べる。

4-1　津軽鉄道サポーターズクラブの誕生と都市再生モデル調査

津軽鉄道サポーターズクラブ（TSC）は、津軽鉄道の経営危機をきっかけに立ち上がったが、単に津軽鉄道を助けるということではなく、津軽鉄道をきっかけに地域を活性化するという運動を展開していくことになる。本節では、そうした運動を展開していくための基盤となる地域内で開催したワークショップ及び参加者の変化を中心に述べる。

4-1-1 津軽鉄道サポーターズクラブの誕生

われわれと津軽鉄道との関係がはじまったのが、2005年9月。青森県から受託したコミュニティビジネスサポート事業の関連でコミュニティデザイン会議という企画をし、まち歩きを含んだワークショップを実施したのがきっかけであった。その時、企画の中で津軽鉄道を利用させていただき、津軽鉄道の澤田社長にも参加していただいた。その後間もなく、津軽鉄道未来ビジョン検討委員会が組織され、そこでの提案がきっかけとなり、2006年1月TSCが設立された。中間支援組織であるNPO推進青森会議（NAC）は、TSCの設立前から、その支援に関わることになった。

この当時、津軽鉄道は緊急保全整備事業[98]実施への合意形成が進まないことで苦慮していた。この事業は、2004年度から2008年度までの5年間で工事を完了させる必要があり、工事にかかる費用3億7,700万円は、国が5分の2、地元自治体（県・五所川原市・中泊町）が5分の2、津軽鉄道が5分の1負担することになっていた。しかし、地元合意ができていないこともあり、2005年秋の段階で県が2006年度予算に津軽鉄道関連の緊急整備事業には予算計上しないことが確定していた。

そうした背景の中で発足したTSCにとっては、津軽鉄道をきっかけとした地域の活性化を目的に掲げながら、緊急保全整備事業実施に関する合意形成をつくることが当面の重要な課題となった。2005年12月設立準備会、2006年1月18日設立総会を開催したTSCは、その後も1月28日「頑張れ！津軽鉄道フォーラム」の開催、4月芦野公園駅に駅名標設置、9〜11月5回のワークショップ開催など目覚しい活動を繰り広げ、会員数は設立から1年後には、700名の会員を抱えるまでになった。

4-1-2 地域でのワークショップ等の開催

地域住民の意識を把握するとともに、地域内の各主体の意見を出し合い、津軽鉄道を活用しながらの地域ビジョンづくりを促進するためにワークショップ等を実施した。開催にあたっては、TSCに主催してもらい、出来るだけ自発的に関わってもらえるよう住民を巻き込む工夫をしながら実施した。

(1) がんばれ！津軽鉄道セミナー（金木・中里）

2006年9月、五所川原市金木（旧金木町）で、2006年10月、中泊町中里（旧中里町）で「がんばれ！津軽鉄道セミナー」を開催した。また、開催にあたっては、地元の津軽鉄道応援組織である"けっぱれ津軽鉄道けやぐの会"（金木）と"「のれ！それ！中里」実行委員会"（中里）に全面的な協力が得られた。

開催目的は、地域住民から津軽鉄道に対する率直な意見を出してもらうと同時に、みんなに喜んでもらえる津軽鉄道活用プランを検討することであった。主な参加対象は、地元の地域住民を想定したが、議論を活発化させるために、地域外からの参加者を入れる工夫もした。

写真 4-1-2-① がんばれ！津軽鉄道セミナー（中里）の様子

(2) 「地域の資源」発掘ワークショップ

2006年9月から10月に、地元の人にも都会の人にも、喜んでもらえ満足してもらえる津軽鉄道沿線にある「地域の資源」を発掘することを目的に、「地域の資源」発掘ワークショップを五所川原市で2回開催した。

「地域の資源」とは、人・物・場所いずれでも良くて、有名・無名を問わずに対象とした。従来の観光施設（例えば、立佞武多の館・斜陽館・三味線会館等）だけではなく、地元の人はもちろん、滞在型で訪れた観光客が本当にゆったりと楽しく過ごすために有効な地域資源の発掘をめざした。地域資源をリスト

アップすると同時に、隠れた地域資源も活用した新しい観光ルートも検討した。
　主な参加者は、TSC のメンバーだったが、他に、NPO、企業、女性農業者等の参加も見られた。こうした取組には、よそ者の視点も大事だと考え、地域外の人にも継続的に参加してもらった。また、取組のプロセスそのものを人材育成と位置づけ、来年度以降の具体化につなげられるように意識した。

写真 4-1-2-②　第1回「地域の資源」発掘ワークショップの様子

(3)　津軽鉄道ビジネスワークショップ

　津軽鉄道は「地域の足」として重要な役割を果たしていると同時に、ストーブ列車を始め重要な観光資源としての役割を持っている。津軽鉄道ビジネスワークショップは、2006 年 11 月、五所川原市で開催した。「地域の資源」発掘ワークショップでの成果を踏まえながら、その内容をさらにブラッシュアップし具体化に向けて検討することを目的に開催した。これまでに検討してきたプロジェクトには、それぞれの成熟度とゴールがあるので、ワークショップ自体ですぐに形としての成果を求めるのではなく、「みんなが顔を合わせる場」「みんなが刺激し合える場」と位置づけ開催した。
　主な参加者は、TSC のメンバーだったが、他に、NPO、企業、女性農業者等の参加も見られた。「地域の資源」発掘ワークショップ同様、取組のプロセスそのものを人材育成と位置づけ、来年度以降の具体化につなげられるように意識した。

136　第4章　地方鉄道の危機をきっかけとした地域活性化

写真 4-1-2-③　津軽鉄道ビジネスワークショップの様子

⑷　津軽鉄道サポーターズクラブ設立1周年記念フォーラム
　TSCが設立1周年を記念し、「津鉄を元気に！地域を元気に！」をテーマに開催した。1年間の活動を振り返ると同時に、今後の活動に対する理解を深めてもらい、さらに多くの関係者を巻き込むことを目的とした。
　フォーラムには、ワークショップに継続的に参加した人の他、一般市民、行政職員、さらには、パートナーシップテーブルで関わってくれた県の事務局、弘前大学教員なども参加した。また、来賓として五所川原市長も駆けつけてくれた。

写真 4-1-2-④　設立1周年記念フォーラムの様子

4-1-3　ワークショップ開催のねらいと参加者の変化

　津軽鉄道が存続の危機に陥り再生の取組を始めようとしている時、われわれは、ただ単に「津軽鉄道が経営難になっているので、何とかみんなで助けてあげよう」では、うまくいかないと考えた。

　そこで、「地域コミュニティとの協働による地域の活性化策について検討し、津軽鉄道をきっかけとした将来に夢と希望を持てるビジョンを持とう」と訴えた。そして、その考えに共感してくれた TSC が主催し、ワークショップに取り組んだ。

　そのため、単に津軽鉄道の存続問題として地域住民を巻き込むという戦略ではなく、住民主体の地域ビジョンを作り、津軽鉄道を軸に都市再生の取組に発展させていくという戦略を取ろうと考えた。一連のワークショップは、自発的な参加者を巻き込み、津軽鉄道問題をきっかけに地域の課題に向き合い、その解決策を実践していくことが、地域に共感と信頼を創ることになると理解してもらうプロセスであった。

　ワークショップを計 5 回開催した中で明らかになったのは、参加者たちが、津軽鉄道を単なる移動手段としてではなく、地域づくりの軸として捉え直し、大きな期待を寄せようとしていることであった。参加者たちが、そのことを最初から強く意識していたかどうかは明確にはわからないが、一連のワークショップを実施していくプロセスの中で、気づきがあり、変化が起こったと考えられる。

　最初に変化を感じたのが、五所川原市金木（旧金木町）で開催した「がんばれ！津軽鉄道セミナー」（2006 年 9 月）のワークショップで、参加者の 1 人が発言した「津鉄が元気になれば、地域が元気になる。地域が元気になれば、津鉄が元気になる」という言葉だった。ただ、津軽鉄道を可哀想がって支援してあげようではなく、自発的に津軽鉄道をきっかけに地域を良くしようと直感した言葉だと感じた。

　2006 年 10 月に終着駅──津軽中里駅──のある中泊町でワークショップが開催された。このワークショップで「中里のいいところは何か」というテーマで検討していたところ、地元出身の参加者が、「中里には何もないから観光客が誰も来ない」という発言をした。彼は、始発駅となる津軽五所川原駅との中間にある金木駅のそばには、太宰治の生家である斜陽館や三味線会館といった

観光施設があるが、津軽中里駅のそばにはそういった施設がないということを言いたかったのである。しかし、金木から来ていた参加者が「本当に何もないのか」という発言をして、そのテーブルは一瞬しーんとなった。その後、一瞬考え込んだ後に金木からの参加者が「中里のかっちゃ（かあちゃん）は、どこへでも出かけていってなんぼでも特産品を売る。金木のかっちゃはなんも売れない。中里にはかっちゃという資源があるじゃないか」という発言をした。「中里は観光資源に恵まれていないかもしれないけれど、そうした厳しい地域であっても、それを挽回するだけの商魂たくましいかあちゃんという人的資源があるじゃないか」と言いたかったのである。そうした発言の後、そのテーブルでは「なるほど」という雰囲気になり、それをきっかけに、地元中里の参加者からも「あれもある」「これもある」というアイディアが一気に溢れ、みんなの気持ちが揃う場があれば、知恵が出てくることが実感された。その後、「駅前が廃れてきたのを津軽鉄道の乗客が減ったからと人のせいにするのではなく、自分たちで賑やかにする努力をする必要がある」という意見も出され、自分自身が地域の課題に向き合い、自発的に地域を良くしようという明確な意思が出てきた。ここでも、従来の価値観を壊し、新しい価値観が創造されていくプロセスが実感される。

　このように、ワークショップで議論するのをきっかけに、参加者は津軽鉄道を救済の対象と考えるのではなく、津軽鉄道存続の危機を逆手にとって、津軽鉄道も地域も両方元気にしようという意思を持ち始めた。そして、津軽鉄道を単なる交通手段として捉えるのではなく、地域づくりの重要な資源・道具として捉え直すようになっていった。

4-1-4　津軽鉄道から始まる地域づくりとコミュニティビジネスの取組

　ワークショップでのさまざまなアイディアを出す段階から、その後、津軽鉄道をきっかけとした地域づくりの取組をベースとしたコミュニティビジネスへの展開が見られるようになった。その1例が、「津鉄応援直売会[99]」という組織が立ち上がったことである。TSC の取組が始まってから、津軽鉄道沿線の女性農業者グループとの交流が生まれ、彼女たちは、津軽鉄道や TSC と連携し、イベント列車や駅構内で販売活動を試行的に取り組んだ。

2006年11月には、津軽鉄道開業76周年記念としてイベント列車「山木康世（元ふきのとう）の雪酔列車ライブ」が行われ、津軽中里駅で、地元産のするめ、イカめし、豆乳プリン、漬物等の地元特産品を販売した。満員の乗客がどっと押し寄せ、準備した産品はみるみる間に売れ切れた。こうした取組をマスコミから大きく取り上げられたり、お客様に褒められたりで自信をつけ、同年12月、本格的に取組を進めようということで、「津鉄応援直売会」が立ち上がった。2007年1月31日のストーブ列車では、直売会の2人が昔ながらのかすりの着物姿で乗り込み、津軽じょんから節を歌ったり、嘉瀬の奴踊りを披露し、乗客と交流しながら、地元の特産品を販売した。名古屋市から来た観光客からは、「地元のかあちゃんが頑張っているのが嬉しい[100]」という声が聞かれた。

直売会の合い言葉が「津鉄を元気に、地域を元気に、自分を元気に」である。この合い言葉は、津軽鉄道と地域のためだけではなく、自分のためにもやるのだという自発的な意思を感じさせる言葉であった。

また、TSCの会員である飲食店を経営する女性は、「こういう取組が始まるのを待っていたのよ[101]」と言って、「地域の資源」発掘ワークショップの時に、自分で発掘した地域の見所を紹介した手書きの地図を作って来てくれた。「そこに住み続け、地域を元気にしたい」という思いを持っている人は潜在的にはたくさんいる。そして、そういう取組に自発的に参加しようとする人は、自分を元気にしてくれる報酬を受け取ることが出来ることを直感しているのだと考えられる。

4-2　津軽鉄道を軸とした都市再生ビジョンの策定

2007年3月、前節で述べたワークショップで出された意見を踏まえ、津軽鉄道を軸とした都市再生ビジョンが策定された。本節では、策定された都市再生ビジョンの基本方針及びアクションプランについて述べる。

4-2-1　課題解決の方向性

奥津軽地域では、「地域の足」として生活交通を支えるべき鉄道・バスが十

分に利用されていない状況にあった。交通機関は公共性があるとはいえ、営利企業である以上採算が取れなければその存続は難しい。

　もし、採算性の確保を交通事業者だけに任せてしまい、「受益者である地域住民が利用しないから、なくなっても仕方がない」という論理だけで存廃が決められると、自動車を運転出来ない交通弱者が移動手段を失うのを始め、多くの影響が考えられる。例えば、津軽鉄道の廃止による社会的影響は、住民生活、環境、安全、地域経済、地域社会等、多岐にわたる。住民生活の面では通勤通学や通院に支障が出たり、自動車交通量の増加による環境の悪化、さらには、ランドマークの喪失による心理的な影響もある。

　地域のさまざまな主体が集まり、もっと多面的な検討をした上で、公共交通についての地域合意を創ることが必要なのである。鉄道の存廃を考える場合、採算性の他に社会的価値の検討や関係者の支援の可能性等も含めて議論すべきであり、そうした機会を積み重ねることが重要である。

　これまで奥津軽地域では、公共交通のあり方について必ずしも十分に検討してきたとは言えない状況にあった。しかし、津軽鉄道が存続の危機に陥る中で、津軽鉄道・行政を始め、市民組織であるTSC等、多様な主体が、危機回避のための地域合意を探ろうとしている。

　さまざまな関係者が参加して、奥津軽地域での公共交通のあり方に関する検討をする機会を持ったのは、2006年5月、青森県の呼びかけによる五所川原・中泊地域における持続可能な生活交通手段のあり方に関する勉強会（以下、県勉強会）が始まりであった。続いて同年7～9月、青森県の行うパートナーシップによる地域づくり推進パイロット事業[102]によるパートナーシップテーブルが計3回開催された。そこで、関係者が津軽鉄道の存続も含めた地域交通のあり方について議論してきた。議論の中で、津軽鉄道の存続に向けて、関係者の協力による「津軽鉄道利用促進キャンペーン」の取組が合意され、出来るところから着実に関係者が努力することが確認された。

　今後さらに、県勉強会、パートナーシップテーブルのような関係者による議論の場を継続していく必要がある。その中で、議論→合意→実践というサイクルを繰り返すことによって、地域住民が納得し、満足度の高い地域の公共交通が形づくられていくことが期待される。

地域内での高齢化が進む中で、70代の運転者が増える傾向にある。今後、こうした高齢者が車を運転出来ない時代を迎える。また、こうした70代の高齢運転者が死亡事故を起こす危険性は、60代までの運転者より格段に高い。奥津軽地域では、冬の地吹雪が吹く時には国道が通行止めになることもある。安全な公共交通の確保という意味でも、津軽鉄道を地域の幹線交通機関と位置づけられるよう、運行ダイヤ・運行サービスの充実を図っていくことが必要である。そして、路線バス・地域連絡バス・新たな2次交通手段とも連携し、地域全体の交通体系を検討していくべきなのである。

また、津軽鉄道は、ストーブ列車という全国的に知名度のある資源を持っており、その資源を最大限に活用しながら、観光客の集客を図る必要がある。観光客が増えることは、地域全体の活性化にもつながり、奥津軽地域に産業・雇用面でも大きな希望を創り出す可能性を秘めている。

以上のことを踏まえると、課題解決の基本的な方向性として、(1) 地域の関係者による公共交通利用増加に向けた取組、(2) 移動手段を超えた付加価値の顕在化、(3)「生活交通」と「観光交通」の両立、が考えられる。

(1) 地域の関係者による公共交通利用増加に向けた取組

地域の関係者による公共交通の利用を増やすため、以下に述べる6つの観点に立って取組を進めていくことが重要である。

公共交通の利用を増やすため、第1に求められることは、「安全な移動手段で安心して使えること」である。

第2に求められることは、「スムーズな乗り継ぎになっていること」である。

第3に求められることは、「わかりやすい情報提供があること」である。

第4に求められることは、「人が集まる施設が駅のそばにたくさんあること」である。

第5に求められることは、「待っている間も楽しく苦痛でないこと」である。

第6に求められることは、「不便で外出のできない人をなくす工夫をすること」である。

(2) 移動手段を超えた付加価値の顕在化

津軽鉄道を元気にし、地域を元気にするためには、単なる移動手段を超えた付加価値の顕在化を図り、観光客の集客を進める必要もある。

その際、第1に求められることは、「奥津軽を代表する観光資源として"津軽鉄道"を位置づけ、地域の関係者と連携すること」である。

第2に求められるのは、「鉄道そのものを楽しみ味わいたい顧客にも来てもらえるような創意工夫をすること」である。

第3に求められるのは、「地域をあげたおもてなしで評判を取ること」である。

(3) 「生活交通」と「観光交通」の両立

津軽鉄道を存続させ、津軽鉄道を軸として地域を活性化させていくためには、生活交通として乗ってくれる地元住民の乗客と観光目的で来る地域外の乗客両方を増やす必要がある。少子高齢化とモータリゼーションの流れの中では、生活交通として乗る乗客数を今よりも大きく増やすことは期待できないのが現実である。また、いくら観光客対策がうまくいったとしても、地元住民の乗客がどんどん減っていくのでは、収支を均衡させるのは不可能であろう。

生活交通としての津軽鉄道に乗ってもらうアイディアと観光のためのものを分けて考えることが大切である。これまで十分な対策を取っているとは言えないストーブ列車を中心にした観光客対策に成功すれば、生活交通と観光交通がバランス良く乗客を確保し、存続に向けて大きな希望を持てると同時に、地域の観光を中心とした活性化に結びついていくことが期待される。

上述した3つの課題解決の方向性で実践していくためには、「地域内での議論と合意形成」が不可欠である。鉄道は、事業者が1年前に届け出をすることによって、廃止が可能になっている[103]。届けを出してから、地域の交通を検討しているのでは間に合わない。採算性だけではなく、社会的価値と地域内でできる支援方法も勘案して地域としての意思決定をするのが理想である。競争の自由もあるだろうが、全体のために競合を規制する工夫が必要である。競合で顧客を取り合うよりも、顧客の利便性を高めながら共存できる方法を追求することが重要だと考える。

2006年度、津軽鉄道の存続や地域の交通体系検討のため、県勉強会、パートナーシップテーブルが開催されたが、議論を尽くしたわけではないし、地域合意ができたわけではない。仮に、緊急保全整備事業が着手されたからといっ

て、津軽鉄道の存続が保証されるわけではなく、今後も、津軽鉄道の社会的な価値や地域内での支援策を議論し、危機を回避するための方策を検討する必要がある。また、もしも本当に廃線の意思決定をする時には、地域住民を始めとした関係者の納得を得ることが不可欠である。

4-2-2　基本方針と重点プロジェクト
(1)　基本方針
　これまで検討してきた結果から、津軽鉄道をきっかけとして将来に夢と希望を持てる都市再生ビジョンの基本方針として以下の３点を掲げる。
１）車だけに頼らない安全で使いやすい公共交通を確保する
　過疎地域において自動車は便利で快適な移動手段と言える。しかし、地域内での過度な自動車利用は、公共交通の存続を危機に陥れる。車だけに頼らない安全で使いやすい公共交通を確保する取組が重要である。また、交通弱者の移動手段確保という目的だけではなく、中長期的に地域の公共交通を守るという視点が必要である。
２）津軽鉄道を軸とした地域の活性化を進める
　津軽鉄道を生活交通としての移動手段としてだけ位置づけるのではなく、奥津軽地域を全国的にアピールしていくための戦略的な地域資源として位置づけ、地域づくりの軸として、観光を始めとした地域活性化に活用していくことが重要である。
３）参加と協働による取組を推進する
　津軽鉄道が地域づくりの軸となって地域を活性化させていくためには、地域住民の足として使ってもらうこと、多くの観光客に支持してもらうことが不可欠である。しかし、そのことを実現するためには、行政、企業、NPO、市民が一致協力して参加と協働の取組を推進する必要がある。
(2)　重点プロジェクト
　「車だけに頼らない安全で使いやすい公共交通を確保する」「津軽鉄道を軸とした地域の活性化を進める」「参加と協働による取組を推進する」という３つの基本方針に基づき、以下に重点プロジェクトの構成を述べる。
　重点プロジェクトは、「公共交通充実プロジェクト」と「津軽鉄道を軸とし

た地域活性化プロジェクト」の２つを柱とする。そして、２つのプロジェクトを推進するための支援と協力体制づくりのため、「"参加と協働"推進プロジェクト」を３つ目の柱とし全体を構成する。３つの重点プロジェクトには、それぞれ具体的な取組であるアクションプランがある（図表4-2-2-①）。

１）公共交通充実プロジェクト

このプロジェクトは、安全で使いやすい移動手段の確保を目的としている。公共交通が充実した地域とは言えない奥津軽地域において、不便で外出ができない生活交通空白地帯をなくす取組を進めたり、今ある公共交通をより利用しやすいような工夫をすること等によって、過度に車に依存しない地域をめざす。また、青森県は、運輸部門におけるCO_2の排出量が多く、その削減のための環境対策も必要である。

国が求めている緊急保全整備事業に関しては、2008年度までに完了する必要がある。そのための合意形成をした上で、津軽鉄道が自社負担を確保することが緊急の課題となっている。

図表4-2-2-①　重点プロジェクトとアクションプラン

```
┌─────────────────────────┐  ┌─────────────────────────────────────┐
│ 公共交通充実プロジェクト      │  │ 津軽鉄道を軸とした地域活性化プロジェクト   │
│                         │  │ ①「津軽鉄道を活用したコミュニティビジネス」ＡＰ │
│ ・「生活交通支援型地域連絡バス＆ │  │ 〈具体的取組〉・地域の主体との連携による駅での販売活動 │
│   デマンドタクシー」ＡＰ     │  │        ・津鉄応援直売会による販売活動の充実 │
│ ・「環境鉄道」ＡＰ           │  │        ・津軽鉄道関連商品の開発       │
│ ・「津軽鉄道安全対策支援」ＡＰ  │  │        ・観光関連施設との連携        │
│ ・「住民参加型支援」ＡＰ      │  │ ②「地域資源活用」ＡＰ                │
│                         │  │ 〈具体的取組〉・津軽鉄道沿線地域資源マップの作成 │
│                         │  │        ・体験モデルツアーの実施       │
│                         │  │        ・観光ガイドの育成          │
│                         │  │        ・ストーブ列車の活用         │
└─────────────────────────┘  └─────────────────────────────────────┘
              ↑                              ↑
              └──────────────┬───────────────┘
                  ┌─────────────────────────────┐
                  │ "参加と協働"推進プロジェクト        │
                  │ ・「合意と実践推進」ＡＰ           │
                  │ ・「モビリティ・マネジメント推進」ＡＰ   │
                  │ ・「高校生利用推進」ＡＰ           │
                  └─────────────────────────────┘
```

＊ＡＰ：アクションプラン

2）津軽鉄道を軸とした地域活性化プロジェクト

このプロジェクトは、津軽鉄道を単なる移動手段と位置づけるのではなく、暖かさや癒しを感じさせる奥津軽で最も重要な地域資源の1つであると位置づけ、津軽鉄道という地域資源を戦略的に利用し、地域の活性化につなげていくことを目的としている。

6回に亘り開催したワークショップ等の中で、さまざまなアイディアが出され、各アクションプランも、そのほとんどがワークショップ等で出された意見を下敷きにしている。これまでの取組の中で、いくつかの具体的な連携や新しい取組が生まれているので、それらを伸ばすと同時にさらに多くの主体を巻き込むことが重要である。

3）"参加と協働"推進プロジェクト

このプロジェクトは、奥津軽地域のさまざまな主体が、津軽鉄道を軸とした都市再生ビジョンに自発的に取り組むための支援をすることを目的とする。

このプロジェクトを推進する主体は、行政、企業、NPO、市民、という多様な主体である。そのさまざまなステークホルダーが同じテーブルについて、津軽鉄道をどうするのか、公共交通をどうするのか、地域づくりをどうするのかを話し合った上で、地域の合意を創り、みんなが協力して取組を実践することが期待される。

4-3 津軽鉄道存続に向けた関係者の合意形成

津軽鉄道が存続していくためには、緊急保全整備事業を実施することと乗客を増やし増収を実現することが必要不可欠な条件であった。本節では、緊急保全整備事業の財政負担に関して、津軽鉄道と関係自治体との合意形成に重要な役割を果たしたパートナーシップテーブルを中心に述べる。

4-3-1 パートナーシップテーブルをきっかけとした合意形成

公共交通機関は公共性があるとはいえ、民間企業で運営している場合、採算が取れなければその存続は難しい。

地域のさまざまな主体が集まり、もっと多面的な検討をした上で、公共交通についての地域合意を創ることが必要である。津軽鉄道の存続を左右する緊急保全整備事業に関する地元自治体の負担が決まらない中で、ようやく奥津軽地域における公共交通のあり方について、協議する場が設けられたのである。

まず、2006年5月、青森県の呼びかけによる五所川原・中泊地域における持続可能な生活交通手段のあり方に関する勉強会が開催された。続いて同年7～9月、青森県が行う「パートナーシップによる地域づくり推進パイロット事業」によるパートナーシップテーブルが計3回開催された。そこで、津軽鉄道の存続も含めた奥津軽地域での公共交通のあり方について、関係者の議論が行われたのである。

第1回パートナーシップテーブルが開催された時期には、関係者の議論もかみ合わない部分が多く、前途多難を思わせる雰囲気もあった。しかし、それはある意味当然で、それぞれの立場や考え方をお互いがよく分からない状態で話し合いがスタートしたわけで、お互いを理解するまでに時間がかかる。色々と議論し、並行して取組を実践してきたことで、ようやく、お互いの顔が見え、合意形成に向けた機運が熟していったと考えられる。

緊急保全整備事業に関しては、津軽鉄道は、2006年秋から増資を中心に自社負担分確保に取り組み、行政側も青森県、五所川原市、中泊町が足並みを揃えて、2007年度予算を計上した。また、TSCも、津軽鉄道を軸とした地域活性化の取組をより充実させようとしている。

採算性からだけで評価すると、津軽鉄道が生活交通として存続していくことは、地域のさまざまな関係者が努力したとしても、かなり厳しい現実がある。しかし、津軽鉄道の存続を決めるのは、地域社会自身である。地域社会の各主体が、津軽鉄道の社会的価値を評価し、津軽鉄道への支援を検討した上で、存続を決定したのなら、各主体が役割を分担し、みんなで津軽鉄道という公共サービスを守っていかなければならない。

4-3-2 パートナーシップテーブルの効果

パートナーシップ・フォーラム2007（主催：青森県、2007年2月14日）の分科会「地域の再生とパートナーシップ～地方鉄道活性化への取組に向けて～」

4-3 津軽鉄道存続に向けた関係者の合意形成　147

では、津軽鉄道を含めた 4 つのテーマでパートナーシップテーブルを実施した効果について、以下のようにまとめている[104]。

① 情報収集・共有効果

　　行政側の立場からすると、地域の課題に関する色々な情報を収集することが出来た。また、議論を通して、提案者、関係者、行政職員による情報交換・情報共有が出来た。

② 官と民の学習効果

　　第 3 者が座長になる[105]ことによって参加者間の通訳的な機能を果たし、提案者、関係者、行政職員が意見交換を通して、相手の立場や考え方、ルール等について双方が理解することが出来た。

③ 自立効果

　　提案者が、関係者や行政職員と意見交換を重ねることで、提案者が自ら出来る取組を考え、その実現に向けて主体的な取組が見られるようになった。

④ コミュニティ効果

　　地域の課題について色々な議論をする中で、意識の共有が図られ、その課題解決に向けて地域を基盤としたコミュニティが生まれた。

　津軽鉄道の場合も、この 4 つの効果があったと思われ、これまでの取組で出来つつある関係者間の信頼関係をさらに強め、今後の活動につなげていくことが期待される。

　行政に、根拠や可能性を示さずに「リスクを取って税金を投入しましょう」といっても難しいのは確かである。しかし、今のような変化の激しい時代に、前年度と同じような施策に基づいた税金投入だけでいいわけがない。昨今、多くの自治体が財政難に陥っており、必要な公共サービスと思われるものでも「ない袖は振れない」とばかりに、事業を取りやめてしまうことも散見されるようになった。

　目の前に見える厳しい数字や楽観的で安易な予測に基づいた政策決定ではなく、地域の関係者が色々な連携をしながら地域に必要な公共サービスを守り育てていくという意思を持った政策決定が必要なのである。行政も民間企業もそして NPO も含めた地域のさまざまな主体が、依存や要求といった他人任せで

はない"新しい公共"を創るという目的のもと、協働を前提とした政策決定が求められている。

公共交通のような将来世代も含めた住民の生活に大きな影響を与える政策課題については、合意形成に基づいた政策決定が求められる。ある地域課題に対して合意形成をしていくためには、それに関わるステークホルダー間での信頼関係の醸成が不可欠である。

今後は、県の事業に頼らなくても、地元関係者を中心に、より多くの関係者を巻き込み、継続した議論と合意に基づいた実践の繰り返しが期待される。

4-4　アクションプランの実践と今後の展望

パートナーシップテーブルをきっかけとした関係者の合意形成により実施が決定された緊急保全整備事業は、2007～2008年度の2年間で無事工事が完了した。また、これと並行して2007年度以降、都市再生モデル調査で提言されたさまざまなアクションプランが実践されることになった。本節では、これらのアクションプランの実践と今後の展望について述べる。

4-4-1　アクションプランの実践

2006年度に取り組まれた都市再生モデル調査の一環で策定された「津軽鉄道を軸とした都市再生ビジョン」では、「車だけに頼らない安全で使いやすい公共交通を確保する」「津軽鉄道を軸とした地域の活性化を進める」「参加と協働による取組を推進する」という3つの基本方針が掲げられた。

さらに、それぞれの基本方針に基づいた9つのアクションプランが提案された。特に、津軽鉄道を生活交通の移動手段としてだけ位置付けるのではなく、奥津軽地域を全国的にアピールしていくための戦略的な地域資源として位置付け、地域づくりの軸として、観光をはじめとした地域活性化に活用していくことが提案された。

その後、TSCや津軽鉄道自身はもちろん、観光の取組では奥津軽地域着地型研究会が組織されるなど、多様な主体が連携を深めつつ、津軽鉄道をきっか

けとした地域の自立に向けた取組は、具体的に展開されていった。

(1) 津軽鉄道サポーターズクラブの取組

2006年度に各地で開催したワークショップでの意見を踏まえて策定されたアクションプラン実践の主たる担い手となったのはTSCであった。2007年度に入り、自主事業で「津軽鉄道沿線手づくりマップ」を作成したのを皮切りに、青森県市町村振興協会の地域づくりソフト助成金を活用し、下記のような事業を実践した。いずれも前述のアクションプランとして提案されたものであった。

① 津軽鉄道を軸とした奥津軽の魅力に関するマップ作成と情報発信
・マップ作成ワークショップ（3回）
・ホームページの作成・更新
② 地域をあげたおもてなしツアー（モデルツアー）の試行的実践
③ 高校生ワークショップの開催
④ 観光ビジネスフォーラムの開催

(2) 津軽鉄道の取組

津軽鉄道では増収策の一環として、「弁当シリーズ」（2007年度～）「ストーブどら焼き」（2008年度）「つくねいもチップス」（2008年度）を次々と発売を開始している。特に、弁当シリーズは、2007年9月にTSC「会員の集い」でお披露目された「ストーブ弁当」を皮切りに、2008年度には「さくら弁当」「いなほ弁当」、2009年度には太宰治生誕百周年を記念した「だざい弁当」も発売されている。

また、ストーブ列車内で酒類の販売ができなかったため、ストーブ列車に乗ったお客様からの希望に応えるべく、2009年度からは酒類販売の許可も取り、車内での酒類販売も可能となっている。

(3) 奥津軽地域着地型観光研究会の取組

TSCの設立から支援に取り組んでいるNACが提案して、2007年度下期から「奥津軽地域着地型観光研究会」の取組が開始された。初年度の活動費は中小企業基盤整備機構、2008年度、2009年度は国土交通省半島振興室の支援を受けながら、津軽鉄道を地域資源としても活用しながら、観光をはじめとした地域を活性化させるための取組を進めている。研究会は、民間団体、行政、大

学を含めて16団体で構成されており、NACが事務局を務めている。

特に、地元旅行社との共同企画によるツアーである「ずっぱど奥津軽ツアー」は好評でこれまでに2回実施し、ともに定員を上回る申し込みがあった。

(4) 津軽鉄道の駅舎を活用した取組

TSCが活動を開始した2006年当時、津軽鉄道の駅舎で活用されていたのが、金木駅2階の「ぽっぽ屋」(食堂)と中里駅に併設されたスーパーマーケットだけであった。この後、2007年12月、津軽五所川原駅の真ん前にある津軽鉄道本社1階にあったタクシー会社が合併に伴い撤退、2008年1月、中里駅のスーパーマーケットが業績不振のため撤退という状況に陥った。それらによる収入の減少もあり、津軽鉄道にとって駅舎を活用した取組は喫緊の課題となっていった。

一方、津軽鉄道を活用した地域の活性化を進めていこうという動きも活発化し、2007年6月、斜陽館の指定管理をしているNPO法人かなぎ元気倶楽部が芦野公園駅に喫茶「駅舎」を営業開始したのに続き、2009年4月、五所川原市大町町内会青年部が津軽五所川原駅に売店「ちゃぺ」の営業を開始、同月、つながる絆パーティー駅前販売プロジェクトが津軽鉄道本社1階にコミュニティカフェ「でる・そーれ」を開店した。これらの動きに加え、2009年8月には、津軽中里駅のスーパーマーケットの一部を活用して、中泊町が伝統芸能である人形劇「金太豆蔵」の常設芝居小屋をオープンしている。

紹介した4つの取組以外にも、さまざまな主体がある時は連携し、ある時は単独で、さまざまな取組を展開していった。以上のように、「津軽鉄道を軸とした地域活性化プロジェクト」として提案された2つのアクションプランである「津軽鉄道を活用したコミュニティビジネス」アクションプラン及び「地域資源活用」アクションプランが、それと意識するしないにかかわらず具体的に実践されていったのである。

2008年度には、こうした動きの中心的存在であったTSCが、総務省の過疎地域自立活性化表彰で全国過疎地域自立促進連盟会長賞に輝いた。TSCの飛嶋献会長は「取組をする中で、津鉄は自分たちにとって宝ものであることを再認識した。会員のおかげで受賞でき、うれしく思う。受賞を契機に、津鉄を軸

とした地域を元気にする活動を心新たに取り組みたい[106]」と喜びを語っている。

4-4-2 津軽鉄道本社1階でのコミュニティビジネスの誕生

　津軽鉄道沿線で取り組まれてきたさまざまな実践の中で、そこに関わる人と組織の信頼関係を基盤に生まれた代表的なコミュニティビジネスの事例として、コミュニティカフェ「でる・そーれ」がある。

　津軽鉄道は、前述したようにタクシー会社が撤退した後、本社1階をどう活用するかが課題であった。一方で、NACが青森県から受託した事業がきっかけで誕生した団体「つながる絆パーティー」駅前販売プロジェクトが、津軽鉄道1階でコミュニティカフェ事業を提案したいと考えていた。

　でる・そーれ代表の渋谷尚子は、「五所川原駅前の活気のない状況を変えたかったし、どうせやるならこれまでの付き合いのあった津軽鉄道を元気にする取組とも結びつけたかった。そして、自分たちも含めたお母さんたちの働く場も作りたかった[107]」と考えていた。

　この時、津軽鉄道と駅前販売プロジェクトの仲介役となったのがTSCであった。TSCの飛嶋会長は、「津軽鉄道はこれまで多くの市民に支えられてきた。これからは、津軽鉄道が市民と地域に開かれていかねばならないし、市民と地域を応援する鉄道会社になってほしい[108]」との考えを津軽鉄道に申し入れている。

　その後の具体的な動きとして、TSCが助成財団から200万円の助成を受け、その資金を活用し津軽鉄道本社1階を改修した。改修した1階をあずまり場所「サン・じゃらっと」と命名し、その中にコミュニティカフェ「でる・そーれ」が入居する形を取っている。TSCと津軽鉄道が賃貸契約を結び、2009年10月までの家賃は月額3万円で契約している[109]。家賃分は「でる・そーれ」がTSCに施設利用料として支払い実質的に負担している。さらに、「でる・そーれ」はTSCに代わって「サン・じゃらっと」の運営を無償で行っている。

　こうした経緯で開設された「サン・じゃらっと」「でる・そーれ」は、単なるカフェという位置づけではなく、"地域交流広場"というコンセプトで運営されており、「市民をはじめ観光客など、誰もが自由に交流・休憩できる場所

として提供されている。そのため、「でる・そーれ」で飲食しないお客様にも無償で利用してもらっている。実際、「でる・そーれ」スタッフは、「弁当の持ち込みも自由だし、ちょっと休憩するのも自由なので、気軽に利用してください」と声をかけ、暇な時間帯にはそういうお客様にもお茶のサービスをしている。そうした中心メンバーの心意気を応援したいという人も多い。「でる・そーれは利益目的ではなく、地域交流広場を提供しようというまちづくりのコンセプトでやっている。そのことがスタッフに徹底されているのが凄い。そこに共感するし、できるだけ行こうと思う[110]」という声も聞かれ、多くのリピーターが店を訪れてくれる。「でる・そーれ」というコミュニティビジネスは、「1人暮らしの高齢者が気軽にお昼ご飯を食べられる」「通院している人や観光客が列車の待ち時間に気軽に立ち寄れる」等、利益目的が第一義ではなく、こういう場所やサービスがあったら、自分だけではなく"みんなが嬉しい""みんながハッピーになる"という理念に基づいて運営されているのである。

■コミュニティカフェでる・そーれ開店に至る経緯

2008年10月　津軽鉄道1階の活用を念頭に、つながる絆パーティー「駅前販売プロジェクト」立ち上げ。
　　　　　　実際の運営には組織面・資金面の準備が必要であることが判明。

2008年11月　「津軽をかたるべえパーティ」（TSC主催）で、「長いもすいとんシャモロック汁」試食会開催。
　　　　　　津軽鉄道側から石炭に似たクッキーの製造依頼があり、試作を開始。

2008年12月　駅前販売プロジェクトコアメンバーが津軽鉄道社長と会談し、津軽鉄道1階の活用を申し入れ。
　　　　　　「長いもすいとんシャモロック汁」を「津鉄汁」という名称で使用することが了承される。

2009年1月　ストーブ列車を活用したモデルツアーの実施（奥津軽着地型研究会主催）と「津鉄汁」実験販売。

2009年2月　一般客を対象に、2回目の「津鉄汁」実験販売実施。
　　　　　　TSCの助成金を活用し津軽鉄道1階の改修開始。

| 2009年3月 | 津軽鉄道、TSC、つながる絆パーティの3者で協議。あずまり場所「サン・じゃらっと」の開設、「でる・そーれ」による運営が決定（4月18日の開店が決定）。|

2009年4月の開店以来、経営陣は無報酬で働いているが、数人のスタッフには月数万円〜10万円程度の報酬を支払うことができている。あるスタッフからは「最初はお金をもらえるとは思わなかった。月数万円でも自分で稼げるのは嬉しい[111]」という声が聞かれており、お母さんたちの働く場所の確保という当初の目的の1つを達成しつつある。また、別のスタッフからは「事業の趣旨に共感して働いている。時間単価はまだ低いけれどやりがいを感じている。これからもっともっと発展させていきたい[112]」という声もあり、経営陣だけではなくスタッフの意欲も高まっている。

経営陣が無報酬なのは、初期投資に必要な資金を十分準備できていなかったため、売上の一部から設備投資の資金に回しているという事情もあった。助成金等の支援によりある程度の期間で採算ラインに乗せることも可能な状況にあると考えられる。

NACでは、立ち上げ前から一貫した支援を行っており、日常的な相談はもちろん、助成金の申請支援も行い、駅前販売プロジェクトでは2009年度2件150万円の助成金獲得に成功している。今は任意団体で運営を行っているが、安定的な体制確立のためにも法人格の取得が課題となっている[113]。

つながる絆パーティー「駅前販売プロジェクト」では、コミュニティカフェ営業の他、石炭クッキー・干し餅ストラップの製造・販売や地元のトマトとシャモロック（地鶏）を使用した加工品の試作にも取り組んでいる。また、地元農家と連携した収穫体験を含むミニツアーの企画にも取り組み始めており、色々な主体との連携により、コミュニティビジネスがクラスター化していくことが期待されている。

経営陣の1人辻悦子は「やろうとしていることが周りの人に理解してもらえるのが嬉しい。この場所は本当にいい場所になった。ここに人が集まると、みんなが元気になる[114]」と語っている。実際、「サン・じゃらっと」と「でる・そーれ」が開設されてから、そこを中心に信頼がより蓄積されていることがわかるし、暗かった津軽五所川原駅前が明るくなったと実感できる。

「でる・そーれ」には、日常的に地域内のリピーターがたくさん訪れるし、多くの観光客が訪れる立ちねぶた期間中は、観光客同士のクチコミで「津鉄汁を食べたい」というお客様が次々と来たという。

「でる・そーれ」というコミュニティビジネスは、さまざまな関係者とつながっているのが大きな特徴である。たとえば、津鉄汁に使用しているシャモロックを供給している須崎建設の社長は、「なかなか注文が来ないのでやめようかと思っていたが、でる・そーれとの出会いがあり事業の継続を決めた。こうした出会いがあって嬉しい[115]」と語っているという。また、「でる・そーれ」で扱っている赤～いりんごジュースの生産者は「おめだじ（あなたたち）は地域の希望の星だ[116]」と語っているという。正しく人と人、組織と組織を信頼でつないでいる「つながる絆パーティー」駅前販売プロジェクトである。

2009年5月販売を開始した石炭クッキーは、津軽鉄道との共同開発、共同宣伝を行っている。テレビ・新聞等のマスコミで取り上げられた効果もあり、売り切れになることも多い。「でる・そーれ」では、ストーブ列車の維持のために売上の一部を寄付することにしている。ここでも、自分たちだけではなく"みんながハッピーになる"という理念が貫かれている。

4-4-3 津軽鉄道沿線での行政と中間支援組織の協働

奥津軽地域着地型観光研究会は、精力的に地域内各団体の連携を深めるとともに、具体的に人材育成、体験メニューの開発、ツアーの実施等、に取り組んできた。そうした取組の中で、行政と中間支援組織の協働の事例として、中泊町で取り組まれようとしている観光まちづくり事業を紹介する。

中泊町は、農業が中心の旧中里町と漁業が中心の旧小泊村が飛地合併していることもあり、地域づくり面においても産業振興面においても両地域の連携が大きな課題となっていた。奥津軽地域着地型観光研究会には、行政メンバーの一員として中泊町の水産観光課長が加わっていた。水産観光課長は、研究会のさまざまな議論やストーブ列車を活用したモデルツアーへの参加を通じて、「民間組織がこうして地域づくりを基盤としながら、観光振興の取組にまで高める姿をみてとても刺激を受けた。自分たちも地元でまずは地域づくりに取り組まなければならない[117]」と考え、中里地区と小泊地区の主要な団体を集め

て懇談会を開始することにした。

　その後、そうした動きを聞いたNACが中泊町に提案する形で、町が国土交通省「限界集落の安心安全構想策定事業」に応募し2009年7月に採択になっている。2009年9月より始まっているこの事業の概要は以下の通りである。
　■中泊町「限界集落の安心安全構想策定事業」の概要
　① 地域現況及び地域課題調査
　② 観光振興・農商工連携検討委員会の開催（3回）
　③ まちづくり＆産業振興勉強会の開催（4回）
　④ 住民ワークショップの開催（3回）
　⑤ モデルツアー検討会の開催（2回）
　⑥ アクションプランの策定と試行
　以上のように、中泊地域でも、検討委員会・ワークショップの開催を通じて自発的な地域住民を巻き込み、その過程の中でやる気のあるコアメンバーを「担い手組織」に組織化することを狙っている。そして、来年度以降「担い手組織」が中心になって、ワークショップ等で出された意見を集約して策定したアクションプランの実践を目指すことになる。NAC側が最も課題だと考えているのは、うまくやる気のある人々を集め組織化し担い手組織に成長させることができるのかということである。
　地域の閉塞感を打破し「地域を変えたい。希望を創りたい」と考える人は、民間にも行政にもいる。ただ、多くの場合「具体的にこうしたらいい」という道筋をイメージして取組を開始することが難しい。取組のきっかけは、民間からでも行政からでもどちらからでもいい。ただ、その取組を担うやる気のある人々は、当然民間の人々でなければならない。行政が主導すると「やらされ感」を持ってしまい、主体性を持てず依存心が強くなるので、「地域の自立」に向けた取組をするのは極めて難しいであろう。
　今回のケースを少し整理すると次のような経緯になる。広域で観光振興を進めようという研究会に参加した行政職員が、そこで民間組織の主体的な取組に刺激を受け、自分の町でも地域づくりをベースにした産業振興に取り組もうという意欲を持った。その動きを知った研究会の事務局をしている中間支援組織が、その動きをサポートするために国の事業に提案することを勧め、うまく事

業が採択になった。事業では、自発的な参加者にビジョン及びアクションプランを策定してもらいながら、一方で地域内の「担い手組織」を組織化し実践に結び付けてもらうことを狙っている。こうした一連のプロセスを行政と中間支援組織が協働で支援する取組なのである。

4-4-4 本事例に関わる考察

最後に、これまで一連の取組を考察した上で、今後の展望と課題について述べる。

多くの地域では、地域が疲弊し閉塞感に覆われていても、なかなか地域全体の視点で課題をとらえ、悪循環を好循環に転換しようという動きを見出すことが難しい。しかし、津軽鉄道を軸とした地域活性化の取組を見てみると、津軽鉄道の経営危機をきっかけに、地域の公共交通のあり方の検討や津軽鉄道の存続と地域の活性化を結び付けたさまざまな取組が展開されていることがわかる。津軽鉄道の危機をきっかけに、地域全体の視野で地域をもう一度見つめなおし、津軽鉄道が自分たちにとってかけがえのない大切な地域資源であることを再認識していると考えられる。こうしたことは、「津鉄が元気になれば地域が元気になる。地域が元気になれば津鉄が元気になる」「津鉄は自分たちにとって宝ものであることを再認識した」という発言に代表されるさまざまな関係者の発言から窺われる。

閉塞感に覆われている多くの地域にも、「自分の住んでいる地域を何とかしたい」と考えている人はたくさんいるはずである。しかし、多くの場合、「具体的にどうしていいのかわからない」「何か行動を起こすきっかけがつかめない」という状況に陥っていると思われる。

仮に具体的な道筋が描けないまま取組を始めたとすると、自分が何をしたいのか、どうしたらよいのかわからないままでさまざまな取組を進めることになりがちである。それでは、周りの人々の共感を得ることが難しいし、困難にぶつかったときにそれを乗り越えるだけのパワーが持てないために途中で運動の継続が難しくなってしまう。

そういう意味では、「地域の課題」と「課題解決のために活用できる象徴的な地域資源」を明確にすることが重要なのである。津軽鉄道の事例の場合、

「地域の課題」は「津軽鉄道の存続（公共交通の維持）」であり、「象徴的な地域資源」は「津軽鉄道そのもの」であったと考えられる。

こうしたプロセスを振り返る時、地域における悪循環を好循環に転換していくためには、多くの自発的参加者の関与のもと、「地域の課題」と「象徴的な地域資源」を明確にしつつ、地域社会としての目標（ビジョン）、それを達成するためのアクションプランを策定・実践していくことが極めて有効だったと考えられる。

津軽鉄道の事例の場合、TSC、「つながる絆パーティー」駅前販売プロジェクト、奥津軽地域着地型観光研究会などが信頼関係の基盤を支える形で、より幅広い地域に面的にも展開していると考えられる。中泊町での取組はもちろんであるが、他地域との連携でも広がりが窺える。たとえば、太宰治の朗読を各地域が連携して取り組んでいるネットワーク組織「津軽のわ！実行委員会」のメンバーで、青森県深浦町でまちづくりの活動をしている女性（第2章で紹介した山本千鶴子氏）は、「自分が何をしたいのか、どうしたらよいのかわからないままで、さまざまな取組をやってきた。TSCと関係ができてようやくつながってきた。アドバイスを受けながら地元での取組を進めていきたい[118]」と語っている。

この女性は、「津軽のわ！実行委員会」でTSCの飛嶋とつながるのであるが、彼女自身は「深浦を何とか元気にしたい」と考え活動してきたが、明確なビジョンや事業計画が見えないまま試行錯誤を繰り返してきたのである。深浦地域での「担い手組織」が立ち上がり、ビジョン及びアクションプランが策定され本格的に実践が開始されるまではまだ時間がかかるであろうが、こうした新しい関係性の構築により可能性は大きく広がったのではないだろうか。

以上のように、津軽鉄道沿線での取組を振り返る時、いくつかのポイントとなる取組が浮かび上がってくる。

① 津軽鉄道の経営危機をきっかけに、中間支援組織が寄り添い、新たな担い手組織を立ち上げる。
② 担い手組織の活動をスタートさせるとともに、中間支援組織と一緒になって、自発的な参加者を巻き込みながら、「ビジョン及びアクションプランを策定」する。

③ 課題解決に向けた方向性やアクションプラン実践に向けた「合意形成」を図る。こうした場面では、行政や他団体とのパートナーシップ構築が不可欠である。
④ 目標を設定して、策定したアクションプランを実践する。
⑤ 実践する事業から生まれる「利益の一部は地域のために還元」する。そして、利益を第一義の目的とせず、「地域に共感と信頼を創出する」ことに心がける。
⑥ 一連のプロセスの中で、実践の担い手となる「担い手組織」とそれを支援する「中間支援組織」が融合組織化を繰り返す。また、さまざまな人と協働システムの「主体性の創造・強化」が図られる。

上記に示した取組のポイントは、第1章で示した地域の自立プロセス理論の「寄り添う→希望を創る→目的を設定して実践する→主体性を創造する」という基本プロセスに沿ったものであることがわかる。第1章で述べたように、「地域の自立」とは、人間も協働システムも地域社会も活き活きと生きている地域になることである。そのためには、上記のような取組を行う必要があるし、その一連のプロセスを具体的にイメージしてマネジメントすることが極めて重要となる。

津軽鉄道での代表的な「担い手組織」は、TSC、つながる絆パーティーがあげられる。それを支援してきた中間支援組織はNACである。また、五所川原市金木地区（旧金木町）には、かなぎ元気倶楽部という「担い手組織」がすでに活発に活動を行っているし、中泊町でも国土交通省「限界集落の安心安全構想策定事業」をきっかけに「担い手組織」が立ち上がることが期待される。

2007年2月、TSC設立1周年記念フォーラム「津鉄を元気に！地域を元気に！」が開催された。津鉄応援直売会の会長から、ストーブ列車での販売活動に関する報告があり、「かすりの着物がとても人気がある。お客さんに『空気がいい！』と言われるのが私たちには信じられなかったが、とても嬉しかった。特産品も売れて、自分たちも自信がついた[119]」という。また、津軽鉄道沿線の地域資源を手づくりマップにした女性は「自分も都会からのUターン組で、戻ってから地元の良さを実感した。自分がいいなと思うものをマップにまとめただけだが、みんなに喜んでもらえて、私自身も元気をもらいました[120]」と

4-4 アクションプランの実践と今後の展望

いう。

　この2つの発言は、それぞれの立場で津軽鉄道に関わっている人たちが、単に津軽鉄道を助けるということではなく、自分自身も公共・公益に関わっていることを意識し、さらにそこから何らかの報酬を得られることを理解しつつあることを物語っている。このフォーラムの基調講演で「元気な地域とは、顔が輝いている人がいる地域である[121]」という話題提供があったが、奥津軽地域には、顔の輝いている人がどんどん増えているのではないかと感じる。

　津軽鉄道をきっかけとした地域活性化に取り組む関係者の発言には、気づきに基づいた変化を実感できるものが多い。そこには、行政に依存せず、自らの力でビジョンを創り地域を変えていこうという意思が芽生えてきていることを予感させる。

　これからの地域づくりは行政にすべてお任せする時代ではなくなった。新しい公益の担い手として、市民やNPOに大きな期待がある。津軽鉄道をきっかけとした一連の取組は、まだまだ確固たるものとは言えない。しかし、津鉄応援直売会の合言葉「津鉄を元気に、地域を元気に、私を元気に」に代表されるようなメッセージは、この間の運動を通じて自然発生的に出てきたものであり、ここに、この運動の大いなる可能性があると感じられる。

第 5 章
町の財政危機をきっかけとした地域活性化
―――大鰐の事例―――

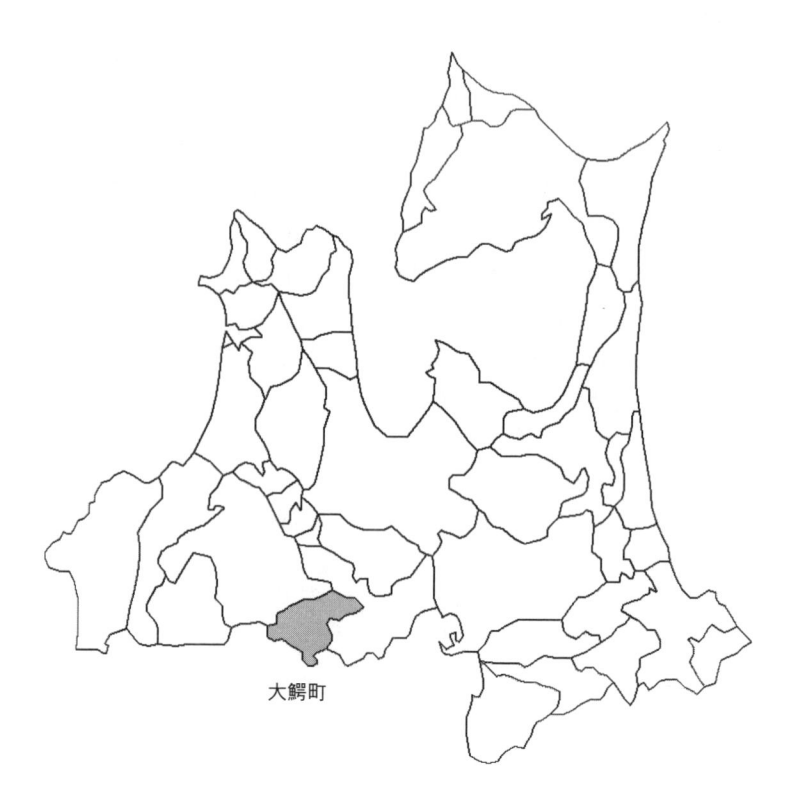

大鰐町

　青森県大鰐町は、2009年度青森県内では唯一財政健全化団体になった町である。1987年に施行された「総合保養地整備法」(いわゆる「リゾート法」)を活用したスキー場とスパガーデンを中核とした大鰐町のリゾート開発の失敗により、町は事業主体の第3セクターの債務保証をしていたため、これから

2026年度まで毎年3億円を返済しなければならない[122]。

　大鰐町は、津軽地域の南端に位置し、北側と西側は弘前市、東側は平川市、南側は秋田県に接している。総面積は、163.41 km^2（国土地理院「平成21年全国都道府県市区町村別面積調」による）である。

　2005年国勢調査によると、大鰐町の人口は1万1,921人、世帯数3,794世帯である。そのうち、年少人口（0～14歳）は1,340人であり全体の11.2%を占めている。また、高齢化率は30.1%となっている。産業別就業人口は、第1次産業1,362人、第2次産業1,222人、第3次産業3,376人となっている。

　国立社会保障・人口問題研究所の将来推計人口によると、20年後の2030年には、町の総人口7,240人、年少人口523人、高齢化率は43.8%に達する。2010年10月1日時点での推計では、総人口1万905人、年少人口1,041人、高齢化率32.8%となっている。

　大鰐町は、800年の歴史を誇る津軽最古の大鰐温泉を有し、スキーのメッカとしても有名で「いで湯とスキーのまち」として多くの観光客の入込があった。しかし、スキー客の減少等により1991年に93万7,000人を数えた入込数は、10年後には46万9,000人と半減し、2004年には37万9,000人まで落ち込んだ。しかし、大鰐温泉駅前にある日帰り温泉施設「地域交流センター鰐come」（鰐come）が2014年12月オープンしたことにより、2005年には45万1,000人まで盛り返し、2006年は42万人であった。また、事業所・従業者数は、1991年に721事業所4,735人であったが、2001年には571事業所3,506人、2006年には500事業所3,124人にまで落ち込んでいる。

　このように、大鰐町は、人口減少→地域活力の低下→閉塞感の広がりといった悪循環に陥り、医療・福祉や公共交通の分野でも厳しい状況になっている。

　しかし、深刻な状況の中でも、希望がないわけではない。2007年度、「大鰐を夢と希望に満ちた元気ある町にしたい」というまちづくりグループOH!!鰐元気隊（元気隊）が立ち上がり、地域資源を活用したまちづくりを開始したのである。大鰐町における「新たな担い手組織」の誕生である。元気隊に立ち上げ段階から寄り添った中間支援組織がNPO推進青森会議（NAC）である。

　2007年度、元気隊が主催しておおわに活性化ワークショップを3回開催し、その成果をまとめ、おおわに活性化アクションプランを策定している。また、

アクションプランの策定前後に、町と元気隊主催で、「パートナーシップで進めるおおわに活性化意見交換会」を開催し、合意形成を図ってきた。さらに、大鰐小学校では、町の活性化をテーマにワークショップが開催され、元気隊キッズとしての活動も開始された。

2008年度に入ると、NACが提案した「パートナーシップで創る小さな希望創出育成事業」が内閣府の地方の元気再生事業に採択され、その事業を活用して策定されたアクションプランの実践に取り組むことになった。

さらに、元気隊が母体になって設立したプロジェクトおおわに事業協同組合（プロジェクトおおわに）が、鰐comeの指定管理者に応募し、2009年3月に業務受託が決定し、同年6月から指定管理業務を開始した。同施設は、2007年度3,300万円の赤字、2008年度2,000万円の赤字という厳しい経営内容ではあったが、元気隊の有志は、「鰐comeは町外の人間には任せたくない。鰐comeを拠点に大鰐を再生させたい」という思いで、指定管理料がゼロというリスクを覚悟の上で、指定管理業務を受託したのである。

元々温泉とスキー場で栄えていた地域であったが、リゾート開発の失敗で町は財政危機に陥り、閉塞感に満ちていた大鰐町で、こうした「担い手組織」が誕生し、地域を自立させようという取組にチャレンジしているのである。

本章では、この間の元気隊やプロジェクトおおわにに関連した取組を中心に振り返りつつ、地域における変化と成果、そして、今後の展望について述べる。本章は、次のように構成される。

第1節では、2007年8月に誕生した元気隊の立ち上げから、同年11月から取り組まれたおおわに活性化ワークショップ及びアクションプランの策定など、一連の取組について述べる。

第2節では、ワークショップで出されたアイディアをもとにまとめられたアクションプランの実践として取り組まれた「パートナーシップで創る小さな希望創出育成事業」について述べる。

第3節では、元気隊を母体に立ち上げられたプロジェクトおおわにが鰐comeの指定管理を受託するまでの経緯とその後の実践について述べる。

第4節では、これまでの取組によって起こった地域の変化と成果、そして今後の展望について述べる。

5-1　OH!!鰐元気隊の誕生とおおわに活性化ビジョンの策定

　元気隊が誕生したきっかけは、直接的にはNACが青森県新幹線交流推進課から受託した事業がきっかけであった。ただ、元気隊を立ち上げた中心メンバーは、以前にもまちづくりを目的とした団体を立ち上げた経験と挫折があり、是非、もう1度大鰐を元気にできないかと考えていた。そういう背景があって、短期間に組織化が可能になったのであった。

　青森県が企画した大鰐温泉活性化検討・推進業務は、2010年度東北新幹線青森開業に向け、津軽地域で一番大きな温泉である大鰐温泉再生のきっかけづくりが狙いであった。

　NACは、やる気のある人々を組織化し、主体的にまちづくり活動をスタートさせることを目的とした事業内容を提案した。民間団体が、住民を巻き込んで地域資源を再発見しその活用策を検討することをきっかけに、地域再生の取組につなげていきたいと考えたのである。

　具体的には、大鰐で活動する担い手を発掘し、新たな担い手組織を立ち上げ、まちづくり活動を展開することを提案した。立ち上げ後は、担い手組織が中心になって実践に向けたアクションプランを策定する。合わせて、地域関係者との合意形成を図ることも含めて提案した。

5-1-1　OH!!鰐元気隊の誕生

　最初にNACが取り組んだのは、担い手組織の中核となる人材の発掘である。人材発掘のために、事業開始前の2007年5月、県の担当者と大鰐町を訪ね、「大鰐町に、民間の方でやる気のある人はいませんか」と尋ねたところ、「民間の人でやる気のある人は思い当たりません[123]」という返事が返ってきた。町の担当者は、「民間の人々は、みんな行政に依存している[124]」という趣旨の話をしていたのである。

　そこで、他のルートを探すことにし、同年7月、タウン誌社長の紹介で元青森県商工会連合会青年部会長を務めた相馬康穣にめぐり合うことができた。相

馬を含む大鰐町商工会青年部 OB の 3 名と意見交換し、取り組もうとしている事業の目的や内容を理解してもらうことができた。

相馬は、1992 年にまちづくりを目的とした「おおわに足の会」(「足の会」) という団体を立ち上げ活動を開始したが、その後、政治目的で活動をしいるのではないか、というような批判を受けて、活動を休止した経験を持っていた。そのため、もう 1 度まちづくり活動に取り組み、今の閉塞した大鰐町を変えたいと思っていたので、われわれの提案を即座に受け入れたのである。

その後、相馬が中心になり、担い手組織のコアメンバーになってくれる人に声をかけ、2007 年 8 月に 16 名のコアメンバーが集まって、担い手組織が立ち上がることになる。立ち上がった組織は、OH!!鰐元気隊と命名された。

隊長になった福岡県出身の松尾精一からは「大鰐に来て人一倍地域に対する思いがあったが、地域に元気が創れないことを残念に思っていた。今回、こうして思いがかないそうな場面に立ち会うことができて嬉しく思う[125]」という発言があった。また、相馬からは「大鰐に生まれ育った町民としての使命感がある。ちゃんとした大鰐を子どもたちに残す責任がある。自分が地域のために何かしたいと悶々としている人にも、心が冷え切っている人にも、もっともっと熱くなってほしい[126]」という発言があった。他の多くの参加者からも、「大鰐を元気な町に変えていきたい」という趣旨の発言があった。

その後、同年 10 月には設立記念フォーラムを開催したが、マスコミや町の広報面での協力もあり、170 名もの人々が参加してくれた。

5-1-2　おおわに活性化ワークショップの開催

2007 年 11 月から 2008 年 1 月にかけて、地域住民の参加によるおおわに活性化ワークショップを 3 回行い、大鰐町の地域資源を発掘すると同時に、町を活性化させるためのアクションプランを検討した。

ワークショップのテーマは、第 1 回目が「地域のいいところ」「地域の悪いところ」「将来の夢」であった。第 2 回目が「地域資源の発掘とその活用方法」、第 3 回目が「アクションプランの検討」であった。

地域におけるさまざまな主体の参加と協働を念頭におき、地域住民に対して、自発的な参加を呼びかけた。また、よそ者の視点も大事だと考え、地域外

5-1　OH!!鰐元気隊の誕生とおおわに活性化ビジョンの策定　165

の人にも積極的に参加を呼びかけ、毎回 50 名程度の参加者があった。地域外では、青森公立大学の学生が継続的に参加してくれた。
　こうした取組のプロセスそのものを人材育成と位置づけ、元気隊コアメンバーにも、テーブルマネジャーを経験してもらった。

写真 5-1-2-①　活性化ワークショップ 　　写真 5-1-2-②　活性化ワークショップ

5-1-3　おおわに活性化ビジョンの策定

　3 回のワークショップの成果を踏まえて、おおわに活性化ビジョン（目標とアクションプラン）のとりまとめを行った。とりまとめに際しては、NAC が助言しながら元気隊コアメンバーが主体となって行った。アクションプランのとりまとめは、次年度以降の実践を前提としているため、その取組主体となる元気隊コアメンバー自身が、意思決定することが重要であった。

写真 5-1-3-①　コアメンバー会議 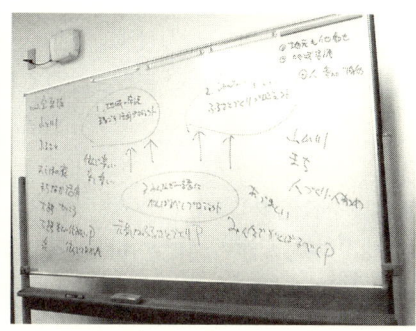　　写真 5-1-3-②　アクションプランの検討

また、合わせてアクションプランを次年度以降、どのように生かしていくのかということも意見交換しながら進めた。取りまとめられたおおわに活性化ビジョンは以下のようなものであった。

(1) 目標と重点プロジェクト

3回のワークショップ開催を通じて、参加者は自分たちが気づいていないすばらしい地域資源がたくさんあることを再確認することができた。大鰐町が元気になるためには、地域資源を活かした地域活性化に取り組んでいかなければならない。そのことで、観光をはじめさまざまな産業も育っていくことが可能になる。

元気隊コアメンバーは、大鰐町の活性化に向けた目標として「希望ある、元気な町を作ろう！」と掲げ、目標達成に向けた基本方針となる3つの重点プロジェクトを決定した。

(2) 重点プロジェクトとアクションプラン

重点プロジェクトは、「地域の資源まるごと活用プロジェクト」「みんなが楽しいふるさとづくりプロジェクト」の2つを柱とする。そして、2つのプロジェクトを推進するための支援と協力体制づくりのため、「みんなが一緒にがんばるべしプロジェクト」を3つ目の柱とし全体を構成する。重点プロジェクト別に、より具体的な取組になるアクションプランがある（図表5-1-3）。

1）地域の資源まるごと活用プロジェクト

このプロジェクトは、800年の歴史を誇る大鰐温泉や津軽藩の殿様に献上していた大鰐温泉もやしなど、大鰐町の地域資源をまるごと活用することによって、地域の活性化につなげていくことを目的としている。

2）みんなが楽しいふるさとづくりプロジェクト

このプロジェクトは、大鰐町に住んでいる人も楽しい、他地域の人が来ても楽しいという、みんなで大鰐町を楽しむことができる取組を推進するための基盤整備を目的としている。

3）みんなが一緒にがんばるべしプロジェクト

このプロジェクトは、大鰐町の活性化に取り組むために、さまざまな主体が話し合った上で地域の合意を創り、世代を超えてみんなで連携・協働することを目的としている。

図表 5-1-3　重点プロジェクト

```
Ⅰ．地域の資源まるごと活用
　　　プロジェクト
　(1) 食＆農活用ＡＰ
　(2) 温泉＆街かど活用ＡＰ
　(3) 歴史＆文化活用ＡＰ
　(4) 山＆川活用ＡＰ
```

```
Ⅱ．みんなが楽しいふるさとづくり
　　　プロジェクト
　(1) マップ作成ＡＰ
　(2) 体験モデルツアーＡＰ
　(3) 拠点づくりＡＰ
　(4) 交流＆定住推進ＡＰ
```

```
Ⅲ．みんなが一緒にがんばるべし
　　　プロジェクト
　(1) "参加と協働"推進ＡＰ
　(2) 元気隊キッズＡＰ
　(3) 地域をあげたおもてなしＡＰ
　(4) おおわにイメージアップＡＰ
```

＊ＡＰ：アクションプラン

5-1-4　パートナーシップで進めるおおわに活性化意見交換会の開催

　おおわに活性化ワークショップ開催の趣旨説明やワークショップ開催を通じてまとめられたアクションプランの結果について、町内の主な団体に対して説明し意見交換するために、パートナーシップで進めるおおわに活性化意見交換会を開催した。

　意見交換会は、町と元気隊が主催し、町の各関係団体、県関係者等に参加し

写真 5-1-4-①　意見交換会　　写真 5-1-4-②　二川原大鰐町長（当時）あいさつ

てもらった。元気隊結成の趣旨やアクションプランを説明するとともに、具体的な活動展開に向けた理解と協力をお願いした。

2007年12月に開催された第1回意見交換会では、元気隊の松尾会長から「元気隊結成の目的」「これまでの取組と今後の予定」について説明したあと、出席者から元気隊へのアドバイスも含め意見交換をした。この中で、出席者からは特に異論はなく、協力できることがあれば協力したいというように好意的な意見が多く出された。

2008年2月に開催された第2回意見交換会では、3回のワークショップの成果をもとに元気隊がまとめた「おおわに活性化アクションプラン」を説明した上で、出席者から意見を聞いた。この中で出席者からは、「団塊世代の退職者の経験や知識を活かす」「弘南鉄道の活用、たとえば"つつじ列車"を運行する」などのアイディアが出された。また、「このアクションプランをどのように町民にPRするのか、今後どのように具体化するのか」などの質問があった。

アクションプランは、第2回意見交換会が開催された夜、大鰐町と元気隊が主催し開催した「おおわに活性化フォーラム」で町民に説明し、理解と協力を求めた。フォーラムには、70名の方が参加し、元気隊キッズからの発表もあり、初年度の活動の締めくくりにふさわしい盛り上がりをみせた。

2007年度に開催された意見交換会の場に参加した団体は、おおむね好意的な反応をみせたと思われる。それに対して、アクションプラン発表後、元気隊コアメンバーからは「早く何か目に見える成果を上げられる具体的な実践が必要である」といった積極的な意見が出されていた一方で、「表面的には好意的かもしれないが、陰ではどう思っているかわからない」といった不安感を感じている意見も出されていた。

前述したように、元気隊の設立以前に大鰐町で住民が主導するまちづくり活動がなかったわけではない。2007年7月、「足の会」の活動が頓挫せざるを得ない経験を持つ相馬康穣に初めて会った時に、「パートナーシップで進めるおおわに活性化意見交換会を開催することによって町内のさまざまな関係者と合意形成を進めたい[127]」という説明をすると、相馬が「自分たちに欠けていたのは、そうした意見交換をする機会を持たなかったことだ[128]」と語っていた

のである。

　2007年度のパートナーシップで進めるおおわに活性化意見交換会では、① 第3者がコーディネーター役になることで、関係者が冷静な意見交換ができたこと、② そのことによってお互いの立場や地域の現状についてある程度の共通認識ができたこと、が成果として上げられる。つまり、こうした意見交換会の開催は、地域で合意形成を創る上で一定の効果を持つことができるのである。

　以上の一連の取組によって、大鰐町の住民が主体になり地域資源を再発見しその活用策を検討することで、地域再生の取組につなげたいという事業の狙いは、ある程度達成することができたと考える。
　大鰐町再生の取組は、担い手組織として立ち上がった元気隊によってスタートしたと言っていい。この時点では、2007年度に策定されたアクションプランをどう実践していくのかが最大の課題であった。

5-2　地方の元気再生事業によるアクションプランの実践

　2007年度、新たな担い手組織として元気隊が誕生し、民間主導でアクションプランが策定されたため、2年度目以降はそのアクションプランをどう具体的に実践していくかが課題であった。
　町が財政危機に陥り、財政的な支援を求めることは厳しいため、国のモデル事業に応募しアクションプランの具体的な実践に取り組もうと考え、NACが内閣府の行う地方の元気再生事業に応募し、その提案が採択された。
　地域の自立を目指した取組を始めようとした時、担い手組織が事業に必要な資金を調達するために、助成金などを活用することが多い。こうした場合、特に過疎地域では地元市町村の財政状況が厳しいため、その支援を当てにすることは難しい。大鰐町の場合も、具体的な事業を実践するための資金を国のモデル事業に求めたのである。
　採択された事業は、「パートナーシップで進める小さな希望創出育成事業[129]」である。この事業は「自ら稼げる地域になること」「ローコストでの公共サー

ビスの提供」「パートナーシップ型地域経営を推進するシステムの構築」を実現するための道筋をつけることが目的であった。

2008年度のパートナーシップで進める小さな希望創出育成事業では、主に新しい関係性の醸成と産業振興のためのネットワークづくりを中心に取り組み、2009年度には具体的な事業の実践段階に到達させることを目指すこととした。2007年度の策定したアクションプランをより詳細な実施計画に落とし込んだ上で、実践に移そうというシナリオである。

2007年度のアクションプランの策定を踏まえた地方の元気再生事業の実施により、「新しい関係性の醸成→ネットワークの構築→事業実施による雇用増・人口増→地域住民の満足度向上」という好循環の実現を目指すことになったのである。

2008年度の地方の元気再生事業では、① 地域資源を活かした観光振興、② 農商工連携による産業振興、③ 住民主導による地域公共交通の再構築、という3つのテーマで取組を実施した。

本節では、① と ② の2つの取組の概要を中心に述べることとする。また、合わせて、地域内の各団体との合意形成の場として位置づけられる「パートナーシップで進めるおおわに活性化意見交換会」についても取り上げることとする。

5-2-1 地域資源を活かした観光振興

「地域資源を活かした観光振興」の取組では、交流人口の増加を目指すこととした。中期的には、鰐comeを拠点とした着地型観光、移住・交流促進の取組や修学旅行の誘致等に取り組むが、2008年度は「(仮称) おおわに応援ファンクラブ」(「応援ファンクラブ」)の立ち上げを中心に取り組んだ。

また、大鰐町においては「地域資源を活かした観光」と「農商工連携による産業振興」は密接な関係があることから、合同の検討委員会を設置し、「自ら稼げる地域になる」ための取組を検討した。

(1)　「ケッパレ！大鰐!!津軽あじゃら会」の立ち上げ

首都圏在住の大鰐出身者及び第2のふるさとと思える人が、気軽に参加できる応援組織がないことから、首都圏と大鰐町を結ぶ仕組みとして、「応援ファ

ンクラブ」の立ち上げと会員300名の組織化を行うことを目標として取り組んだ。

　大鰐町との交流を行っていた既存団体は、「津軽あじゃら衆の集い」「東京・大鰐異業種交流会」「大鰐町応援団」等があった。しかし、それぞれの団体の連携が十分でなかったことや誰でも気軽に入会できるようにするため、3団体とは別に新たな組織を立ち上げ、それぞれのメンバーにも参加を呼びかけることにした。新たな組織は「ケッパレ！大鰐!!津軽あじゃら会」という名称で、2009年3月に設立総会を開催した。3月末時点の会員数は341名であった。

　応援ファンクラブ設立のポイントは、「大鰐をふるさとと思える人が気軽に参加できる」組織をつくり、自分たちができることから大鰐町を応援してもらうことにあった。そこで、地元特産品を毎年1回送付する「有料会員」（湯見舞い会員）とそれ以外の「無料会員」（湯けむり会員）の2種類に分けて募集することとした。気軽に参加したい人は無料会員へ、金銭的な面も含めて大鰐を応援したい人は有料会員へ入会してもらうという仕組みであった。

　「ケッパレ！大鰐!!津軽あじゃら会」設立に参加した方々は、大鰐に関する情報を強く欲しており、大鰐を思う気持ちが強い人たちの集まりである。また、大鰐関係者との交流を強く望んでいる。応援ファンクラブを通して、交流を深めていくことで、大鰐とのつながりを再構築していく必要があると思われる。

(2) 修学旅行誘致に向けた体験プログラム開発と旅行社への営業活動

　修学旅行の誘致に向けた人材育成の取組として、2008年8月、あおもり体験指導者養成講座を開催した。この講座を受講することで、①体験活動リーダー[130]、②環境省教育指導者[131]、③L.S.F.A救急法[132]の3つの資格が取得できる。3泊4日の厳しい講座であったが18名が認定された。認定されたメンバーが中心になり、体験プログラムの開発を行い、2009年3月に、大鰐小学校5年生45名を対象に体験プログラムの検証を実施した。

　また、同月、過疎地の体験型観光で修学旅行誘致に成功しているNPO法人自然体験学校の理事長をアドバイザーに大阪地区の旅行会社5社への営業活動を実施した。そこで言われたのが、「なぜ大鰐に行かなければならないのか」という理由付けである。「そこでしかできないこと」「他の地区では真似できな

いこと」そして「大鰐」というブランドがそろって初めて商品として価値が出てくるということであった。地元目線で見た「売りたいもの」は、必ずしも学校や旅行社のニーズにあうとは限らず、そのギャップをいかに埋めていくかが重要である。

　この訪問をきっかけに、2009年度に入ってから旅行会社1社から府立高校360名の2010年度修学旅行として、青森県での実施提案を考えており、ホテルまたは旅館1泊と体験メニューの提案をしてほしいとの依頼があった。NACから、大鰐町のホテル1泊と大鰐地域と奥津軽地域での体験メニューを提案し、現在2010年10月実施の方向で準備を進めることになっている。今回の旅行社からの依頼は、われわれの実力というよりは、自然体験学校のこれまでの信用によって、幸運にも提案できる機会を得ただけなので、こうした経験を活かして実績を積み重ねることが重要である。

5-2-2 農商工連携による産業振興

　農商工連携による産業振興の取組では、「鰐comeを拠点とした農産物販売の促進と協力農家の組織化」「大鰐温泉もやしのプレミアム化」を目標に取り組んだ。

　2007年度の鰐comeにおける農産物販売額は年間400万円であり、その協力農家は21名にとどまっていた。また、大鰐温泉もやしの生産者たちは増産意欲がなく、関係者の連携が不十分な状況である。

　2008年度は、鰐comeにおける農産物の本格的な販売体制を整えるために協力農家の組織化に取り組むことにした。合わせて、大鰐温泉もやしをテーマにモデルプロジェクトに取り組むこととした。このように、農商工連携の促進による産業振興を進めることにより、中期的には、新たな起業・雇用を増やすことを目指すこととした。そのために、以下の取組を行った。

(1) 協力農家の組織化

　2009年度から鰐comeでの地元農産物の本格的な販売体制を構築するために、協力農家の組織化に取り組んだ。まず、元気隊の農業経営者とJAつがる弘前大鰐支部長に趣旨説明をし、協力農家を募集していくこととした。2回の打合せを経て、「鰐come産直の会」が誕生し、10名の呼びかけ人で参加を

募ったところ、38名の協力農家を組織化することができた。

(2) 大鰐温泉もやしのプレミアム化

　大鰐町における農商工連携促進のモデルプロジェクトとして、大鰐温泉もやしのプレミアム化に取り組んだ。具体的な取組として、① 大鰐温泉もやしに関する事前調査、② 大鰐温泉もやし販売戦略会議、③ 大鰐温泉もやし生産者との意見交換会、④ 異業種ワークショップ、⑤ 大鰐温泉もやし販路拡大のための試験販売を行った。

　大鰐温泉もやし生産者6事業者のうち、一番若手の生産者が全面的に増産に協力することを申し出てくれた。その結果、新たに青森県アンテナショップ「北彩館」でのコンスタントな販売（週1回100把）と、都内のもやし料理専門店「もやし屋」でのメニュー化、ベジタブル＆フルーツマイスター協会直営店「Ef（エフ）」でのテスト販売（1月11日、12日、21日、22日の4日間実施）を行うことができた。もやし屋では、こちらの想定価格（1把300g：368円）で購入してもらえた。また、Efの直営店2店舗で価格調査を兼ねて、地元の約2倍の価格（1把：420円）でテスト販売した結果、両店舗で取り扱いたいとの申し出があり、2009年2月より週1回の出荷で通常販売を行っている。

　2008年度最大の取組成果は、大鰐温泉もやしを首都圏で高級食材として売るための基盤整備ができたことである。実際、大鰐町では1把190円で売っているもやしをEfでは450円、青森県アンテナショップともやし料理専門店では368円で売れることになった。

　しかし、生産技術の伝承と生産場所の確保が大鰐温泉もやし増産の重要な課題となっている。一番若手の生産者は、2004年度に町と県が主導して取り組んだ「冬の農業推進事業」で、町が生産者を公募して温泉もやしの生産を始めたのである。この時、もやし生産組合の組合長が町と県が主導していた事業だったこともあり、若手生産者に生産技術を教えたが、その後は他の人に教えることはないし、若手生産者にも他人に教えることを禁じているのである。他の生産者も同様の考えを持っている。こうした生産者たちの考えを変えない限り、温泉もやしのプレミアム化は実現することはないであろう。

　また、もう1つの課題は、地元で首都圏向けの販売を担う事業者の力量向上

である。生産者も以前よりは高値で買ってもらい、地元販売事業者も適正な粗利をとり、首都圏販売事業者も適正な粗利を取ることが、結局は生産者を守ることとなる。関係者みんなが儲かるという仕組みづくりが2009年度以降の課題となった。

大鰐町にとって、温泉もやしは最も知名度の高い大鰐を売るための戦略商品と位置づけられる。温泉もやしのプレミアム化に取り組むと同時に、他の農産物販売に結びつけることや加工品の開発に取り組む必要がある。

2009年度に入り、大鰐温泉もやし生産組合とプロジェクトおおわにとの間で合意ができ、プロジェクトおおわにが大鰐温泉もやしの商標登録を申請することになり、現在準備中である。こうした信頼関係の構築をきっかけに、プロジェクトおおわにが、地元販売事業者として、温泉もやし生産者に寄り添い、生産者のやる気を高めつつ、首都圏を含む販売先に適正な粗利を取って売れるような仕組みづくりをしていくことを期待したい。

5-2-3　意見交換会・合意形成の場の継続

前項では、地方の元気再生事業の2つの取組について述べたが、本項では、町内の主な団体の意見交換・合意形成の場として開催された「パートナーシップで進めるおおわに活性化意見交換会」について述べる。

本事業を開始した当時の大鰐町は、環境変化に対応した新しい経営戦略を持つことができず、何をしていいかわからないという事業者が数多く存在していた。また、地域の課題を解決する事業をビジネス化し、継続的に稼げる仕組みを創ることもままならない状態であった。地域経済が疲弊し、行政に対する信頼も薄くなり、地域内の信頼関係が構築されているとは言い難い状況であった。

1992年1月、町の将来に対して危機感を持ち、民間主導でのまちづくりを行おうと、「足の会」という団体が組織された。「行政に頼るだけではなく、自分たちでできることは自分たちでやろう、町民の手足となって動こう、考える葦になろう[133]」というものであった。当時の考え方は「町のためになることを、黙々とやっていれば、町民も気づき、一緒にやってくれるだろう[134]」というものであった。しかし、地域の関係者との合意形成がないままに活動を進

めたことから誤解が生じ、「足の会」の活動は休止せざるを得ない状態になった。

2007年8月、「大鰐を夢と希望に満ちた元気のある町にしたい」という目的を掲げ、新たな担い手組織「OH!!鰐元気隊」が発足し、地域資源を活かしたまちづくり、ビジネスづくりに取り組もうとしている。その経緯は前節で述べたとおりである。元気隊が、具体的なまちづくり、ビジネスづくりに取り組もうとした時、地域関係者の理解を得ながら進めることは必要不可欠な条件と言っていいものである。

2007年度、アクションプラン策定前後に町と元気隊の主催による「パートナーシップで進めるおおわに活性化意見交換会」を開催し、合意形成を進めていた。2008年度も、地方の元気再生事業の具体的な取組について、町内の主な団体へ説明するとともに、意見交換と合意形成を目的に、町と元気隊主催で「パートナーシップで進めるおおわに活性化意見交換会」を開催した。

(1) パートナーシップで進めるおおわに活性化意見交換会の開催

前年度に引き続き、2008年11月、第1回パートナーシップで進めるおおわに活性化意見交換会が開催された。

最初に、地方の元気再生事業で農商工連携検討部会長を務めた井上隆一郎（青森公立大学教授（当時））より、「大鰐町では、いい地域資源がありながら、本来の持つ価値で売ることができていないのではないか」という問題提起があった。これを受けて、参加者からさまざまな意見が出された。

たとえば、「町外から人を呼んで昔のように賑やかになってほしいが、どうしたらいいかわからない」「みんな大鰐のことを思っているが、どういった形であらわせばいいかわからない」という危機感はもっているが、具体的にどうすればいいのかわからないという意見が出された。また、「問題意識はみんな同じで、向かいたい方向も同じなのに、パートナーシップがうまくいっていない」「協力できる場を探している」という連携・協働する場を探しているという意見も出された。そして、「『津軽の足引っ張り』はもうたくさんだ。これをやめることが活性化につながる」「元気隊が各団体を結ぶ役割を担ってほしい」という具体的に連携・協働するための実践を指向する意見も出された。こうした意見交換の中味は、前年度から見ると大きな進歩だと感じられた。

2009年2月、第2回パートナーシップで進めるおおわに活性化意見交換会が開催された。そこでは、2008年度の元気再生事業での取組が進んでいたこともあり、主に応援ファンクラブや大鰐温泉もやしの具体的な取組に関する内容の意見交換が行われた。

こうした意見交換会を通じて、大鰐町の住民全体が持っている危機感がある程度は共有された。しかし、目指す方向は同じなのに、まだそれぞれの取組がばらばらな状況のままであった。

(2) パートナーシップで進めるおおわに活性化意見交換会の効果

2007年度に引き続き開催した「パートナーシップで進めるおおわに活性化意見交換会」では、行政や町内の主な団体18団体が参加し意見交換を交わしたことは大きな成果である。この意見交換会は、町と元気隊が主催し、第3者であるコーディネーターが進行をするところに特徴がある。コーディネーター役は、著者と青森県担当課職員が務めた。

「大鰐町を昔のように賑やかで元気な町にしたい」という考えは参加者全員が持っている。しかし、達成のための道筋やどこが主体となって行うか、などで意見が食い違い、方向がばらばらになっていたという現状が、多くの参加者も共有できたのではないかと考えられる。何か物事を進める際には、関係者が情報共有した上で、合意形成することが不可欠である。しかし、なかなかそういう場をうまく設定し、情報を共有した上で、合意形成する機会というのが持たれていないのが現実である。

「パートナーシップで進めるおおわに活性化意見交換会」のような場は、地域外の第3者が加わることで、普段思っていてもなかなか言えないことを表現しやすくなるという効果もあると思われる。また、地元関係者だけだと感情的になるような話題でも冷静に話すことができるという効果も期待できる。そうした場があることによって、情報の共有が可能になり、疑心暗鬼にならず、お互いの状況を理解し、目標に向かって合意形成が可能になるであろう。

大鰐町の場合は、リゾート開発の失敗や財政が厳しいことから将来に希望が持てず、人々の人間関係も切れた状況に陥っていたが、こうした状況を変革するためには、共通の目標を持って、地域のさまざまな主体が連携することが重要である。そして、新たな信頼関係のもとで、行政に頼りすぎることなく、み

んなが主体性をもって協働していくことが地域力の再生につながっていくと考えられる。

5-3　プロジェクトおおわにの設立と鰐comeの指定管理

2004年12月、大鰐町地域交流センター「鰐come」がオープンした。温浴施設の他、物販コーナー、飲食コーナー、多目的ホールを備えている。立地は、大鰐温泉駅前に位置し、鉄道利用者にも便利な立地となっている。大鰐町は、JR奥羽線、弘南鉄道大鰐線がある他、東北自動車道のインターチェンジも近く、交通の便に恵まれた地域である。

過疎債を活用し総工費17億円を要して建設された鰐comeは、二川原町長（当時）の「観光客の減少で寂れた温泉街にもう一度人を呼び戻したい[135]」という熱い思いで、自動車にとって便利なバイパス沿いではなく、駅前に立地したのである。

初年度には20万人あった来館者数が2007年度には18万3,000人まで減少し、同年の年間赤字額は3,300万円に達していた。施設の運営は町の直営で行ってきたが、町は2007年度には民間事業者への指定管理業務委託移行を決定していた。

本節では、大鰐町にとっては、極めて重要な拠点施設である鰐comeの指定管理業務を「担い手組織」である元気隊が、どんな思いで受託しようと決定したのか、そして受託決定後、鰐comeを実際にどう運営して行ったのかについて述べる。

5-3-1　鰐comeの指定管理者募集とプロジェクトおおわにの設立

2008年11月、指定管理料ゼロという条件で、指定管理者の募集が開始された。この時の募集では、対象が大鰐町内及び弘前市、南津軽郡、中津軽郡という隣接市町村の地域に事業所がある団体が対象であった。元気隊は、内部的な討議の結果、この鰐come指定管理者募集への応募を決定したのであった。この時の説明会には、元気隊も含めて3団体が参加した[136]が、結果として応募

団体は元気隊 1 団体であった。

　元気隊が応募を決める過程の中では、「鰐comeを観光振興の拠点に、農商工連携の拠点に、そして住民の交流拠点にしよう」「鰐comeから町内の温泉街に人が流れる仕組みを作り、町のみんなが儲かるようにしよう」という方針が確認されている[137]。しかし、この時の募集では、町側から任意団体では財政的に不安という見解が出され、元気隊は最終的に応募申請を取り下げることになった。

　その後、2009 年 1 月、2 度目の指定管理者の募集が行われた。この時の募集では、対象が青森県内に事業所のある団体ということになったが、説明会に参加したのは元気隊だけであった。元気隊では、再度応募するかどうかを討議した結果、「鰐comeを町外の人間には任せたくない。鰐comeが 1 事業者の利益追求の道具になるのは嫌だ。せっかく創った大鰐町再生の小さな希望を失いたくない」という意見が大勢を占め、新たに法人組織を立ち上げ、指定管理者に応募することが決定された[138]。法人形態は、種々議論した結果、事業協同組合を選択し、プロジェクトおおわに事業協同組合が誕生する。プロジェクトおおわには、出資者 8 名、出資金 320 万円で設立され、同年 2 月認可が下りた。

　この時の募集でも、結局応募団体はプロジェクトおおわにだけであった。その後、同年 3 月の町議会で正式に指定管理者に決定し、同年 6 月から指定管理業務を開始することになった。プロジェクトおおわにの理事会では「鰐comeを活動拠点にし、他団体との連携により町の活性化を進めることを目指す」ことが確認されている[139]。

　プロジェクトおおわにの理事たちは、なぜ大きなリスクを覚悟で鰐comeの指定管理に応募したのであろうか。

　理事長に就任した八木橋孝男は、「大鰐町が大変だっていう時はやっぱりそこに住んでいる人が立ち上がらないといけない。隣の町の人は助けてくれない。それは住んでいる人の責任です。成功するか成功しないか分からないけど、人生 1 回しか生きられないんだからチャレンジしようと思った。鰐comeをやるかやらないかになった時はいろんな葛藤があったけれども、やらなかったら自分の人生の中で悔いが残ると思った。だから、一生懸命やって失敗する

のなら諦めがつくけど、何もしないで後悔するような生き方はしたくない。われわれがみんなで一生懸命頑張れば町の人もいくらか変わるのではないか。とにかく一生懸命やってみることが今一番大切なことじゃないかと思った[140]」と語っている。

　一方、中間支援組織であるNACは、この間の指定管理募集に関わる応募業務に関して全面的にサポートすることになった。というのは、プロジェクトおおわにの理事長は農業経営、副理事長は酒販店経営、専務理事は民宿経営と、他の理事2名を含め5名全員が本業を持っていたのであった。なおかつ、指定管理業務という特殊な応募業務に元気隊やプロジェクトおおわにが自力で申請作業を行うのには無理があったのである。NACは、元気隊と数回にわたって打合せをし、申請書類を作成していったのである。その際、一番重視していたのは、元気隊コアメンバーが、どんな思いでどんな運営をしたいのかを形にすることであった。

　元気隊コアメンバー16名のうちプロジェクトおおわにへ出資したのは8名であった。6名が50万円、2名が10万円で合計320万円の出資金であった。元気隊コアメンバーの半分が鰐comeの事業主体となる事業協同組合に出資したことになる。こうしたまちづくりの活動が、ボランティアベースからビジネスベースになる時には、経済的事情やビジネスに対するリスクへの価値観などによって、ビジネスの事業主体への出資者は絞られることが窺われる。

5-3-2　町の再生を左右する鰐come指定管理の取組

　2009年6月、ついにプロジェクトおおわにによる鰐comeの指定管理がスタートした。プロジェクトおおわにの理事者たちの熱い思いやNACの全面的な経営サポートが、功を奏するのかが注目された。

　地方の元気再生事業は、2008年度から2年間の事業で、2008年度の事業は前節で述べたが、2009年度の最大テーマは「鰐comeの黒字化」であった。NACは、指定管理受託初年度から黒字転換できるように、理事・管理者のマネジメント力強化、従業員の意識改革と育成に成果を上げるため、さまざまな取組をすることを決定した。

　最初の1ヵ月の入浴者数は前年より微減という結果に終わったが、プレミア

ムチケット[141]を約400万円販売することができ、うまくスタートダッシュが切れた。理事たちの献身的な努力が実を結んだのである。しかし、意思決定ルール、指揮命令系統が明確でなく、理事者側と従業員側の信頼関係の醸成はあまりうまくは進まなかった。

　2009年4月から、管理者として、支配人、営業マネジャーの2名をプロジェクトおおわにが雇用し、6月からの指定管理業務開始の準備を始めた。2008年度まで鰐comeで仕事をしていたパート従業員40名も全員6月以降も継続雇用することになった。しかし、理事者と2名の管理者、40名のパート従業員とのコミュニケーションが十分とはいえず、理事者の熱い思いが従業員側にうまく伝わらず、空回りする場面が多々見られたのである。

　たとえば、理事者側が「現場へは介入しない」という考えを管理者、従業員側に伝えたところ、管理者側は「理事は現場には入らない」と捉えていた。理事者側は、「理事者が現場に介入しないという意味は、理事者が直接従業員に指導したりはしないということであり、そういうことがあった場合は支配人を介しますよ」という意味であった。しかし、理事者が販売するための商品を持ち込んでも、従業員側に理事が直接現場に入ることに抵抗感があり、そのことに不満を持つ従業員がいたり、そもそも、理事者が管理者に対応を指示しても、その対応がなされないことがしばしば発生した[142]。

　その後、現場の主任及び副主任を加えた8月の経営サポート会議[143]の場では、現場の従業員から「昨年までのやり方を尊重してほしい[144]」という全く意識の変化が感じられない意見が出された。また、理事会3役と管理者の打合せで、「理事者側から現場側への指示は紙に書いてほしい[145]」という営業マネジャーの発言とは思えないようなやりとりがあったという。

　2009年5月から継続して毎月1泊2日の経営サポート会議を開催していたが、こうした状況を解決し安定的な経営に改善するために、経営理念及び基本方針の決定と徹底、理事・従業員の意識改革と価値共有、具体的な販売促進の実践を進めていった。この経営サポート会議には、NACのメンバーはもちろん、東京の流通系コンサルタント、税理士などにもアドバイザー役として参加してもらっている。

　具体的な改善の取組として、9月からは6名の従業員を部門間で異動すると

同時に、5名を主任及び副主任に昇格させる人事を行った。8月末には、管理者の1人営業マネジャーが自己都合により退職した。こうした一連の人事やミーティングなどを通じて、少しずつ従業員側の意識にも変化が見られるようになっていった。

こうした関係者の努力により、2009年度の当期利益は245万円となり、初年度からの黒字化に成功したのである。ただ、物販部門（農産物直売と土産物）、飲食部門（レストランとテイクアウト）の両部門とも赤字であり、それを温浴部門の黒字でカバーしている状況にあり、両部門の黒字化が大きな課題となっている。

5-4 地域再生に向けた取組と今後の展望

本節では、これまで述べてきた地方の元気再生事業以外のアクションプランの実践を紹介し、地域再生に向けた今後の展望について述べる。

5-4-1 その他のアクションプランの実践

本項では、これまで述べてきた地方の元気再生事業以外のアクションプランの実践として、元気隊キッズの活動、弘南鉄道と鰐comeの連携の取組について述べる。

(1) 元気隊キッズの活動

地元大鰐小学校の元気隊キッズの活動は、非常に活発であると同時に、町の将来に希望を感じるものである。2008年2月に、青森県知事が大鰐小学校を訪問した時に、町の活性化に取り組んでいる元気隊を話題に取り上げたことをきっかけに、大鰐小学校の5年生が町の活性化を考えるワークショップを実施した。

そのワークショップをきっかけに、その後も継続的な活動をしているのである。たとえば、2008年度は元気再生事業で取り組んだ体験メニューの開発に連携し、大鰐小学校で体験メニューの検証を行っている。また、2009年度には、元気隊キッズが自分たちの作った野菜を東京の青森県アンテナショップ

「北彩館」で販売するという事業を実施している。野菜は2日間で完売したが、準備期間には子どもたち自らが販売方法を考えるなど、その過程の中で子どもたちの成長が目に見えている。

子どもたちはもちろんであるが、大鰐小学校の校長先生、担任の先生も、こうした取組に非常に理解があり、元気隊の要請に快く対応してくれている。

こうした取組は、元気隊が誕生していなければ実現していない取組であり、このことは「担い手組織」の影響で、他の組織及びそのメンバーの主体性を創造し強化していることが窺われる。

(2) 弘南鉄道と鰐comeの連携

弘南鉄道と鰐comeの連携では、2009年8月に乗車券と入浴券をセットにした「さっパス（さっぱりするパスの意味）」を発売し、8月から11月までの4ヵ月間で427枚と1ヵ月平均100枚以上の利用がある。こうした関係性も、2007年からの取組の過程で創られたもので、プロジェクトおおわにが鰐comeの指定管理を受託したことで具体化に向かっていった。

こうした連携は、グリーンエネルギー青森が県内民間鉄道4社から委託を受け実施した「あおもり型・鉄道を活用した観光誘発モデル」策定調査[146]で弘南鉄道との付き合いができたことや弘南鉄道の専務取締役が大鰐町在住で鰐comeのヘビーユーザーであることをきっかけに実現したのである。乗客の減少に悩んでいる地方鉄道と経営再建を目指す温泉施設のさらなる連携が期待されるところである。

5-4-2 本事例に関わる考察

最後に、これまで一連の取組を考察した上で、今後の展望と課題について述べる。

元気隊やプロジェクトおおわにのこうした取組は、極めて厳しい条件の中で果敢にチャレンジするまちづくり団体として注目を集めている。実際、国や県などの行政機関も、無事赤字を回避して運営できるのかどうかを注視しているし、その取組を学びたいと視察も増え始めている。

われわれは、今の局面では何としても鰐comeの黒字化を成し遂げなくてはならないと思っていたが、本当の狙いはそこにあるのではない。たしかに、

2009年度決算を1円でもいいから黒字にしないと「やっぱり鰐comeはダメだったか」ということになりかねない。そのことで、これまでに創ってきた小さな希望の灯を消したくないという気持ちもあり、黒字化は極めて重大なことであった。しかし、本当の狙いは、プロジェクトおおわにの理事者、管理者が、自分たちの力で、「意味ある将来の全体像を見通す力をつける」ことなのである。つまり、そうした力をつけることによって、プロジェクトおおわにという担い手組織が「環境変動に適応して、自己創造ができること、自らが目的を立てて、そこに向かって努力できること」を実現することが最終目標なのである。

　このことは、一朝一夕で成し遂げられることではない。このことを実現するためには、中間支援組織が、担い手組織のコアメンバーに対して、指導する立場ではなく、同じ目線で寄り添うことが必要である。そして、彼らの苦痛を共感しともに重荷を背負うことを受容する中で、一緒に主体性を創造し強化していかなければならないのである。相手が困った時に答えを教えれば、そのことが身につけられるわけではないのである。担い手組織のコアメンバーが自らの頭で考え意思決定した上で実践することを繰り返すのである。中間支援組織のメンバーは、それに寄り添い、同じ目線で考え、その実践を支援しなければならないのである。

　疲弊した地域では、人々や組織の関係性が固定化し、そこで暮らす一人ひとりは孤立感、疎外感を感じていることが多い。そういう意味では、切れかかった関係性をもう一度結びなおし、新たな信頼関係を醸成するところから始めなければならない。だからこそ、地域の関係者だけではなく、よそ者の中間支援組織も必要な主体となる。しかし、中間支援組織は、外部の単なるアドバイザーの役割ではなく、協働システムの内側に入り込むことによって、担い手組織に寄り添い、一緒に重荷を背負い主体的行動を生成していくのである。

　実際には、中間支援組織はある時は担い手組織と一緒になって現場をつくり、ある時は担い手組織にすべてを任せ見守ることになる。つかず離れずという距離感が重要なのである。われわれは、これを「畦道理論」と呼んでいる。「畦道理論」とは、遠く離れたところで「ああしたらいい。こうしたらいい」とアドバイスをする外側の人間の立場ではなく、田んぼの中にまでは入らない

けれど、すぐ傍にいて一緒になって現場をつくる内側の人間の立場で関わることを言っている。すぐ傍にいるというところがポイントで、どっぷりと田んぼに入ってしまってはいけないのである。

　元気隊は、設立当初は「大鰐を元気で希望のある町にする」という目的を掲げている。最初に相馬との出会いがあり、その後、相馬を通じて10数人のメンバーが集まる場が設定され、コアメンバーの思いがその場で表明され、その結果として、目的の方向性が定まり、組織の立ち上げが確認された。その時、そこにいたメンバーの中にも希望の灯を直感した者もいたであろう。その後、数回の議論を経て、「大鰐町を希望ある元気な町にする」という目的が設定されていった。

　元気隊は、「大鰐町を希望ある元気な町にする」という目的を達成するための具体的な目標と手段を決定するために、2007年度、ワークショップ等の手法を使ってビジョンとアクションプランを策定した。そこで策定されたアクションプランの1つが、大鰐町地域交流センター「鰐come」を拠点とした地域活性化の取組であった。

　2008年度、策定されたアクションプランは、地方の元気再生事業の中で、いくつかが実行に移されていった。そして、「鰐come」を拠点とした地域活性化の取組についても具体的な検討が始まった。そんな中、町直営であった「鰐come」が指定管理に出されることになったのである。その時、元気隊のメンバーは、町外の民間事業者に指定管理を委託することになっては、自分たちが提案したいと考えている「鰐come」を拠点とした地域活性化の取組ができなくなり、自分たちが創った「小さな希望」が消えてしまうのではないか、と考えたのである。そこで、「元気隊」は自ら指定管理者への応募を決定し、事業協同組合を立ち上げ、最終的に指定管理を受託することになった。

　疲弊し閉塞した大鰐町に危機感を持って立ち上がった元気隊の最初の目的は、「大鰐町を希望ある元気な町にする」ことであった。この時は、まちおこし団体「あしの会」では失敗したが、「大鰐を元気にする取組をもう一度したい。今回はうまくいくかもしれない」という漠然とした未来に対する期待感からスタートしている。その後、「鰐come」を拠点とした地域活性化の取組が戦略的な取組としてクローズアップされ、そのことが彼らに新たな「希望」を

与え、具体的な目標となったのである。さらに、2008年下期は「鰐comeの指定管理業務の受託」が具体的な目標になり、2009年3月に指定管理受託が決まると、今度は「鰐comeの黒字化」が具体的な目標になっていった。

　こうした一連の過程で、中間支援組織は担い手組織に対して、彼らの苦痛に共感し、主体性の創造を第一義に考えながら、一緒になって目標の設定と具体的な達成方法について考えるのである。こうした具体的な目標が設定されると、担い手組織のコアメンバーはその目標を達成するために、組織に客体化され手段として貢献することを強いられる。

　経営者となったコアメンバーには、雇用した中間管理者や従業員の主体性を高めつつ、事業の現場で次々と具体的な意思決定が求められることになる。

　コアメンバーは、「鰐come」を受託することになり、経営者として組織体制や指揮命令系統を決定しなければならなくなった。その会議の場で、中間支援組織として色々なアドバイスをしながら、担い手組織の理事者に主体的な意思決定をしてもらおうと考えていた。しかし、時間が長引いたこともあり、理事の1人から「答えはわかっているのだろうから、もうそろそろ中間支援組織側からこうすればいいと話してもらった方が早いのではないか」という意見が出された。こういう場面があっても、われわれは、意思決定するのはあくまで担い手組織の理事者でなければならないと考えており、自分たちで自発的に決定してほしいと伝え、時間がかかってもそうしてもらった。選択肢を中間支援組織が出すことはいいが、決定は担い手組織がやらなければならないのである。

　現場の1つ1つの課題を担い手組織の理事者と一緒になって考え、解決策を自ら意思決定してもらう。そうしなければ、理事者自身の言葉、行動で管理者や従業員に納得してもらうことはできないであろう。答えを教えて実行してもらうのではなく、自ら考えて結論を出すことによって、自らの意思決定が腑に落ちるし次の行動が見通せるようになるのである。自律的な行動を生成しながら、自らの方向を産み出すのである。

　また、支援の現場では、理事者と管理者、従業員の対立が起こることもある。それまで町直営で運営されていた公共施設の指定管理業務を始めて間もないころ、理事者側からは「色々な指示をしてもそれが実行されない」という不満が

聞かれた。一方で、管理者、従業員側からは「明確な指示がない。もっと現場の声にも耳を傾けてほしい」という不満が聞かれた。よく話を聞いてみると、理事者と管理者、現場リーダーのミーティングがやられていなかった。そもそも、継続雇用された40名のパート従業員は町直営の時代からミーティングを開催し目標を設定しそれを実行するということを全く経験したことがなかったのである。さらに、理事者が大きな期待をして新たに雇用した管理者――支配人・営業マネジャー――に関しても、理事者が期待する管理者像と現実には大きなギャップがあったのである。また、町直営で運営されていた公共施設で働いていた従業員たちには、従来の価値観や組織文化があり、毎年赤字であったにもかかわらず「これまでのやり方を尊重してほしい」という意見もあった。そうしたやり方を繰り返していては赤字から脱却することができないにもかかわらず、そう言うのである。

　理事者が、「だいたいこのぐらいはできるであろう」「このくらいのことはわかってくれるだろう」という管理者像・従業員像の予測は大きく裏切られたわけである。しかし、この仕事を成功させるためには、黒字に転換できるまで改善し続けなければならないのである。ここでは、窓口理事（現場に責任を持つ理事）・管理者・現場リーダーによる定例ミーティングを開催し、目標・取組について意思統一し、それを議事録に残すことを実践してもらうことにした。中間支援組織側のスタッフを派遣し、Plan Do Seeを実践できるようなミーティングの進め方、議事録の記録のしかたなどを教え、自分たちでそれを実践できるようにサポートした。

　理事者が「支配人なのだから、管理者の能力があって従業員をきちんとマネジメントしてもらわないと困る」と考えても、支配人がそうした力量がなければイメージ通りにいかないのは当然である。そんなに多額とはいえない報酬で、赤字公共施設の厳しい経営を引き受ける支配人に対して過大なマネジメント能力を期待するのは無理があるのかもしれない。また、数年間、赤字だからといっても特別な手を打たないで経営してきた施設で働いている従業員に対して、「大鰐町を元気にするために、指定管理業務を引き受けることにした。自分たち理事者は無報酬で頑張るので、意識改革して一緒に頑張ってほしい」と期待しても、これまでの従業員の現実を考えると無理があったのかもしれな

い。理事者側が自分たちの思いを言葉で伝えてはいたが、現実には、管理者、従業員側にその思いが十分受容されていなかったのである。つまり、理事者は自分たちの置かれている現実を受け入れて、そこから改善の具体策を実践していくしか解決方法はないのである。

　われわれは、1泊2日の経営サポート会議を開催することとし、「理事＋管理者」「管理者＋現場リーダー」「理事のみ」の3グループでミーティングを毎月開催することにした。ミーティングの内容が、目の前にある業務をどう遂行し、収支を黒字化するためのディスカッションであったことは当然である。

　しかし、それ以上に必要なのが、彼らの主体性をどう高めていくのかということであった。管理者と従業員には、「理事者は、施設が赤字になった時にはその赤字をすべて理事者が負担するというリスクを抱えながら、無報酬で頑張ると言っている。そして、利益の一部は地域のために使うと宣言している。みなさんも理事者の思いを共感してほしい。そして何よりも、みなさんの給料はみなさんで稼がないと、鰐comeは存続できません。みなさん自身が頑張ることによって、給料も上げていきましょう」という話を繰り返し説明した。

　町直営で数年間働いてきた従業員の中には、それまでの価値観があり、そこにはそれに基づいた組織文化がある。そこには、事なかれ主義や赤字になっても税金で補てんされるという自己責任意識の無さがある。こうした価値観を変革し、新しい価値観を共有し、新たな組織文化を創り上げていかなければならないのである。

　また、こうしたプロセスの中で、一部の理事から現場に派遣する中間支援組織のスタッフ——プロセスマネジャー——に対して「管理者・従業員を指導してほしい」という声が出ることがあった。そういう時には、「これまでの仕組みを変え、将来に見通しを持ち自立的に仕事ができる仕組みをつくるために、みなさんがわからないことは教える。ただし、われわれは、日常的に管理者・従業員を指導する立場にはない」と回答している。つまり、プロセスマネジャーは、理事者が管理者を指導したり、管理者が従業員を指導するという本来の業務を代わりに行ってはならないのである。ただ、本来自分たちでやるべきことでわからなくてできないことを教えるのが仕事なのである。担い手組織のリーダーたちが将来を見通せる意味ある全体像は、能動的に経験しようとす

る結果としてのみ生起するのである。それに寄り添いながら支援するのが中間支援組織の役割なのである。ここでいう「支援」とは、組織外部からの支援という意味ではなく、組織内部で支援の役割を担うという意味なのである。

　大鰐の事例の場合、管理者、従業員の理解が十分でないまま、指定管理がスタートしたものの、理事者の献身的な努力によるプレミアムチケットの販売が成功した。その後、徐々に管理者・従業員の意識も変わり、業績も向上しつつある。「意識の変化→業績の向上→さらなる意識の変化→さらなる業績の向上」という好循環が実現しつつある。こうしたプロセスを経験する中で、理事者、管理者、従業員は、主体性を創造し強化することが可能になる。また、同時に組織も主体性を創造し強化していけるのである。

　理事者たちは、管理者、従業員はもちろんであるが、周りのさまざまな関係者――産直の会、事業者協力会などの民間事業者、地域住民など――に対して、新しい希望を創出していく必要もある。そのことによって、彼らの主体性を創造し、合わせて、物的要因、生物的要因、社会的要因も強化していかなければならないのである。その1例として、「鰐comeプライベートブランド」構想がある。これは、鰐comeが、地域の民間事業者と協働で商品開発し、店頭での販売や首都圏への出荷を目指すものである。商品開発に際しては、鰐come側が安全面や品質面などでの基準を決め、それをクリアしたものを販売していく考えである。こうした構想が成功すれば、地域の資源を活用し、本来の価値以上での取引が可能となり、経済的に成り立つだけではなく、精神的にも誇りの持てる仕事起こしにつながるであろう。そうした取組は、鰐comeの理事者、管理者、従業員だけではなく、地域の民間事業者、そして地域住民にも「希望」を創っていくことが可能になるであろう。

　中間支援組織の使命は、担い手組織の事業自体を成功させることではない。本当の目的は、担い手組織のリーダーたちの自立しようという意欲を引き出し育み続けることによって、主体性を強化し続ける人と組織を創造することなのである。

　担い手組織のメンバーは、自分たち自身が地域の自立に向けた担い手であることを自覚し主体性を強化し続けること、中間支援組織のメンバーは、そこに寄り添い担い手組織の主体性強化をサポートし続けることが極めて重要であ

る。そのことで、地域の自立に向けた将来を見通せる意味ある全体像が生起し、自律的な行動を生成しながら、自らの方向を産み出すことが可能になるのである。

さて、大鰐における事例を振り返ってみると、リゾート開発に失敗した非常に疲弊し閉塞した地域であっても、危機感を持って立ち上がろうとする人々がいるのがよくわかる。元気隊を立ち上げて2年足らずでプロジェクトおおわにを設立し、3,300万円もの赤字公共施設である鰐comeの指定管理業務を始めたのは、ある意味奇跡的である。そして、初年度から黒字化を達成したのである。

大鰐の事例では、「地域に寄り添う→希望を創る→目的を設定して実践する→主体性を創造する」という基本プロセスを短期間に繰り返し実行してきたのである。その中で、担い手組織とコアメンバーが必死になって頑張ることによって、確実に協働システムと人間の主体性が創造・強化されている。地域の関係者すべてが、彼らの行動に共感し信頼しているわけではないが、新しい関係性が醸成され、新たな信頼関係とネットワークが構築されつつあるのが実感される。彼らが、今後さらに、地域のさまざまな関係者と連携・協働することによって、より大きな希望を創出していくことを期待したい。

大鰐での取組を振り返る時、いくつかのポイントとなる取組が浮かび上がってくる。

① 中間支援組織が寄り添い、新たな担い手組織を立ち上げる。
② 担い手組織としての活動をスタートさせるとともに、自発的な参加者を巻き込みながら、「ビジョン及びアクションプランを策定」する。
③ 課題解決に向けた方向性やアクションプラン実践に向けた「合意形成」を図る。こうした場面では、行政や他団体とのパートナーシップ構築が不可欠である。
④ 目標を設定して、策定したアクションプランを実践する。
⑤ 実践する事業から生まれる「利益の一部は地域のために還元」する。そして、利益を第一義の目的とせず、「地域に共感と信頼を創出する」ことに心がける。
⑥ 一連のプロセスの中で、実践の担い手となる「担い手組織」とそれを支援する「中間支援組織」が融合組織化を繰り返す。また、コアメンバー

の「主体性の創造・強化」が図られる。

ここであげたポイントは、津軽鉄道の事例と同一である。①〜④が、これまで時系列で取り組んできた内容である。⑤の「利益の地域への還元」については、元気隊キッズの活動に対する支援等に取り組んでいる。⑥については、プロセス全体で留意するポイントである。

以上で、大鰐の事例に関する考察は終えるが、深浦、鯵ヶ沢、津軽鉄道の事例との比較については、第6章で行うものとする。

第6章
地域の自立に向けたプロセスと地域経営人材

　現代の多くの地域では、医療・福祉、公共交通、産業振興などの課題を抱え、地域社会が活力を持って持続することが困難になりつつある。そして、多くの地方自治体が財政難に陥る中で、行政だけで従来の公共サービスを維持していくことは極めて難しい状況になっている。地域が自立できる新しい社会システム——みんなが頑張れば何とか生活できる、安心して暮らしていけるシステム——が求められているのである。

　こうした地域の現状に危機感を持ち、立ち上がろうとする人々もいる。そこでは、突然変異的にカリスマ的リーダーが出現することを期待するのではなく、"普通のやる気のある人々"が頑張ることによって、持続可能な地域社会を創造していくことが期待されている。つまり、特別な能力を持っている人はいなくても、やる気のある人々が地域の自立に向けた活動や事業に取り組んでいけるようにすることが求められているのである。

　本研究では、「地域の自立」とは何かを明らかにした上で、地域が具体的に自立に向けたプロセスに取り組んでいける実践過程を、理論的枠組みとともに提示することを目的としている。

　第1章では、「地域の自立プロセス」の一場面一場面を静態的に捉えるのではなく、その動態性に着目し考察した。そして、「地域の自立プロセス理論」とは、その地域の人間と協働システムが主体性を創造し続けながら、地域を活性化させていくことにより、地域社会自身も主体性を持つことができ、人間、地域内の協働システム、地域社会の3者がともに自立するという理論であることを述べた。さらに、「地域の自立」に向けたプロセスとして7つの段階から成るプロセスを提示した。

第2～5章では、地域での4つの実践事例について述べた。これらの事例から、どこの地域にも地域の現状に危機感を持ち、何とか立ち上がろうとしている人々がいるのがわかる。しかし、一方でそうした人々が「具体的に何をどうしたらいいのかがわからない」「困難にぶつかったときに、なかなか乗り越えることができない」という実態があるのも明確である。カリスマ的リーダーが突然変異的に登場することを期待したり、意図的にカリスマ的リーダーを育成しようとすることは、現実的とは言えない。地域が自立していく道筋をつくっていくためには、やる気のある"普通の人々"が一生懸命頑張ったら何とかできるというレベルまで標準化された支援システムが求められているのである。

地域を自立させていくためには、実践事例を通して、担い手組織と中間支援組織の2つの重要な協働システムの役割が明確になってきたと考えられる。そして、そこで担い手組織を自立させると同時に地域社会をも自立させていくためには、そこに住む人々と協働システムが主体性を創造し続ける必要があることも明確になった。

本章は、次のように構成する。

第1節では、第2～5章での実践事例について比較検討を行った上で、地域の自立に向けた課題解決の方向性を述べる。第2節では、地域の自立に向けたプロセスについて具体的に述べる。第3節では、産業振興も含めた地域活性化の取組を進めるためのコミュニティビジネス創出過程に焦点をあて、そのプロセスをより詳細に述べる。そして、コミュニティビジネス創出を担う地域経営人材について述べる。

6-1　実践事例の比較検討と課題解決の方向性

全国各地で、疲弊し閉塞した地域の現状に危機感を持ち、立ち上がろうとする人々がいる。こうした状況を踏まえ、多くの"普通の地域"が地域活性化に具体的に取り組み持続可能な地域社会を実現するために、「地域の自立プロセス理論」が必要なのである。

本節では、第2～5章の実践事例も踏まえ、地域の自立に向けた課題解決の

方向性を述べる。その上で、第1章で提示した担い手組織が自立しさらに地域社会が自立する過程——地域の自立に向けたプロセス——について具体的に述べる。

6-1-1　実践事例についての比較検討

本項では、第2〜5章の実践事例について比較検討することとする。比較検討にあたって、以下の5つの観点から行うものとする。

第1の観点は、「地域に寄り添う→希望を創る→目的を設定して実践する→主体性を創造する」という基本プロセスを実行できたかどうかである。

第2の観点は、基本プロセスを繰り返す過程で、担い手組織とコアメンバーが、主体性を強化できたかどうかである。

第3の観点は、基本プロセスを繰り返す過程で、中間支援組織とそのメンバーが、主体性を強化できたかどうかである。

第4の観点は、担い手組織と中間支援組織、そのメンバーを取り巻く環境、つまり、物的要因、生物的要因、人的要因、社会的要因が、一連の取組を通じて強化されたのかどうかである。

第5の観点は、地域社会自身がそこに住んでいる人々とさまざまな協働システムが主体化し活性化する場となるための前提条件として、新しい関係性の醸成やネットワークの構築が進んだかどうかである。

なお、深浦の場合取組期間が短いため、第1の観点及び第4の観点については割愛して述べる。

(1)　基本プロセスの実行

第1の観点で実践事例を見ると、以下のような特徴があると言える。

市民風車の事例の場合、町人口の1％に当たる135名の鰺ヶ沢町関係者が4,000万円を出資し、市民風車の運転が開始されたことで、「自分たちにも何かができるかもしれない」という希望の灯は芽生えた。しかし、その後リーダーとなるべきコアメンバーの主体性を十分引き出すことができないまま、「担い手組織」となることが期待されたグリーンパワー鰺ヶ沢が立ち上がった。つまり、支援する側がされる側の機が熟すのを待たず、グリーンパワー鰺ヶ沢のコアメンバーが自ら活動に取り組む覚悟を決めるというステップを踏むことな

く、GEA 側の思いを先行させて活動の実践段階に進めてしまったことが、大きな反省点として残ったのである。

結果として、GEA が地域に寄り添い、希望の灯を創ることまでは成功したが、意思を固めるというところが不十分で、その後の活動も、地元の人々が自ら目的を設定して実践したとは言えない状況になったと考えられる。市民出資という手法を使った市民風車のプロジェクトでは多くの人々の共感を得ることができたが、GEA の寄り添い方に経験不足な点もあって、グリーンパワー鰺ヶ沢と GEA の間に共感が生まれ一定の信頼関係が構築されたものの、融合組織化を繰り返すことができなかったのである。つまり、希望を創るという段階が十分とは言えない取組であったと考えられる。

津軽鉄道の事例の場合、「地域に寄り添う→希望を創る→目的を設定して実践する→主体性を創造する」という基本プロセスを着実に実行できたのではないかと考えられる。最初は、TSC が設立され、地域住民を巻き込んでビジョン及びアクションプランを策定し、そのアクションプランを詳細な実行計画に落とし込み、自分たち自身が決定し実践に移していった。TSC の立ち上げ前後に生まれた希望の灯が、基本プロセスを何度も繰り返すことによって、希望が明確化し大きくなっていったのだと考えられる。

大鰐の事例の場合も、基本プロセスを短期間に繰り返し実行できたのではないかと考えられる。そして、津軽鉄道の場合と同様、元気隊の設立前後に生まれた希望の灯が、基本プロセスを何度も繰り返すことによって、希望が明確化し大きくなっていったのだと考えられる。

すでに第 4 章、第 5 章で述べたように、津軽鉄道と大鰐の共通点として、そうしたプロセスの中で、いくつかのポイントとなる取組が浮かび上がってくる。

① 中間支援組織が寄り添い、新たな担い手組織を立ち上げる。
② 担い手組織としての活動をスタートさせるとともに、自発的な参加者を巻き込みながら、「ビジョン及びアクションプランを策定」する。
③ 課題解決に向けた方向性やアクションプラン実践に向けた「合意形成」を図る。こうした場面では、行政や他団体とのパートナーシップ構築が不可欠である。

④ 目標を設定して、策定したアクションプランを実践する。
⑤ 実践する事業から生まれる「利益の一部は地域のために還元」する。そして、利益を第一義の目的とせず、「地域に共感と信頼を創出する」ことに心がける。
⑥ 一連のプロセスの中で、実践の担い手となる「担い手組織」とそれを支援する「中間支援組織」が融合組織化を繰り返す。また、コアメンバーの「主体性の創造・強化」が図られる。

以上のポイントとなる取組を踏まえて、これらの取組を地域の自立に向けたプロセスに反映させていかなければならない。

(2) 担い手組織の主体性の創造・強化

第2の観点は、担い手組織とコアメンバーが、基本プロセスを繰り返すことによって主体性を強化できたかどうかである。

市民風車の事例の場合、主体性を引き出すことができないまま実践段階に入ったため、外部組織のGEAが活動の中心になってしまった。風丸プロジェクトや（有）白神バイオエネルギーの立ち上げなど、個別プロジェクトでは地元関係者の主体性の創造・強化という面で一定の成果を上げてはいるが、地域全体を巻き込んで自立を目指すような主体性の創造・強化まではできなかったのである。

深浦の場合、町づくり応援隊「いいべ！ふかうら」の山本会長が、地域の現状に危機感を持ち、中間支援組織との出会いがあり、寄り添われながら、他のメンバーも含めて着実に主体性を強化していると思われる。

津軽鉄道の事例の場合、TSCが担い手組織としての役割を果たし、コアメンバーが着実に主体性の創造・強化を繰り返したと考えられる。それに伴って、TSCも組織としての主体性を創造・強化していったと考えられる。TSCは、ボランティア組織であり、ビジネスまで自分たちで手掛けているわけではないが、津軽鉄道をきっかけとした地域の活性化のために、真正面から取り組み、そこに連なる人々と組織をつなぐ役割を果たしている。

大鰐の事例の場合も、まず元気隊が立ち上がり、鰐comeの指定管理業務の受け皿としてプロジェクトおおわにが立ち上がった。この2つの担い手組織のコアメンバーが、さまざまな困難を乗り越えながら、主体性の創造・強化を繰

り返したと考えられる。それに伴って、特にプロジェクトおおわには、組織として主体性を創造・強化していったと考えられる。プロジェクトおおわには、コミュニティビジネスの担い手として、成果を上げつつあると言えよう。

市民風車の場合と、津軽鉄道及び大鰐の場合の大きな違いは、担い手組織の設立前からコアメンバーが中間支援組織に相談したいと考えたかどうかであった。別な言い方をすると、自分たち自身が地域を変えたい、あるいは自立に向けた取組をしたいと真剣に考え、そのことを相談したいと考えていたかどうかである。

津軽鉄道及び大鰐の場合、津軽鉄道存続の危機、大鰐町の財政危機という明確な課題があり、そのことに危機感を持ったコアメンバーたちには、その課題を解決し、地域を変えたい、活性化させたいという意思を持つための素地があったと言える。だからこそ、自らが何らかの行動を起こそうという主体性があったし、それをするためにはどうしたらいいのかを相談したいと考えていた。そういう意味では、基本プロセスの「希望を創る」という過程で希望の灯が生まれれば、「意思を固める」ことの素地が最初からあったと考えられる。

2つの事例では、コアメンバーが活動の現場でのさまざまな実践から、その都度「意思を固める」ことが求められ、さらに「目的を設定して実践すること」が繰り返される中で、主体性が一層強化されたのである。そして、それに伴って、担い手組織の主体性も一層強化されていったのである。

2つの事例に比べると、市民風車の事例の場合、地域に課題はあったろうが、コアメンバーがそれほど明確な危機感を持っていなかったと考えられる。そういう状況の中で、担い手組織立ち上げの下地づくり――地域課題に対する啓発や人材育成――を十分しないままに、組織の立ち上げを優先させたことが大きな反省点であった。

(3) 中間支援組織の主体性の創造・強化

第3の観点は、中間支援組織とそのメンバーが、基本プロセスを繰り返すことによって主体性を強化できたかどうかである。

「寄り添う」とは、立ち上がったやる気のある人々に対して、外部組織の人間が上から目線で「ああすればいい。こうすればいい」と指導するようなふるまいではない。当事者である担い手組織の主体性の創造を第一義に考え、一定

の距離感を持ちつつも、組織の目的を共有し、主体性の一翼を担う役割を果たすことであった。

　市民風車の場合、GEAが中間支援組織の役割を担ったのであるが、前述したように、担い手組織のコアメンバーが自ら立ち上がろうとする前に、組織の立ち上げを働きかけてしまったのである。それでは、本当に「寄り添う」ことにはならなかったのである。そのため、担い手組織と中間支援組織の融合組織化がまったくなかったわけではないが、単発的なもので繰り返し融合組織化するまでには至らなかったと言える。そうした中で、中間支援組織側の主体性の創造・強化という観点からも、不十分なものであったと言えよう。

　深浦の場合、担い手組織が立ち上がって間もないが、中間支援組織のメンバーも立ち上げまでのプロセスの中で、着実に主体性を強化したと思われる。

　津軽鉄道の場合、担い手組織となるTSCの設立前から、中間支援組織であるNACが相談を受け、そうした動きを支援しようと考えていた。また、TSCの当初コアメンバーの約半数がNAC関係者であったことから、信頼関係を基盤としながら一緒に活動を支援することができた。この時、われわれは、市民風車の事例での経験も踏まえて、事態は急を要してはいたが、① 担い手組織のコアメンバーの意思を尊重すること、② 組織内の合意形成に時間をかけること、をできる限り心がけた。そうした配慮や現場での実践の中で、お互いの信頼関係が深まり、繰り返し融合組織化し主体性が一体化できた。そうしたプロセスを通して、NACという中間支援組織自身も関わったメンバーも主体性を創造・強化していった。

　大鰐の場合、前述したように青森県の委託事業として取組がスタートしている。そもそもNACが、担い手組織を立ち上げて、まちづくり活動に取り組んでもらおうと提案し、担い手組織のリーダーとなるメンバーらと一緒に組織の立ち上げをした。担い手組織のコアメンバー全員が、当初から中間支援組織を信頼していたわけではないようであるが、活動の実践を通して、お互いの信頼関係が深まり、度々融合組織化が起こり、主体性が一体化したと考えられる。特に、大きな転換点となった鰐comeの指定管理者応募の過程で、明確な希望が創られ、お互いが「絶対にやり切る」という意思を固めることができたと感じている。その後の指定管理業務の現場での実践も含めて、中間支援組織側も

主体性を一層強化していったと考えられる。

(4) 主体を取り巻く環境の強化

第4の観点は、担い手組織と中間支援組織、そのメンバーを取り巻く環境が、一連の取組を通じて強化されたのかどうかである。

担い手組織や中間支援組織の環境として、物的要因、人的要因、社会的要因がある。また、そのメンバーである個人の環境として、物的要因、生物的要因、社会的要因がある。それぞれの要因を強化することは、経済的強化、精神的強化、関係性の強化につながる。主体性の創造・強化を通じて、これらの環境を強化していくことが重要なのである。自立の前提条件として、環境に適応し、環境を強化する必要があるが、一連の取組を通じて、これらの環境は強化されただろうか。

市民風車の場合、GEAが循環型社会を実現するというミッションを実現するために、市民風車を建設するというプロジェクトを提案し実践したことによって、経済的強化、精神的強化、関係性の強化の面では十分な成果が上がった。出資者が、鰺ヶ沢町にとどまらず、全国的に広がっていたため、市民風車という1つのテーマで、関係性の強化があり、それに付随して、経済的強化、精神的強化があったと言える。一方、市民風車をきっかけに地域を活性化するという目的で、活性化のためのプロジェクトを提案し実践する中では、一定の成果は上がったものの、特に経済的強化の面では、課題が残っている。つまり、新しいプロジェクトの立ち上げにあたり、採算性の低いプロジェクトであることや中間支援組織の役割を担ったGEAと地元組織との間でお互いが持続できるビジネス・スキームを構築できなかったために、GEAが人件費を持ち出しする形での取組から抜け出すことができなかったのである。結果として、GEAが地元組織に対する関与の度合いを弱めざるを得ない状況に陥り、持続性を持つことができず、経済的強化の面だけではなく関係性の強化という面でも十分な成果を上げたとは言えない。

津軽鉄道の場合、TSCの献身的な活動をきっかけに、津軽鉄道が再生の道を歩み始めることができると同時に、沿線の地域活性化にも効果が表れてきている。こうした状況に伴って、経済的強化、精神的強化、関係性の強化の面で、確実に成果が見え始めている。たとえば、津軽鉄道自身の経営状況は、少

しずつではあるが改善している。つまり、2006年度のTSCの活動開始により定期外収入が13年ぶりに前年比プラスとなった。さらに、2009年度には乗客数が前年比プラスに転じており、いよいよ再生の兆しが明確になってきている。また、沿線での地域活性化の取組が、さまざまな主体によって開始され、ボランタリーな取組だけではなくコミュニティビジネスの創出も含め、成果をあげつつある。今後、コミュニティビジネスのクラスター化が期待される。

　大鰐の場合も、元気隊によるボランタリーな取組、プロジェクトおおわにによるコミュニティビジネスの取組やパートナーシップで進めるおおわに活性化意見交換会の継続的開催などにより、地域に変化が起こりつつある。経済的強化の面ではまだ明確ではないが、精神的強化、関係性の強化の面で、確実に成果が見え始めている。今後、鰐comeの指定管理業務や大鰐温泉もやしのプレミアム化の成功によって、経済的強化の面でも成果が出てくることが期待される。

　環境を強化していくことは、地域社会が自立していくための前提条件である。地域内の協働システムと人間が、主体性を創造・強化し続けることによって、環境は強化される。そして、そのことが地域社会の持続性につながっていくのである。

(5) 新しい関係性の醸成やネットワークの構築

　第5の観点は、新しい関係性の醸成やネットワークの構築が進んだかどうかである。

　市民風車の場合、町内関係者で135名の出資者があったことや鯵ヶ沢マッチングファンドの助成事業をきっかけに町内の団体同士の連携や交流が起こることによって、新しい関係性ができたり、ネットワークが広がったと言える。また、風丸プロジェクトでは、出資者に1坪オーナーに参加してもらうなど、首都圏を含む町外にもネットワークが広げられた。しかし、津軽鉄道や大鰐の事例に比べると、こうした関係性やネットワークは、新たな信頼関係の構築とまでは言えない、やや限定的なものだと考えられる。

　深浦の場合、担い手組織が立ち上がって間もないが、元気直売所「まちなか」や深浦町のほか、地域外の団体など、新しい関係性の醸成やネットワークの構築が順調に進んでいると思われる。

津軽鉄道の場合、地域内での TSC に対する信頼は確固たるものがあると考えられる。TSC は、前述したようにボランタリーな形で、地道な活動を継続している。ビジネスを志向せず、縁の下の力持ち的な活動によって、お金のためや自分たちのために活動しているというような誤解をされることもなく、その活動を地域のさまざまな関係者からも評価されているのだと思われる。そうした TSC が新しい関係性の醸成やネットワーク構築の中心になることによって、ある意味理想的な形で、新たな信頼関係としなやかではあるが強いネットワークが構築されつつあると考えられる。

大鰐の場合、ビジョン及びアクションプランの策定や元気再生事業と並行して、パートナーシップで進めるおおわに活性化意見交換会を継続的に開催している。この意見交換会の議論から、少しずつではあるが、町内の関係者の意識が変化していることがわかる。元気隊が立ち上がり、アクションプランを策定し、さらに、プロジェクトおおわにが、鰐 come の指定管理にチャレンジすることによって、担い手組織の中心メンバーであるプロジェクトおおわにの理事者たちが、お金のためや自分のためではなく、本当に地域のために頑張っていることが理解されつつあると思われる。津軽鉄道の事例に比べると、まだまだ十分な信頼関係が構築されているとはいえないが、確実に新しい関係性が醸成され、ネットワークが構築されつつあると考えられる。

6-1-2　実践事例における前進的考察

それぞれの実践事例について、5 つの観点から比較検討した。

市民風車の事例は、中間支援組織側にまだ十分な経験がなかったこともあり、基本プロセスの実行、主体性の創造・強化、環境の強化、新しい関係性の醸成・ネットワークの構築において、十分な成果を上げたとは言えない状況であった。深浦の事例は、担い手組織が設立して間もないが、着実に成果を上げていると思われる。津軽鉄道と大鰐の事例では、それぞれが特徴を持ちながら成果を上げていると言える。

前項での比較検討を踏まえながら、やる気のある"普通の人々"が一生懸命頑張ったら何とかできるというレベルまで標準化された支援システムを構築するために、さらに 3 つの視点から考察を行いたい。

第1の視点では、希望はどのように創出され明確化していくのかを考察する。第2の視点では、自立プロセスにおいて不可欠な地域における合意形成と利益還元について考察する。第3の視点では、ボランタリーなまちづくり活動をする組織とコミュニティビジネスを実践する組織という2つの担い手組織の役割と関係性を考察する。

(1) 希望の創出と明確化

「地域の自立プロセス」の中で一番重要なのは、主体性を創造し続けることである。人間の「主体的過程」と「客体的過程」の循環がうまく機能することによって、人間と協働システム相互の主体性が創造され、強化されていくことが可能になる。しかし、循環がうまく機能しなければ、人間はいったん主体性を強化できたとしても、さらに主体性を創造できないため悪循環に陥るのである。

この循環をうまく機能させるために必要なのが「希望」である。

希望とは、自分が進む道の可能性に対する促しの自覚である。自分が進む道の先には、実現したい何かがあり、自分自身も行動することによって「何かが実現するのではないか」と思えるのである。希望は「何かが実現するのではないか」という予感から始まり「実現したい」と思うことで意思となる。そして、行動を繰り返すことによって、希望が明確化し「何かが実現する」ということに確信を持てるようになるのである。地域の自立プロセスを実行していくためには、必ず「本気で一緒に取り組む仲間」が必要となる。これは、本研究で紹介している担い手組織のリーダーたちが共通して証言している[147]。信頼関係に基づいたこうした強い連帯感が、組織の凝集力を支えているのである。

地域を変えたい、活性化したいと思っている人がいても、「何かが実現するのではないか」と思うことは非常に難しいことである。実際、とにかく行動しようと実践してみても、障害に直面したり、展望が切り開けなくて、途中であきらめてしまうことが多い。だからこそ、中間支援組織が寄り添い、担い手組織と一緒に希望を創ることが重要になる。

さて、津軽鉄道と大鰐の事例では、どのように希望が創出され、明確化されていったのだろうか。

津軽鉄道の場合、TSC会長の飛嶋献は、「TSC設立前に、三上さんの話[148]

を聞いて、縁もゆかりもない津軽鉄道の支援であったが、面白いと感じたし何となくわかる気がした。NAC 自体が行政主導でない形で地域を活性化させるスタイルを創ろうとしていることに共感していたし、津軽鉄道の支援を民間主導で実践することに可能性を感じていた[149]」と語っている。その後、2006 年 1 月に開催した「津軽鉄道サポーターズクラブ設立記念──頑張れ！津軽鉄道フォーラム──」が、主催者の予想を上回る参加者があり成功に終わる。さらに、マスコミも、TSC の活動を好意的に報道してくれることによって、TSC のコアメンバーは「自分たちもやればできるじゃないか[150]」という自信をつけていった。

その後、2006 年度からは、ビジョン及びアクションプランの策定とそれに基づいた実践に取り組んでいったが、飛嶋は「手作りマップを作ってくれた TSC の女性会員や津鉄応援直売会のおばちゃんなど、普通の人と一緒に活動しているうちに、地域を元気にするというのは、偉い人や有力者が担うのではなく、こういう人たちが担うんだというのがわかってきた[151]」と語っている。

発言内容からもわかるように、飛嶋は、TSC 設立前から、「TSC が何かを実現するのではないか」という可能性を感じていた。そして、自分たちが立ち上がり活動を重ねることによって、「津軽鉄道をきっかけとした地域の活性化を実現したい」という意思になっていったのである。飛嶋がそう思えた 1 つの要因は、TSC 設立の数年前から NAC が行うさまざまなプロジェクトに参加することによって、NAC の実現したい新しい社会システムに共感と理解を持っていたからだと考えられる。

大鰐の場合、プロジェクトおおわに副理事長の相馬康穫は、「元気隊立ち上げに向けて、コアメンバーを集めている時から、ある程度うまくいくのではないかという予感はあった。足の会の活動や商工会青年部の活動を通して経験も積んでいたし、足の会での失敗の原因もある程度把握できていた。足の会のような少人数の組織ではなく、幅広く声をかけバランスのとれた組織にしたいと考えた[152]」と語っている。その後、2007 年 8 月に、元気隊の設立、10 月には、設立記念フォーラムに 170 名もの参加者があった。「見たことのない参加者が多く 170 名もの人が集まったことが大きい。今までのまちおこしとは違うと思った[153]」と語っている。その後も、ワークショップの開催などを通じて、

「今度はうまくいくのではないか[154]」という自信がじわじわと深まっていった。そして、鰐comeの指定管理業務の受託が決まったとき、さらに自分たちの可能性を確信するのであった。

2つの事例の共通性をまとめると、次のようになる。

第1には、担い手組織のリーダーたちは、最初から、地域を変えたい、活性化したいという強い思いを持っており、中間支援組織が寄り添う時点から、リーダー個々人のそれまでの経験や信念から意思を固める準備を持っている。担い手組織のリーダーが、中間支援組織のリーダーと出会うことによって、共感と信頼が生まれ、そこで希望の灯が芽生えることになる。

第2には、組織が立ち上がって間もない時期に、小さなものでいいので、何らかの成功体験を持つことによって、自分たちの可能性に自信を持つことができる。津軽鉄道の場合も、大鰐の場合も、設立記念フォーラムの成功とマスコミの好意的な報道は、非常に効果的であった。こうした取組を積み重ねる中で、小さな成功体験を経験し、希望の灯がだんだん膨らんでいくのである。

第3には、活動を継続する中で、新しい取組にチャレンジする度に、「寄り添う→希望を創る→目的を設定して実践する→主体性を創造する」という基本プロセスを繰り返すことになる。こうした過程の中で、希望は明確化される。たとえば、大鰐の場合、鰐comeの受託決定が希望の確信として大きな出来事であるが、それまでの地道な基本プロセスの繰り返しで着実に希望が明確化していったのである。

(2) 合意形成と利益の還元

自立プロセスを成功させるためには、地域における合意形成が必要である。

実践事例の中で、パートナーシップテーブルなどは、合意形成の場として有効であることを述べた。

このように、地域の主な関係者が一堂に会し、意見交換する機会はなかなか持てない現状がある。しかし、こうした機会を持つことによって、地域全体の視野で課題を捉えること、お互いの組織の立場や考え方を理解することが可能になる。そうしたことで、誤解や勘違いをなくし、連携・協働するための関係性を醸成することが可能になる。

大鰐の事例にあったように、アクションプランを策定する時だけではなく、

意見交換の機会を継続して持つことによって、地域の現状や課題を共有するとともに、地域の将来像について一定の方向性を見出すことが可能になると考えられる。こうした機会を意識的に創ることをしなければ、地域内の協働システムと人々は十分なコミュニケーションが取れず、それぞれが孤立しがちである。地域のさまざまな主体がつながる機会を意識的に創っていくことにより、関係者の合意形成できる可能性は飛躍的に高まることが期待される。

こうした積み重ねに支えられ、アクションプランの実践でさまざまなコミュニティビジネスが成功し、人々と協働システムが主体化し活性化する場として、地域社会が機能することを可能にするのである。

自立プロセスを成功させるためには、コミュニティビジネスで生まれる利益を地域に還元することも必要である。

コミュニティビジネスは、雇用した人々にきちんとした給料を払うのも厳しい現状であるが、適正な労働対価は支払った上で残した利益について、一部は内部留保し一部は地域に還元することが期待される。そのことによって、助け合いや分かち合いの文化を創っていくのである。

コミュニティビジネスは、一般的に採算性の低いビジネスと言われ、利益を出すためには、地域内の多くの理解者によって支えられなければならない。そういう意味では、仮に利益が出たら、「その理解者も含めた地域のみんなのために使う」ということは合理的なことである。そのことによって、さらなる利用者の増加が期待できるのである。コミュニティビジネスは、目に見えない大衆という顧客をターゲットにする営利企業のビジネスではない。顔の見える身近な人々をターゲットとするNPOのコミュニティビジネスは、助け合いや分かち合いの文化を大切にすることによって、採算を取り発展していくのである。

(3) ボランタリー組織とコミュニティビジネス実践組織の役割

ボランタリー組織とコミュニティビジネス実践組織の役割と関係性をどう位置づけたらいいのか。

津軽鉄道の場合、まちづくり活動を担うボランタリーな組織としての役割をTSCが中心に担っている。一方、大鰐では、そうした役割は元気隊が担っている。

津軽鉄道の場合、津軽鉄道の存続と地域活性化を目指し、コミュニティビジネスを実践するつながる絆パーティー駅前販売プロジェクトなどの取組をTSCが精神的にも人的にも支える形になっている。今後、他の担い手組織がコミュニティビジネスを立ち上げようとするとき、TSCの存在は極めて大きいと考えられる。

大鰐の場合、元気隊の立ち上げから1年余りで、鰐comeの指定管理業務に応募するかどうかの決断を迫られ、それに応募することを決めたことから、元気隊のコアメンバー有志がそのままビジネスを実践するもう1つの担い手組織を設立することになった。第5章でも述べたが、元気隊が十分な力をつける前に、プロジェクトおおわにが設立されたため、もっと幅広く住民を巻き込み、活動の裾野を広げる役割を持つ元気隊の活動がやや弱い状況になっている。しかし、これまで述べた経緯から、それはやむを得ないことであり、逆に、TSCがそういう場面に遭遇していたら、プロジェクトおおわにのような取組をするのは難しかったのではないかと思われる。

プロジェクトおおわにのコアメンバーは、すべて元気隊のコアメンバーであり、津軽鉄道の事例に比較して広がりがない半面、特に3役は「足の会」から一緒に活動してきた経験があり、より強い信頼関係で結ばれていたと言っていい。

以上のように、複数の担い手組織がボランタリー組織とコミュニティビジネス実践組織の役割を果たすことは重要である。そして、その地域の現状やそれまでの経緯を踏まえながら、環境に適応できるような戦略をとることが必要なのである。そのことは、担い手組織の主体性を尊重しつつ、中間支援組織が一緒になって方向性を定めていくことが大切だと考えられる。

コミュニティビジネス実践組織のマネジメントを考えると、地域の活性化というミッションは重要であるが、一方で冷徹な経済的収支を考えなければならない。つまり、公益性と事業性を両立させる極めて難しいマネジメントが求められる。一方、地域の活性化を掲げたボランタリーな組織は、まったく事業性を考慮しなくてもいいわけではないが、基本的に公益性を第一に考えながら、マネジメントすればいいことになる。そういう意味では、それぞれの組織のリーダーたちに求められる能力も違ってくるし、意思決定機関の構成メンバー

も自ずとその役割を考慮した構成が求められよう。

　津軽鉄道と大鰐の事例を含むわれわれの経験から、地域内での地道なまちづくり活動や地域住民の巻き込みを主な役割とするボランタリーな担い手組織があって、その組織を中心に、新たな信頼関係とネットワークを構築することが望ましい。そして、ボランタリーな担い手組織が支える形で、個々のコミュニティビジネスを実践する担い手組織が複数創出される。その複数の実践組織は、ボランタリーな組織とはもちろん実践組織相互間も信頼関係で結ばれ、それぞれが連携・協働して地域活性化に取り組んでいくのが理想なのだと考えられる。

6-1-3　地域の自立に向けた課題解決の方向性

　本節第1項及び第2項で考察したことを整理すると、地域の自立に向けた課題解決の方向性として、① 基本プロセスの着実な実行、② 担い手組織とコアメンバーの主体性強化、③ 中間支援組織とメンバーの主体性強化、④ 主体を取り巻く環境の強化、⑤ 新しい関係性の醸成やネットワークの構築、の5つの実践をすることが必要なのがわかった。

　そして、希望は「何かできるのではないか」という予感から始まり、小さな成功体験を積み上げながら、基本プロセスを繰り返すことによって、明確化されていくことがわかった。地域に必ずやる気のある人々がいるとすれば、こうしたプロセスを十分理解した上で中間支援組織が地域に寄り添えば、希望を創出・育成することが可能になる。希望は、外からもたらされるものなのではなく、自らの内にあるものを表出させるものなのである。それを中間支援組織は寄り添うことによって、引っ張り出そうとしているのである。

　また、新しい関係性の醸成やネットワークを構築する際には、ボランタリーな担い手組織が中心になり、その組織が支援する形でコミュニティビジネスを実践する組織が立ち上がるのが望ましいこともわかった。

　ボランタリーなまちづくり活動では、多くの人が温かく見守っていたのに、ビジネスを始めようとすると、「お金のためや自分のためにやっている」という誤解を受けることがある。また、「まちづくり活動はボランタリーな活動であるはずなのに、ビジネスや金儲けに結びつけるのは汚いこと」という価値観が残っているのかもしれない。地域の自立をめざしたまちづくり活動を開始する場合、

また、そうした活動を基盤としたコミュニティビジネスを立ち上げる場合、地域内での合意形成や利益の還元に関して十分考慮した取組が求められる。

こうした一連の地域の自立プロセスを通して求められるマネジメントの基本はみんなハッピーなマネジメントであり、そのことが組織と個人の同時的発展につながっていくのである。

最後に、中間支援組織は、担い手組織が成長するプロセスに合わせ、つかず離れずの距離感を持ちながら支援することによって、「意味ある将来の全体像を見通す力」を身につけることを目標としなければならないことを述べる。課題解決の方向性として、担い手組織とコアメンバーが、自分たちの力で、意味ある将来の全体像を見通す力をつけることが、極めて重要である。

津軽鉄道の場合、TSCが設立以来、毎月1回の役員会を休まず継続している。最初のうちは、NACのアドバイスを参考にしながら、さまざまな意思決定を行い実践してきたが、3年目くらいからは、ほとんど自分たちだけで意思決定し、実践するようになっている。また、TSCは直接ビジネスの実践を行うというよりは、ボランタリーな形でまちづくり活動を展開しているが、新たな担い手組織がコミュニティビジネスを始めようとするときは、それを支える役割を担っている。新しい担い手組織、たとえば、「つながる絆パーティー駅前販売プロジェクト」が津軽鉄道本社1階にコミュニティカフェを開店する際には、主体的に関係者間の合意形成を図るとともに、「地域交流広場」というコンセプトを提案している。TSCとNACが一緒になって、新たな担い手組織の支援をしているという形である。新しい関係性の醸成とネットワークの構築の中心的役割を担うボランタリーな担い手組織と中間支援組織の協働である。こうした状況から、TSCは意味ある将来の全体像を見通す力を少しずつ蓄積しつつあると思われる。

大鰐の場合、元気隊が主導してビジョン及びアクションプランを策定した後、鰐comeの指定管理者募集という機会に遭遇し、コミュニティビジネスを実践するための担い手組織として、プロジェクトおおわにを立ち上げることになった。そして、極めて短期間のうちにビジネスを開始した中で、管理者や従業員の意識改革や人材育成など課題は山積しているが、5人の理事を中心とした献身的な努力もあり、少しずつではあるが着実に意味ある将来の全体像を見

通す力を蓄積しつつある。具体的内容については、第5章で詳しく述べたとおりである。

　以上のように、津軽鉄道と大鰐の事例では、意味ある将来の全体像を見通す力を少しずつ身につけながら、本来の自立である「環境変動に適応して、自己創造ができること、自らが目的を立てて、そこに向かって努力できること」の実現に向けて着実に歩んでいると考えられる。中間支援組織は、目の前にある目標──たとえば、鰐comeの黒字化──にのみ集中するのではなく、担い手組織が自ら「意味ある将来の全体像を見通す力」を身につけることを目標にしなければならないのである。

6-2　地域の自立に向けたプロセス

　本節では、第1章で提示した地域の自立に向けた7つの段階から成るプロセスについて、本章のこれまでの考察も踏まえ、より具体化され、分節された前進的プロセスとして提示する。

　そして、すでに好循環に入ったと思われる津軽鉄道及び大鰐の2つの事例について最近の取組状況も含め今後の展開について述べる。

6-2-1　地域の自立に向けた前進的プロセス
(1)　中間支援組織による地域への寄り添い

　疲弊した地域であっても、やる気のある人は間違いなく存在する。自分が住んでいる地域が「人口減少→産業の低迷→地域活力の低下→閉塞感の広がり」という悪循環に陥っていることに気づき、そうした地域課題の解決に取り組もうとするやる気のある人が出現する。

　やる気のある人は、課題は理解できるが、具体的な解決策がわからないまま、散発的に取組を始めることになる。地域の疲弊や閉塞感は、経済的な要因に加え、地域内における人々や協働システム間の関係性の弱化が大きな原因になっている。地域全体の視野で課題をとらえられていないことが多いため、そうした散発的な取組だけでは広がりも生まれず、悪循環を好循環に転換するこ

とはなかなか難しい。
　やる気のある人々と中間支援組織との出会いがあって、中間支援組織が地域に寄り添うことを始める。

(2) 新たな担い手組織の立ち上げ

　やる気のある人々がグループ化し、自分のためではなく地域のために立ち上がる。通常、やる気はあっても「具体的にどうすればいいかわからない」ことが多いため、この立ち上げ時期から中間支援組織が一緒になって具体的な取組を始める。

　この立ち上げ期においては、「どうすればいいのかわからない」状態から「こうすれば何かが実現できそうだ」という感じられる場を設定することが重要である。そこから、希望が生まれ組織の目的が形成されていく。コアメンバー会議などの開催により、参加した人が十分納得した上で具体的行動を起こすことが重要である。

(3) 担い手組織と中間支援組織の融合組織化による希望の創出

　担い手組織に中間支援組織が寄り添い、そこに共感と信頼が生まれることにより、2つの組織のそれぞれの主体性が融合して、一体化した主体性が現れる。それが融合組織であり、そこから希望の灯が生まれるのである。

　生まれた希望は、最初は漠然としたものであるが、さまざまな取組の中で、繰り返し融合組織化が起こることによって明確化されていく。担い手組織の立ち上げ後、中間支援組織と一緒になって、小さな成功体験を積み重ねていく過程の中で、繰り返し融合組織化が起こることが望ましい。

(4) 目的の設定と実践

１）ワークショップの手法を活用したビジョン及びアクションプランの策定

　地域で新たな取組を進めていくためには、地域住民に主体的に参加してもらうことと、地域のさまざまな協働システムとの間に合意形成をつくっていくことが重要になる。「担い手組織」のメンバーが勝手にやっているということではなく、多くの地域住民に主体的に参加してもらうことが、その後の実践段階で生きてくる。また、やる気のある人々が何か新しいことをやることに対して、必ずしも地域の協働システムすべてが好意的とは限らない。取組に対して、最低でも邪魔をされない状況、できれば多くの協働システムに協力しても

らえるような体制づくりが重要となる。
　そのためには、ワークショップの手法を活用したビジョン及びアクションプランの策定が有効である。「担い手組織」は、行政のバックアップを受けながら、こうした取組を実施することが望ましい。また、合わせて地域内の主な協働システムを集めて、事前に取組の趣旨説明を行うこと、事後にビジョン及びアクションプランの内容を説明することが重要である。こうしたプロセスをつくることによって、地域住民の参加や地域内の協働システムの協力を得ることが可能になる。ワークショップや趣旨説明の機会を持つことは、意識的な共感の場の創造であり、地域住民や地域内の主体が取組に参加する機会であり合意形成する機会となり得る。この段階になると、地域内の協働システム、人々の中に、一定の変化が生まれ、一部の協働システム、人々が「担い手組織」に共感し、協力的な行動をしてくれるようになる。少しずつ関係性に変化が表れ、新たな信頼関係が生まれるのである。
　この段階でも、「担い手組織」だけで取り組むのは難しいので、中間支援組織が一緒になって取組を進めることになる。中間支援組織は、行政への協力依頼、住民の巻き込み、アクションプランの取りまとめなどについて、担い手組織のコアメンバーが主体的に取り組むように留意する必要がある。

2）アクションプランの実践

　地域住民が参加し、地域内の協働システムが協力する形で策定されたアクションプランを実践する。ボランタリーな活動もあれば、ビジネスとして継続性が求められる事業も出てくる。この段階で重要なことは、「担い手組織だけの利益になる」と思わせないことである。「担い手組織」の目的は地域を活性化させることであり、自分たちが儲けることが第一義ではないことは当然であるが、「あの人たちだけが儲かる、得をするのではないか」という誤解をされることが多い。
　疲弊している地域で、採算の取れる事業を実践するのは極めて難しいことではあるが、みんなに協力してもらうことによって「みんなが儲かる、みんなのためになる」仕組みを提案することが重要である。ここで言う「儲かる」は、利益がたくさん出るという意味ではなく、事業に関わる関係者が生活していくための採算が取れるという意味である。

アクションプランの実践段階になると、具体的な地域課題についての現状把握、その解決策などを議論できるようになり、その結果地域としての方向性を見出すことが可能になる。それまでは「担い手組織」に対して誤解を持っていた協働システム、人々の間にも一定の変化が生まれ、さらに関係性が向上していくことになる。

　この段階になると、「地域を活性化させる」という理念も重要だが、経済的な収支を合わせることが必要になる。この時、中間支援組織は「担い手組織」のリーダーが迅速で的確な経営判断ができるように留意しなければならない。リーダーが自信を持てない、時間がないという理由で、「担い手組織」のメンバーの代わりに、中間支援組織側が現場での必要な作業や判断をしてしまうことは、「担い手組織」の主体性を弱めることになるので、厳に慎む必要がある。

3）担い手組織によるコミュニティビジネスの成功とクラスター化

　担い手組織が中心に取り組んだ中で生まれたコミュニティビジネスが順調に進み、採算に乗る事業がぽつりぽつり出てくる。その場合、利益の一部を地域に還元することが望ましい。

　こうした事業から利益を出していくことはなかなか難しいことではあるが、可能な範囲で利益を地域に還元することによって、地域に信頼と幸せを創ることが可能になる。

　この段階まで進むと、地域内のさまざまな協働システム、人々と「担い手組織」の間に新しい関係性が醸成され、そのことをテコに地域内に新たな信頼関係が構築されつつあることを実感できるようになる。

　さらに、地域として適正な利益をあげられる事業をたくさん創っていくことが理想である。そういう意味では、「担い手組織」も1つではなく、たくさんできることが期待される。そうした状況が生まれれば、新しいコミュニティビジネスがクラスター化し、地域を活性化させる産業と雇用が創出される。

　そして、そうした取組自体が、地域内に信頼関係を創造し、そのことによって信頼に基づいたネットワークが形成されることになる。そして、地域内のさまざまな取組が相乗効果を発揮し、社会的価値を創出すると同時に、経済的価値の創出にも結び付いていく。

(5) 担い手組織の自立による中間支援組織の役割終了

アクションプランの実践から1年程度では、なかなか「担い手組織」が自立することは難しいので、その後も中間支援組織は、「担い手組織」に寄り添い一緒に現場をつくっていくことが必要になる。ただし、「担い手組織」もさまざまな経験を積んで主体性を強化していくことになるので、それに合わせて中間支援組織の関与を弱めていくことを意識する必要がある。

地域内で複数の「担い手組織」が安定した事業を構築しネットワークができれば、地域内の担い手組織だけで自立的な運営ができるようになる。このように、「地域の自立」の道筋を自らの力で歩みはじめたとき、中間支援組織の役割は終えることになる。

(6) 担い手組織の主体性が地域内の他協働システム及び人々へ伝搬

担い手組織とコアメンバーの主体性は、アクションプランの策定から実践を通じて、地域内の他協働システムや人々にも少しずつ伝搬していくであろう。それが、具体的に感じられるようになるのは、地域内のさまざまな主体がそういう活動や事業が地域にとって必要であり、自分たちも一緒にそれに取り組もうという意思を持った時である。

担い手組織を中心とした活動や事業の成功が、地域の他協働システムや人々にも希望を与え、主体的な行動を誘発していくのである。担い手組織は、そうした他協働システムや人々の具体的な動きを支援し、地域内のさまざまな主体のネットワークをさらに強化することによって、地域社会全体の活性化がさらに進むのである。

(7) 地域社会自身の主体性強化による地域の自立

さまざまな人間と協働システムが主体性を創造し続ける地域は、結果として「個人の主体性が強化される→協働システムの主体性が強化される→より一層個人の主体性が強化される→より一層協働システムの主体性が強化される」という好循環を起こすことができる。そうした好循環が、1つの協働システム及びその構成員だけではなく、さまざまな協働システムとその構成員に伝搬していけば、地域社会自身も主体性を創造し強化することが可能になる。

地域の主体性が立ち上がることによって、地域社会は地域のさまざまな協働システムとその構成員が自らの地域を創り上げていくという仕方で、地域自身の内部に協働システムと構成員を統合する。それは、地域の全体性が形成され

ることであり、それらの協働システムと人々が主体化し活性化できる「場」を創出することを意味する。そして、地域の全体性は「場」を通じて個々の主体を支えるのである。地域社会と個々の主体との間にこうした好循環が起こることによって、活き活きとした新しい全体性、新しい主体性が繰り返し生成されていくのである。

こうした好循環が実現すれば、地域の経済的側面、精神的側面、関係性の側面も強化されることで、地域の自立が可能になるのである。地域が自立するためには、最終的に地域社会自身が主体性を創造し続けていくことが必要なのである。そのことが実現した地域は、人間も協働システムも地域社会も活き活きと生きている地域になるのである。

以上7つの段階から成るプロセスを述べてきたが、どこの地域でも必ずこのプロセス通りということではない。たとえば、設立当初からは外部の支援を受けることなく一定の成果を収める団体もある。そうした場合、スタートが(1)からではなく(2)からというケースもあり得るであろう。また、(6)は必ず(5)の後のプロセスというわけでなく、地域の事情によって異なるであろう。ケースによっては、(4)から(7)の間を行きつ戻りつしながら地域の自立を目指していくのである。

6-2-2 好循環に入った地域の今後の展開

前項では、地域の自立に向けた7つの段階から成るプロセスについて述べた。本書の記述は一部を除き2009年度までの取組に関して紹介しているが、本項では、すでに好循環に入ったと思われる津軽鉄道及び大鰐の2つの事例について最近の取組状況も含め今後の展望について述べる。

(1) 津軽鉄道の事例

津軽鉄道サポーターズクラブという担い手組織が誕生した以降の津軽鉄道の経営数値を簡単に振り返ると、2009年度を除き毎年当期利益を計上し、さらには増資等の取組の影響も含め純資産額が大きく改善しているのがわかる。また、2006年度に定期外収入が13年ぶりに増加に転じた後も乗客数全体としては減少を続け2008年度は30万人まで落ち込んだが、2009年度には全体の乗

図表 6-2-2-① 津軽鉄道の経営数値

(単位：千円)　　(単位：千人)

	営業収益	当期利益	繰越利益剰余金	純資産	乗客数
2005 年度	121,940	16,342	△ 65,688	△ 11,726	372
2006 年度	118,152	6,437	△ 59,252	27,236	331
2007 年度	124,509	3,169	△ 56,083	44,654	316
2008 年度	120,259	14,526	△ 41,558	59,180	300
2009 年度	126,991	△ 2,206	△ 43,764	56,974	322
2010 年度	134,307	8,609	△ 35,154	65,582	314

出典：津軽鉄道株式会社。

客数でも32万人となり増加に転じた（図表6-2-2-①）。

このように、津軽鉄道自身の経営状況の改善が見られるようになったとともに、津軽鉄道沿線を取り巻く環境、つまり地域の経済的側面、精神的側面、関係性の側面での強化が見られるようになっている。実際に、地域全体が前項で述べた7つのプロセスで言うと、(4)(5)(6)と順調にプロセスを歩んでいると感じられる。以下に、2010年度以降の地域内の動きを中心に振り返りつつ今後の展開について述べる。

1）地域内におけるさまざまな団体の動きと成果

TSC自身は2010年度、サン・じゃらっと開店1周年記念「街中コンサート」（4月）、幻の観桜会（2008年から昭和30年代を偲んで毎年芦野公園で開催：5月）、ストーブ列車プレフェスタ「2010点火祭」（2009年から地域を元気にしようと頑張っている団体の活動紹介と交流会として開催：11月）等の各種イベント開催に取り組んだ。また、色々な団体に協力してもらいながら津軽鉄道応援PRソング「津軽鉄道各駅停車」CDの作成に取り組んだ。さらに、秋田内陸縦貫鉄道を守る会（2010年1月）、会津鉄道サポーターズクラブ（2010年3月）との交流も行っている。

TSC会長の飛嶋献は、最近の地域の状況について、「各団体が次から次と色々なことを仕掛けている。そして、自分たちと一緒にやっていた人たちが自分たちとは別々に新たな第一歩を踏み出している感じ[156]」と語っている。いくつかの団体の取組について述べる。

2012年4月、スーパーマーケットが撤退した津軽鉄道中里駅に隣接する空

き店舗は、多目的トイレや簡易調理場を備えたイベントホール「駅ナカにぎわい空間」としてリニューアルオープンした。こうした活動を主導したのが、第4章第4節第3項で紹介した中泊町の「限界集落の安心安全構想策定事業」(2009年度) をきっかけに2010年4月に設立された「起きて夢見る会」である。また、2011年に津軽中里駅で開催された「点火祭」では、起きて夢見る会がTSCに全面協力し大成功を収め、2012年以降も毎年津軽中里駅で開催されることとなった。こうした一連の動きについて、中泊町も地域づくりを進める中核となる団体として起きて夢見る会に大いに期待している[157]。

第4章第4節第4項でふれた「津軽のわ！実行委員会」では、現在でも津軽鉄道、JRの各駅、イベント列車等での朗読活動を展開しているが、ここでつながった人々が新たに団体を立ち上げ、活発な活動を展開している。具体的には、NHKから依頼があり実行委員会メンバーも協力し、2009年7月「叫べ100人の走れメロス[158]」(NHKのラジオ番組として放送：NHK青森放送局・五所川原市教育委員会主催) の舞台が開催された。この企画に参加し感動した実行委員会のメンバーを含む参加者が開催当日に「メロスの会」(会員数約16名) 設立を確認し、津軽地方の小中学校の派遣要請に応じてドラマリーディング「走れメロス」の群読を視聴してもらう活動を展開している。「津軽のわ！実行委員会」の活動はJRにも高く評価され、実行委員会とJRはもちろん、TSCや津軽鉄道とJRの信頼関係の構築や具体的な連携・協働に大いに貢献している。

津軽鉄道自身の取組として特筆されるのが、2009年度から県の雇用対策事業として始まった「奥津軽トレインアテンダント事業」である。採用された7名のアテンダントが客室乗務員として列車に乗務し地元利用客・観光客をおもてなしするほか、毎日交代で更新しているアテンダントのブログは大変好評である。2012年度からは「津軽半島観光アテンダント」に衣替えし取組が継続されている。

第4章第4節第1項でふれたNPO法人かなぎ元気倶楽部が2007年芦野公園駅で営業開始した喫茶「駅舎」は当初は赤字続きで顧問税理士に「閉めたほうがいい」と再三勧められていたが、スタッフの創意工夫や冬場のストーブ列車利用客の増加もあり、2011年度から黒字化に転ずることができたという[159]。

かなぎ元気倶楽部は、斜陽館、三味線会館の指定管理に加え、駅舎、文化伝承・体験学習施設「かなぎ元気村」の4つの施設[160]を運営しており、その雇用者数は30人にのぼる。斜陽館、三味線会館を旧金木町が直営していた時代の民間からの雇用者数は6人であり、24人の新規雇用を創出したことになる。

2）TSCの街歩き事業

TSCは、2011年度五所川原市内の街歩き事業を開始した。こういう事業が必要だとの認識はあったが、どこの団体も取り組まないこともあり始めた。具体的には5つのコースを企画し、それを「ごしょがわら街歩きマップ」としてまとめ、会員らが案内した。

街歩き事業で印象深いエピソードがある。五所川原中央コースの途中に竹屋という小さな老舗の菓子屋があり、飛嶋はその店に「今後街歩き事業を開始するので、お客様を連れてくることがある。来た時にはお客さまにお菓子の説明や名物の『どうまん[161]』の試食をお願いしたい」と頼みに行った。最初の訪問では、竹屋の奥さんが本当に協力してくれるか不安だったが、何回か訪問するうちに、自分たちの菓子の歴史を語り始め、店に昔のパネルを貼りだすようになっていった。飛嶋は、「竹屋さんの奥さんも、まちを元気にする活動ができるんだ、と思ってもらえたのではないか。こうした人を変えるような取組ができていることがとても嬉しい。そういう活動を大事にしていきたい[162]」と語っている。

地域における各団体の取組から、自らが意思決定し自律的な行動を積み重ねている様子がわかる。ある団体はボランタリーな活動に取り組み、ある団体は雇用の創出も含むビジネス的事業の創出に成功し、ある団体はそうした事業の創出を目指した活動を展開している。

飛嶋は、この間の活動を踏まえて次のように語っている。「点火祭にしても観桜会にしても『とくかくやろう。面白そう』という気持ちで取り組み始めた。結果を出さなくてはいけないという気負いを持っていなかった。実際に取り組んでみると、強力な協力者がどんどん出てきて、内容が充実し楽しかった。地域で関わる人が多くなると自分自身の生活が豊かになる。竹屋のおばちゃん、桑田おばあちゃん[163]、そういう人たちと関わりを持つことが自分た

ちの生活を豊かにし、その延長として津軽鉄道の存続がある。実際に活動の実践をすることによって、何のために TSC の運動をやっているのかがわかっていく。たとえば、街歩き事業は観光客のおもてなしが目的なのではなく、自分たちの生活を豊かにするのが本当の目的ということを理解できる。まちづくり活動に関わりをもちたいと思っているのにきっかけを持てないでいる人がまだまだいる[164]」。

飛嶋たちは、実践の中で仲間や協力者の反応を感じながら、こうした方向に進めばいいのではないか、ということが見えてきているのである。第1章第2節で述べた「一定の強さの主体性を持つもの（主体的存在）は、生成されつつ生成する。主体的存在が、諸要因を統合する時、新たな主体性が立ち上がる。その主体性の創造によって、自律的な行動が生成され、自立の方向を産み出していく」ということなのである。そして、人間も協働システムも、そして地域社会もまた主体的存在である。

こうした活動の積み重ねが、人間の主体性を強化し、協働システムの主体性を強化していく。そして、自分自身の「われ」という意識を超えて、「われわれ」という意識を創り出す。こうした共通意識が共有されることによって、地域の全体性としての「場」が形成され、地域主体性が立ち上がっていくのである。現在の津軽鉄道沿線のように、地域社会とさまざまな主体との間に好循環を起こすことができれば、活き活きとした新しい全体性、新しい主体性が繰り返し生成されていくであろう。

(2) 大鰐の事例

2007年8月に OH!!鰐元気隊が、そして 2009年2月にプロジェクトおおわに事業協同組合が設立され、2つの担い手組織が誕生した後の大鰐でも、いくつかの印象に残る取組が進んでいる。まず、2009年度から3年契約で鰐come の指定管理を受託したプロジェクトおおわには、2012年度から指定管理業務を5年契約で更新することができた。また、鰐come 指定管理業務の取組の他、地域公共交通再構築や大鰐温泉もやしブランド化の取組が進んでいる。

これらの取組から、大鰐においても、7つのプロセスで言うと、着実に (4)(5)(6) のプロセスを歩んでいることが感じられる。以下にそれぞれの取組について述べる。

1）担い手組織のプロジェクトおおわにと OH!!元気隊の取組

鰐 come の指定管理業務を受託したプロジェクトおおわにの経営状況は、図表 6-2-2-② の通りである。1 年目、2 年目と順調に黒字を続けたが、3 年目は井戸水が枯れたり重油の値上がりの影響で水道光熱費が増加したことと消費税の支払い初年度であったことが赤字の大きな原因であり[165]、さらなる経営努力で黒字化は十分可能だと思われる。町直営から指定管理業務に移行した時の雇用者数が 40 名で現在 48 名に増えているところから、ここでも雇用の維持、新規雇用の創出に貢献していることがわかる。プロジェクトおおわには、鰐come を拠点とした地域活性化事業が評価され、平成 23 年度あおもりコミュニティビジネス表彰で青森県知事賞（最優秀賞）を受賞している。

また、地域の他団体との連携・協働の一例として第 5 章第 4 節第 1 項で紹介した弘南鉄道との提携商品「さっパス」の動きを取り上げる。2009 年 8 月にスタートした「さっパス」は 4 年目に入った現在も順調に利用者を増やしている（図表 6-2-2-②）。利用者は弘前市の弘南鉄道沿線の住民が多いという。新しい生活スタイルの提案が一定の成果を上げていると言える。当初は月 150 人程度の利用が現在は月 250 人程度まで上がってきている。1 枚 1,000 円[166]で販売しており現在は年間 300 万円程度の収入だが、今後の両者の連携強化と創意工夫でさらに増やしていくことが期待できる。

副理事長の相馬康穣は「一般町民からの信頼が少しずつ高まっている[167]」と語っている。たとえば、2012 年 12 月に鰐 come で開催したイベント「海の幸山の幸祭り」には冬場としてはこれまでにないほどたくさんのお客様が来店した。その時にこれまであまり協力的でなかった財産区の役員が「やっぱりお

図表 6-2-2-②　プロジェクトおおわにの経営数値

（単位：千円）

	収益	当期利益
2009 年度	118,724	2,457
2010 年度	166,135	1,046
2011 年度	175,171	△ 2,487

2009 年は 6～3 月

（単位：人）

	さっパス利用者
2009 年度	1,163
2010 年度	2,402
2011 年度	2,910

2009 年度は 8～3 月

出典：プロジェクトおおわに事業協同組合.

めだち（おまえたち）でねばまいね（なければだめだ）。これからも頑張れ」と励ましてくれたという[168]。3役を中心とした理事たちは、指定管理業務開始当初、地元金融機関の支店長に「ほとんどの町民がプロジェクトおおわにの指定管理業務は失敗すると考えてる」と言われたことや「彼らは自分たちの商売のためにやっているのだ」という噂を流されるなど町内に否定的な意見が随分あったという[169]。しかし、財産区の役員の発言を始め、実践の中で多くの町民と信頼関係が構築されつつあることに手ごたえを感じているのである。

一方、OH!!鰐元気隊は、第5章第4節第1項で紹介した元気隊キッズの人材育成事業「元気隊キッズ in 東京」として2009年度から2012年度まで4年連続取り組んでいる。元気隊メンバーも同行し、青森県アンテナショップでの大鰐町特産品販売活動や夜には東京のバイヤーなどを集め大鰐町の農産品等を食材として使用した大鰐フェアで子どもたちがバイヤーたちと名刺交換をする経験を積ませている。この他、JR東日本秋田支社と連携した街歩き事業の実施や元気隊キッズや町社会福祉協議会と連携した清掃活動、除雪活動等に地道に取り組んでいる。

2）地域公共交通再構築の取組

大鰐町では、2004年度には6路線あった路線バスが2008年度までには3路線が廃止になり3路線のみの運行になっていた。残った3路線は、町内の中心市街地と周辺集落を結ぶ路線であった。乗客数の減少に合わせて採算悪化が続いていたが、町としては「バス会社への補助金を増やせない」という基本方針を決めていたため、減便や廃止が続き、公共交通存続の危機を迎えつつあった。

そこで、2008年度元気再生事業の一環として調査事業「大鰐町における地域公共交通再構築に向けて」に取り組んだ。大鰐町では、路線バスの廃止・減便をめぐって協議会が持たれたことはあったが、鉄道やタクシーを含めた交通事業者が一堂に会し、公共交通のあり方を考える機会を持ったのは初めてであった。この事業では「おおわに公共交通地域協議会」が開催され、立場の違いはあるものの、問題の多くが事業者間、あるいは事業者と行政、地域住民との連携不足から生じているという認識を共有することができた[170]。その後、正式に法定協議会が組織され、2009年度には国交省の補助を受けて「大鰐町

地域公共交通総合連携計画」が策定され、2010年10月から3路線のうちの1路線が地元のタクシー会社である大鰐交通に委託する形でデマンド型タクシーの運行に移行された。その結果、便数が増便されるとともに料金も定額の200円となり、多くの住民の利便性が向上した。その後、残りの2路線も順次デマンド型タクシーの運行に移行し、今のところ利用者も順調に増加している。

こうした動きと並行して、公共交通に取り組む住民組織「みんなで創る住みよいまちづくりの会」が設立され、青森県の補助事業（新しい公共の場づくりのためのモデル事業）を活用し2011～2012年度「大鰐町みんなで創るエコタウン事業」に取り組んでいる。この事業は、スクールバス、病院バス、福祉バス等の運行も一元管理し、路線での運行に加えさらに効率化と利便性の向上を目指すものである。こうした提案を住民主導で実践していることも大鰐町における住民と協働システムの主体性強化の一例として評価できるものである。

3）大鰐温泉もやしブランド化推進事業

大鰐温泉もやしは350年の歴史があり、大鰐町で最も知名度が高い農産物である。しかし、これまで大鰐温泉もやしのブランド化やそのための合意形成にはほとんど取り組まれることがなく、第5章第2節第2項で紹介した2008年度の元気再生事業が取組のきっかけとなった。大鰐温泉もやしは一子相伝で伝承されてきた、ある意味地域の伝統文化である。しかし、その販売の仕組みや生産者販売価格等に大きな問題があることや、家族形態の変化[171]によって後継者を育成するための新しい価値観やシステムが求められていた。

2008年度、一番若い生産者の協力もあり、首都圏への定期的な出荷も始まった。それ以降、毎年、プロジェクトおおわにが中心となって首都圏への出荷、販売先の開拓に取り組んだ。マスコミの宣伝等で知名度はさらにあがったが、なかなか生産者全体の協力が得られず、徐々に出荷数が増えたと言っても首都圏向けの出荷は2011年度で年間5,700把（1把300g）程度である。要は生産量が圧倒的に少ないのである。

一方、2010～2011年度、町がプロジェクトおおわにに雇用対策事業を委託する形で、もやし生産組合の組合長が指導し2人の若手生産者に後継者としての技術指導する事業が実施された。これでもやし生産者が6事業者から7事業者（うち若手生産者が2事業者）となり、町全体の生産量の減少傾向が増加傾

向に転ずる可能性が大きくなった。また、もやし生産組合や町等との合意形成の上で、プロジェクトおおわにが 2011 年 6 月大鰐温泉もやしの地域団体商標登録の出願をし、2012 年 6 月登録が認められた。プロジェクトおおわにとしては、今後、地域のもやし生産者に寄り添い、若手生産者が専業でも暮らしが成り立つ価格で買い取りし、後継者を増やしていく条件を整えていこうと考えている。

　大鰐温泉もやしを本当の価値ある農産物として評価し、それに見合った加工・販売の仕組みを 6 次産業化構築事業として地域全体で創っていくことが重要な目標となる。その中核を担うのが担い手組織としてのプロジェクトおおわにである。こうした仕組みは、生産・加工・販売における一連の流れを近代合理的な仕組みにしていくことが経済的側面では重要になるが、一方では、これまで大鰐温泉 350 年の歴史を守ってきたベテラン生産者たちの功績に敬意を表し、その伝統的価値を大切にした進め方が不可欠であることを忘れてはならない。

　2012 年度、ふるさと財団（地域総合整備財団）の助成を受けて実施している「大鰐温泉もやしブランド化推進事業」では、もやし生産者との合意形成が大きく進んでおり、町、プロジェクトおおわにの 3 者での戦略的で具体的な実践が求められている。

　津軽鉄道のように、新たな団体が生まれ、それぞれの団体が仕掛けゆるやかなネットワークでそれを包み込むというような形ではないが、大鰐でも特に地域外とのネットワークも構築され、担い手組織を中心に着実に主体性が創造され、自らの方向を産み出して行っていることが実感できる。相馬康穫は「大鰐温泉もやしは、地域が維持・発展していくための原動力[172]」と語っている。津軽鉄道沿線の象徴的地域資源が津軽鉄道であったように、大鰐の象徴的な地域資源は大鰐温泉もやしなのである。

　大鰐では、大鰐温泉もやしブランド化事業がきっかけとなって、さらに「われわれ意識」が高まり、地域社会と各主体の好循環が促進されることが予感される。

6-3 地域の自立に向けたコミュニティビジネスの創出と地域経営人材

　本節では、これまで本章で述べてきた課題解決の方向性、地域の自立に向けたプロセスを踏まえながら、産業振興も含めた地域活性化の取組を進めるためのコミュニティビジネス創出過程に焦点をあて、そのプロセスをより詳細に述べる。そして、コミュニティビジネス創出を担う地域経営人材の役割と必要とされる能力について述べる。

6-3-1　コミュニティビジネスの創出過程と地域経営人材の役割

　やる気のある人々が、地域の自立を目指してまちづくり活動を取り組む際に、経済的にも持続可能な事業にしていくためには、コミュニティビジネスにまで高めていく必要がある。そこで、本項では産業振興も含めた地域活性化の取組を進めるためのコミュニティビジネスの創出過程に焦点をあて、前節でのプロセスをより詳細に述べる。なお、本項で詳細に述べる過程は、前節第1項「(4) 目的の設定と実践」のプロセスにあたる。

　地域の自立に向けて、地域活性化の取組を進める時に、コミュニティビジネスを創出していくことは極めて重要な方法である。コミュニティビジネスを立ち上げるためには、地域のやる気のある人々を組織化し、そこが中心となってネットワークをつくり、地域課題の解決を目指したまちづくり活動を基盤としたビジネスを成功させることが必要になる。

　社会的に意義のある事業で地域を活性化させていこうと考えた場合、地域全体のことを視野に入れ、できるだけ多くの関係者が合意した上で実践していくことが重要である。そうした合意と実践を積み重ねていくことによって、新たな関係性が醸成され、信頼の蓄積とネットワークの形成が可能になるのである。

　疲弊した地域で、産業振興も含めた地域活性化の取組を進めるためのプロセスとして、次の3つの段階が必要になる。

第1段階：地域全体が目標を持って協働・連携できる基盤づくり
第2段階：信頼を基盤とした新たな起業
第3段階：さまざまな主体が協働・連携する事業の実践

　それぞれの段階は基本的にこの順番で進展するが、場合によっては順番が逆になったり、同時並行で進むことになる。

＜第1段階：地域全体が目標を持って協働・連携できる基盤づくり＞

　地域全体の目標となりうる「地域活性化のため」の取組、つまり、まちづくりをベースとした活動を進めることによって、地域のさまざまな関係者が一緒になって協働・連携できる体制を作るのが有効であると考えられる。こうした活動を進める中で、地域の主体が一体的な取組を行うことで、地域が元気になり、産業・雇用にも結びついていく可能性があるのではないか、という期待感を創出することができる。

　この段階で重要なことは、地域内のすべての関係組織から等しく何かの取組に協力してもらうということではなく、担い手組織が中心になって取組を進めつつ、地域内の関係団体には公式的に自分たちの考えや取組について伝えることである。たとえば、担い手組織が中心となって、住民も巻き込みながら地域ビジョン（目標とアクションプラン）を策定する。そして、さまざまな関係者に説明し協力を求めることで、実践に踏み込むための合意形成を創るのである。これらに対応する方法として、ワークショップやパートナーシップテーブルの開催が有効となる。

　こうした合意形成をしていくためのプロセスを構想し、コーディネートできる第3者がいれば、自力ではまちづくり活動ができない地域でも、そのことが可能になる。このような全体プロセスを構想し、その実践過程を促進できる人材を「地域プロデューサー」と呼ぶ。そして、地域プロデューサーが構想する全体プロセスを最もよく理解し、担い手組織のメンバーと一緒に現場を作っていくサポートができる人材を「プロセスマネジャー」と呼ぶ。

　地域の現場では、理屈ではない個人の感情が渦巻いている。そうしたことも斟酌した上で、関係者が同じ目標に向かえる、地域内の合意が形成できる第3者が必要なのである。第3者である地域プロデューサーがきっかけを創り、新しい関係性の醸成が始まり新たな信頼関係が生まれていくのである。

＜第2段階：信頼を基盤とした新たな起業＞

　担い手組織が中心となって、地域住民を巻き込んだ地域ビジョンが策定され、実践に踏み込むための合意形成ができれば、第1段階での取組が成功したと言えよう。それと並行して、具体的なまちづくり活動が始まるが、第2段階では、地域の資源を活かして町を活性化する取組の活動が出てくる。この際、ボランティアでの取組もあるだろうが、継続的に事業としてやろうという取組も出てくる。こうした取組を新たな起業や新しい事業に結び付けていくことが重要である。

　ボランティアの取組は、地域全体の機運を盛り上げる効果はあるが、産業・雇用という観点からは、あまり効果は見込めない。やはり、ビジネスとして継続性のある取組をいかに創出していくのかが大きな課題である。

　新たな信頼関係に基づいた起業や新しい事業の展開は、地域のさまざまな関係者に刺激を与え、実践の中から新たな方向性を産み出していく。そして、そうした実践は、他の事業者が「希望」を持って事業に取り組むための基盤を創ることにつながっていく。

　第2段階では、第1段階で生まれた新たな信頼関係をベースに、「担い手組織」を中心に、具体的な事業を立ち上げていくことになる。ここでも、計画を作る段階での合意形成が必要になる。誰がどんな仕事や役割を担い、誰がお金・リスクを負担するかという合意形成が必要になる。この段階では、実際に起業し、合わせて関係者のコーディネートをする人材が必要である。事業全体を組み立て、運営し、なおかつ関係者の利害調整ができる人材である。こうした人材を「事業プロデューサー」と呼ぶことにする。

　また、新しい事業を立ち上げる際に、財務管理、労務管理、戦略構築、マーケティング、IT活用などの専門的な経営支援が必要になる。こうした専門的な経営支援を行う人材を「事業アドバイザー」と呼ぶことにする。

　中間支援組織に属する地域プロデューサーとプロセスマネジャーは、事業プロデューサーに寄り添い、一緒に事業の計画及び実践を進めることになる。そして、専門的な経営支援が必要な時は、中間支援組織がコーディネートして、的確な時期と人材を選んで専門家である事業アドバイザーを投入することになる。

事業アドバイザーが、一般のコンサルタントと異なるのは、あくまで、地域プロデューサー、プロセスマネジャーとの協働のもとに事業プロデューサーや地域の支援に関わるという点である。事業アドバイザーに主導権があるわけではなく、専門的な経営支援という部分的なサポートが役割なのである。

こういった支援を通して起業し、事業を進めていくことになる。

＜第3段階：さまざまな主体が協働・連携する事業の実践＞

疲弊し活力を失った地域で、新しい事業を成功させることは極めて難しいことである。しかし、新たな信頼関係が構築され、中間支援組織の手厚い支援があれば、主体性を強化した担い手組織が、新しい事業を成功させることは十分可能である。

担い手組織は、自分たちが取り組んでいる事業だけではなく、地域全体に相乗効果を生む事業展開を考える必要がある。つまり「みんなが儲かる仕組み」である。そもそも担い手組織は、自分のためだけではなく、自分も含むみんなのために地域活性化に取り組んでいる組織であり、そういう方向で事業展開するのは当然のことである。第5章で述べた「鰐come プライベートブランド」の事例は、正しくそういう方向での事業展開を狙っている。

地域の小規模な民間事業者は、分野に関わらず「後継者がいない」ことが共通の課題になっている。その大きな原因は、後を継ぐほど事業で収入が得られないからである。右肩上がりで成長していた高度成長の時代はとっくに終わって、これからは人口減少と高齢化が加速度的に進む時代である。そんな中で、民間事業者はどうやって維持・継続していけばいいのか。地域住民のほとんどが、「地元の商店街は、サービスも品ぞろえも悪い」と批判し、郊外のスーパーマーケットで買い物に行くようになると、地元の商店は当然成り立たなくなる。車のない高齢者は、スーパーマーケットにも行けず不便を強いられることになる。さらに、郊外のスーパーマーケットが採算の悪化を理由に撤退したならば、住民全体の利便性も大きく損なわれることになるのである。

つまり、目の前の生活や商売だけにとらわれるのではなく、住民も民間事業者も、自分たちの地域を将来どんな地域にしていくのかを考えなければならない時代になったのである。こうした前提で考えた時、「鰐come プライベートブランド」の事例のように、担い手組織が、地域の民間事業者に呼びかけ、地

域内で協働・連携した商品開発や商品販売に取り組んでいくことによって、「みんなが儲かる仕組み」「みんなが安心して暮らせる仕組み」を実践していくことが、地域を持続していくことにつながるのである。

　最終的には、地域に雇用を創っていかなければ、地域を持続することは極めて困難になる。最初は、担い手組織の事業プロデューサーが中心になって、地域のさまざまな主体とのネットワークを広げていき、協働・連携することで、さらに複数の新規事業を立ち上げ、軌道に乗せていくのである。そうしたプロセスの中で、地域内に「これならやれる」という自信と将来への「希望」を創っていくのである。そのことによって、継続的に雇用を創出し、地域のみんなの生活を守っていくのである。

　地域プロデューサー、プロセスマネジャー、事業アドバイザーは、この段階でも、担い手組織の要請に応じて、支援を継続していくのである。

　信頼関係の醸成されていない地域で、いきなり地域内の関係者が協働・連携して色々な事業を起こそうとしても、「何かやれそう」という希望はなかなか生まれてこない。地域ビジョンを民間が主体となって策定し、そこを起点に「合意形成⇒実践⇒合意形成⇒実践」というプロセスを繰り返し行うのである。実践の結果、成果が上がり次の希望が生まれる、という取組を繰り返していくことが重要なのである。こうした循環がうまくいけば、地域内の人々が地域内事業者の財・サービスを積極的に購入するようになるという好循環を創り出すことが可能になり、地域外の応援団ともネットワークを構築することが可能になる。

　これまで、産業振興も含めた地域活性化の取組を進めるためのプロセスと地域経営人材の役割について述べてきた。次に、地域経営人材に必要な能力について述べる。

6-3-2　地域経営人材に必要な経営能力

　本項では、前項で述べたそれぞれの地域経営人材に必要な経営能力について述べる。

　コミュニティビジネスは、「こうすれば儲かる」といった収益性からの発想

ではなく、「こうなったらいいな」といった地域のためにという発想から始まる。そういう意味で、組織が掲げるミッションを達成するとともに、組織の存続を維持するために必要な経済的収支を確保するための経営能力が求められる。こうしたミッションに基づいた事業の構築とそれを持続するための経済的収支を確保するための経営能力がなければ実際に事業運営を持続的に展開することは困難である。

　単に企業的な経営能力があるからといって必ずしもコミュニティビジネスを成功させることができるわけではない。地域にはさまざまな人々が暮らし、さまざまな組織が営まれている。疲弊した地域では、地域全体の視野で中長期的にどうしたらいいかということを考える機会が少なく、さまざまな人々と組織が短期的利益を求めて行動することが多い。そのため、コミュニティビジネスに取り組もうとする新たな組織や活動に対して抵抗感を持つことも多い。地域の現場では、理屈では説明のできない多様な感情が存在する。コミュニティビジネスを成功させるためには、そうした状況を粘り強く変革し、お互いが信頼関係を持って地域活性化のために協働・連携していくことが必要になる。それを実践するためには、コミュニケーション能力、合意形成・利害調整能力などの人と人との関係を構築する能力や、困難な状況も肯定的に捉えるポジティブシンキングなどの基礎的能力が必要となる。これから述べる地域経営人材それぞれに必要な経営能力に加えて、こうした基礎的能力を持っていることが、コミュニティビジネスを成功させる必要不可欠な条件である。

(1) 地域プロデューサーに必要な経営能力

　地域プロデューサーは、地域の自立に向けた全体プロセスを構想しその実践過程を促進できる人材である。個別の事業運営を行うわけではなく、地域全体を視野に入れ、地域課題を明確化し、その課題解決へ向けたプロセスを構想する。そして、そのプロセスに関して担い手組織を中心とした関係者が理解し実践するプロセスを促進するのである。

　地域内部の人々や組織だけで、こうした全体プロセスを構想し実践することは難しい。そこで、地域外部の地域プロデューサーが寄り添い、地域内部の人々とコミュニケーションをとりながら、客観的に地域の現状や課題を分析し、わかりやすい形でそれを伝え、さらには、課題解決の方向性を提示する。

そのことによって、地域を自立させたいと思いながらも何をしていいのかがわからなかったやる気のある人々が担い手組織として組織化され活動が開始される。そして、パートナーシップテーブルなどの機会も活用し、地域での合意形成を促進することによって、新たな信頼関係の構築が図られていくことになる。

　地域プロデューサーに必要な経営能力とはどんな能力か。

　第1に、「地域資源の発掘・動員能力」である。地域には、食、人、景色、自然、歴史、伝統、文化、生活などの地域資源がある。しかし、地域内部の人々は、こうした地域資源に気がつかないし、評価していないし、活用していないことが多い。地域内部の人が当たり前と思っている地域資源が価値を持つということを地域内部の人々に気づかせ活用していく能力が必要となる。

　第2に、「地域課題分析能力」である。地域が抱える課題を適切に把握・分析し、その課題解決へ向けたプロセスを提示できる能力が必要となる。

　第3に、「人材育成能力」である。地域プロデューサーがその地域を支援し続けることは難しいので、地域の自立に向けて自律的に事業を担える地域内部の人材を育成する能力が必要となる。

　第4に、「場づくりを行う能力[173]」である。地域社会において課題解決を促す場を作る能力が必要となる。たとえば、パートナーシップテーブルを設定することにより、地域課題の共有や課題解決の方向性について合意形成を促す能力である。また、専門的な支援ができる人材や支援に関する情報源を把握していて必要に応じて的確なコーディネートを行う能力も含む。

　第5に、「社会システムづくりを行う能力[174]」である。地域の各主体が連携・協働して、地域全体でその事業を維持継続していくことを合意形成したときに、それを社会システム化していくプロセスを構築する能力である。1つの成功事例を地域全体に普及させたり、構造的な問題を根本的に解決するために、他セクターとの協働・連携も行い、事業を公共サービスとして社会システム化していく能力である。

　こういった能力を持つ地域プロデューサーは、自らがコミュニティビジネスを実践したり、さまざまな地域で支援に取り組んだ経験豊富な人材が想定され、今のところそれほど多くの地域プロデューサーが存在するとは言えない状

況がある。

(2) プロセスマネジャーに必要な経営能力

プロセスマネジャーは、地域プロデューサーが構想する全体プロセスを最もよく理解し、担い手組織のメンバーと一緒に現場を作っていくサポートができる人材である。地域プロデューサーが1人で必要な作業すべてこなすのでは、いろいろな地域に入るのが時間的に難しい。そこで、地域プロデューサーの補佐役として現地に入るのがプロセスマネジャーである。

プロセスマネジャーは、地域プロデューサーに求められる5つの経営能力を身につけるのが理想である。ただ、プロセスマネジャーは、自らがコミュニティビジネスを実践したり、豊富な支援経験があるわけではないので、地域プロデューサーの指導を受けながら、能力に応じて地域での具体的な支援を実践し経験を積むことになる。

また、5つの経営能力以外で重要となるのは、「情報収集能力」である。地域プロデューサーが自身で収集しきれない地域に関する情報を収集することによって、全体プロセスをより的確にするための能力である。

(3) 事業プロデューサーに必要な経営能力

事業プロデューサーは、自らの事業の立ち上げと経営ができるとともに、地域内での連携を幅広い視点から支援することができる人材である。自らの事業を経営するだけでなく、信頼関係を基盤としながら他の組織と協働・連携した地域課題解決のための事業をリードする。地域におけるリーダー的な存在としてさまざまな組織をネットワークし、地域内の他組織へのアドバイスも行う。

事業プロデューサーに必要な経営能力とはどんな能力か。

第1に、「経営分析能力」である。自らの事業を成功させるために、外部環境である市場環境や内部環境である組織状況を的確に把握し、その課題と解決方法を適切に選択できる能力が求められる。

第2に、「コンサルティング能力」である。地域内にはすぐれた技能や資源を持ちながら、マネジメント面で十分な力を持っていないため、事業として自立させることができない組織もある。そういった地域内の組織に対して、自らの持つ経営能力を活用した的確なアドバイスができる能力が求められる。

第3に、「ネットワーキング能力」である。地域内外のさまざまな組織や人

をつなぎ、新しい関係性を構築するネットワークは極めて重要である。新しい関係性の中で、想いやビジョンを共有されることで、新たな展開が広がっていく。そのネットワークの結節点となることが事業プロデューサーに求められる。

事業プロデューサーは、「事業運営能力」があることは前提とし、それに加えて、上記のような能力が必要となる。

(4) 事業アドバイザーに必要な経営能力

新しい事業を立ち上げる際には、財務管理、労務管理、戦略構築、マーケティング、IT活用などの専門的な経営支援が必要になる。こうした専門的な経営支援を担う能力を持つ人材が事業アドバイザーである。

実際の支援現場ではさまざまな経営能力が必要になる場面がある。地域プロデューサーがコーディネートして、的確な時期と人材を選んで事業アドバイザーを投入することになる。そのとき、ただ単に経営支援の専門家を派遣するということではなく、中間支援組織の地域プロデューサーやプロセスマネジャーが同行し、一緒にコンサルティングをすることが重要である。事業アドバイザーは、地域プロデューサー、プロセスマネジャーとの協働のもとに事業プロデューサーや地域の支援に関わることが求められる。

結論

　自分たちの手で未来に希望を持ちたいと思っている人は、どこの地域にもいる。どうしたら、そうしたやる気のある人々が、地域の自立に向けた活動を具体的に取り組んでいけるのか、がわれわれの問題意識であった。
　地域が自立できる要件とは、「経済的自立と精神的自立を獲得すること」と「人間と協働システムが主体性を創造し続けていくこと」である。この2つの要件を達成することによって、地域の自立を達成し、持続可能な地域社会を創造することができる。
　地域の自立を目指す方法には、2つの方法が考えられる。1つは、カリスマ的リーダーが中心となる方法であり、もう1つは、"普通のやる気のある人々"が中心となる方法である。カリスマ的リーダーを育成することは極めて困難なため、多くの地域が地域の自立に取り組んでいくためには、後者の"普通のやる気のある人々"が中心となる方法で、地域の自立を目指していく必要がある。そして、何よりも突出したリーダーが地域の自立をリードするというよりも、多様な人々がそれぞれに主体性を創造し続ける方が、より持続可能な地域を創ることにつながるであろう。
　地域の自立プロセス理論とは、"普通のやる気のある人々"と協働システムが主体性を創造し続けながら、地域を活性化させていくことにより、自立を目指す理論である。そして、結果として地域社会自身も主体性を持つことができ、人間、協働システム、地域社会の3者がともに自立するという理論である。地域の自立は、人間と協働システム、そして地域社会が主体性を創造し続けていくことで達成できるのである。
　協働システムは、人間を客体として統合し、自らの主体性を創造しようとする。一方、人間も、協働システムを客体として統合し、自らの主体性を創造していくのである。人間と協働システムの「主体的過程」と「客体的過程」の循

環がうまく機能するかどうかで、主体性の創造ができるかどうかが決まる。循環がうまく機能しない場合、人間はいったん主体性を強化したとしても、さらに主体性を創造できないため悪循環に陥る。循環がうまく機能する場合、「人間の主体性が強化される→協働システムの主体性が強化される→より一層人間の主体性が強化される→より一層協働システムの主体性が強化される」という好循環が起きる。

　好循環と悪循環を分けるのは「希望」である。「希望」を創出しそれを持続することによって、好循環が生まれ主体性の創造・強化が可能になる。

　希望とは、自らの進む道の可能性に対する促しの自覚である。それは、他者が何かをしてくれるということではなく、自らが主体性を発揮することによって、何かが実現するのではないかという予感から始まり、場の力によって自らの進む道の可能性を自覚することにより意思となる。自らが行動するという意思がなければ、希望は生まれないのである。

　地域の自立を目的にし、主体性を持ってまちづくり活動に取り組んでいく「担い手組織」に立ち上げ段階から「中間支援組織」が寄り添うことによって、自立の全体プロセスが構想される。

　担い手組織に中間支援組織が寄り添い、そこに共感と信頼が生まれることによって、担い手組織と中間支援組織のそれぞれの主体性が融合して、一体化した主体性が現れる。それが「融合組織」である。

　中間支援組織のリーダーには、地域の閉塞状況を打ち破り、地域を自立させたいという「信念」がある。だから、地域に寄り添おうとする。そして、担い手組織のリーダーが持っている、「お金のためではなく」「自分だけのためではなく」「みんなのために」地域を活性化させたいという「信念」や「思い」と出会い、そこにお互いの共感と信頼が生まれる。その共感と信頼があるからこそ、主体性が一体化するのである。

　融合組織は、その瞬間瞬間に現れる主体的な存在であり、常時存在するのではなく、現れては消え、消えては現れる。

　希望は、中間支援組織が担い手組織に押し付けるものではない。共感と信頼が生まれた瞬間に融合組織が現れ、そこで「希望の灯」が生まれる。共感と信頼は、指導する立場指導される立場ではなく、お互いが同じ目線に立って対話

することによって生まれる。希望は、最初は希望の暗示であり、それを一緒になって形成していくのである。

融合組織では、担い手組織のメンバーだけでは生まれにくい「希望」が灯を点す。実現の可能性が高くなると思えること、意思を持とうとする際に背中を押してもらえることが原因である。

いったん創出された希望が、必ずしも人間が主体性を創造し続けるのに有効であるとはいえない。全体状況の変化によっては、新たな希望が必要になる。リーダーは、新たな「希望の灯」を明確化しなければいけない。

プロジェクトおおわに事業協同組合の理事長、副理事長、専務理事の3役は、鰐comeの指定管理業務を受託するに当たり、「命懸けで頑張る」と語っている。だからこそ、中間支援組織との間に強固な共感と信頼が生まれ、多少の行き違いがあっても、ぶれることなく真っ直ぐに目標に向かうことができる。

ただ、担い手組織のリーダーと中間支援組織のリーダーの間に共感と信頼が生まれただけで、すべてがうまくいくわけではない。担い手組織のメンバーや地域のさまざまな主体が、担い手組織のリーダーの苦痛に共感し、主体性を持って協働に参加してもらうことが必要なのである。

そのことを実現するためには、担い手組織のリーダーだけでは難しいので、中間支援組織がそのサポートをすることになる。中間支援組織は、「答え」を教えるサポートではなく、リーダーが「意味有る将来の全体像を見通す力」を身につけるためのサポートをするのが目標となる。

津軽鉄道サポーターズクラブの飛嶋会長は、自分たちの経験から中泊町の地域づくり&産業づくり勉強会で「みなさん自身が本当にやりたいと思えば、みなさん自身が行動することによって実現できますよ」と語っている。飛嶋の発言は、何の気負いもない全くの自然体での発言である。この発言に、"普通のやる気のある人々"が希望を創出し、主体性を持って取り組むことによって、自分たちの方向性を産み出していることを実感できる。

第6章第2節で述べたように、最近の津軽鉄道沿線の動きから、津軽鉄道サポーターズクラブが中心になって、新たな信頼関係が構築され、そこを起点としてネットワークが広がり、さまざまな希望が創出されようとしているのが実

感される。そこでは、主体性を創造し続ける人間と協働システムが次々と誕生し、お互いが緩やかにつながりながら実践を積み重ね、自らの方向性を産み出している。こうした実践の積み重ねによって、地域内の新たな関係性が構築され、地域の全体性を支える「われわれ意識」が強化されていくプロセスが想像できる。

　右肩上がりの時代は終焉し、それぞれが危機感を感じている。しかし、危機は好機である。1人では実現できないことでも、共感と信頼でつながれば、みんなが主体性を持って行動すれば、活路は見出せるのである。

　共感と信頼が生まれる場があれば、「何かができる」と感じることができる。感じるから、やってみようと思う。主体性を持って行動すれば、何かは達成できる。途中であきらめずに、成し遂げられるまで続ければいいのである。そのためには、主体性を創造し続けることが必要になる。

　本研究で紹介した津軽鉄道と大鰐の事例は、確かに先進事例かもしれない。しかし、関係者が口をそろえていうのが「まだまだこれからだ」という言葉である。そこに関わる関係者が主体性を創造し、希望が生まれ、まだ好循環に入ったばかりなのである。この好循環は、長い目で見れば、ほんの一瞬なのかもしれない。それを持続していくのが、担い手組織と中間支援組織の仕事なのである。

　また、繰り返し述べてきたように、多くの地域で共通の課題を抱えている。われわれは、自らの実践の中から理論を形成し、さらに理論的裏付けを踏まえて実践していくことを心がけている。そのことを忘れずに、さらに研究を続けていきたい。

あとがき

　2007年1月に開催された都市再生本部会合で事例報告をする機会に恵まれた。その会合の中で、閣僚メンバー対して津軽鉄道の事例を報告したのだが、第4章で取り上げたワークショップでの「中里には何もないから観光客が誰も来ない」という発言を紹介した。安倍晋三首相（当時）から、「全国の色々な地域で、『自分たちの地域には何もない』と言う人が多い。しかし、自分たちが誇れる資源を発掘してそれを活用することが非常に重要である」という趣旨のコメントをいただいた。この経験が、著者が地域再生を実践するためにはどういうプロセスが必要かを明らかにしたいという動機を持つ大きなきっかけとなった。

　その後、地域活性化伝道師（内閣府）、地域力創造アドバイザー（総務省）を務めることになり、各地の地域再生の支援に携わることができた。本書の出版によって、地域が具体的に自立に向けたプロセスに取り組んでいける実践過程を理論的枠組みとともに提示し、読者諸兄に問題提起できることは望外の喜びある。

　さて、本書の原稿を書き上げた直後の1月10日に、プロジェクトおおわに事業協同組合の相馬副理事長から、「今年度の地域づくり総務大臣賞を受賞することが決まった」というとても嬉しいニュースが飛び込んできた。総務省のホームページによると、「どん底からはい上がってきたことが評価できる」というコメントがある。苦労しながら事業を継続している組織にとっては、こうした表彰は本当に大きな励みになる。第6章第2節で紹介したNPO法人かなぎ元気倶楽部も同時に地域づくり総務大臣賞を受賞し、喜びもひとしおである。

　この2つの組織は、ともに「自らを町づくり会社と称し、コミュニティビジネスを実践している」と表明している。そして、人口1万人規模の町で30〜50人もの雇用を創出している。まちづくり活動を基盤とした事業展開による結果としてのこうした現状は、10年前には想像することはできても実現できると確信することは非常に困難であった。しかし、自律的な実践を積み重ねるうちに自らの方向性を産み出し、予感から自信に、さらに確信に変わっていっている。日々暮らしている現在の先に未来があるのだから、現在の努力を

継続していくことで今後のさらなる飛躍が予感される。

　本書は、2010年9月に博士論文として認められた「地域の自立プロセス理論の構築——具体的な実践の事例を通して——」を加筆・修正したものであり、青森公立大学研究叢書として出版される。

　本研究にあたっては、多くの方々にお世話になった。ヒアリングに協力いただいた「いいべ！ふかうら」の山本千鶴子氏、グリーンパワー鰺ケ沢の成田守男氏、津軽鉄道サポーターズクラブの飛嶋献氏、プロジェクトおおわに事業協同組合の八木橋孝男氏、相馬康穫氏、八木橋綱三氏に深く感謝を申し上げたい。すべてのお名前は書ききれないが、他にも多くの方からヒアリングにご協力いただき、心から感謝申し上げたい。

　そして、実務の世界で長年実践を積み重ねてきたものの、その実践を理論化するための十分な鍛錬ができていない筆者に、学問とは何か、経営とはいかなるものかをご指導いただいた副査の青森公立大学村田晴夫客員教授、さらには、現場でのコミュニティビジネス支援と論文指導両面でご指導いただいた副査の青森公立大学佐々木俊介教授、多くのアドバイスや叱咤激励をいただきながら指導に当たってくれた主査の青森公立大学香取薫学長、これらの先生方なくして博士論文の執筆は不可能であった。ここに深く感謝の気持ちを表したい。

　青森公立大学佐々木恒男前学長には、本書出版にあたって格段にご尽力くださった上に、出版に係る適切な助言と激励をいただいた。心から感謝申し上げたい。

　本書の出版にあたって公益財団法人青森芸術文化振興財団から助成を受けた。記して感謝したい。また、本書の出版を引き受けてくださった株式会社文眞堂専務取締役前野隆氏、編集担当の前野弘太氏、山崎勝徳氏に対して心からお礼申し上げたい。

　最後に、昨年2月から9月まで急性骨髄性白血病で入院した際には献身的に看護してくれ、その後の執筆活動も温かく見守ってくれた妻純子に心からの感謝の言葉を贈りたい。

2013年2月18日

　　　　　　　　　　　　　　　　　　　　　　　　　　　三上　亨

注

第1章

1 村田晴夫『情報とシステムの哲学』文眞堂、1990年、p.52。
2 Barnard, C.I., *The Functions of the Executive*, Harvard University Press, 1938, p.65. 山本安次郎・田杉競・飯野春樹訳『経営者の役割』ダイヤモンド社、1968年、p.67。
3 *Ibid*., p.73. 前掲訳書、p.76。
4 *Ibid*., p.115. 前掲訳書、p.120。
5 *Ibid*., p.96. 前掲訳書、p.100。
6 2009年10月、本人からの聞き取りによる。
7 2009年10月、辻悦子からの聞き取りによる。
8 村田晴夫『情報とシステムの哲学』、前掲、p.58。
9 たとえば、2000年に設立された千代田プラットフォームオフィス株式会社が有名。定款に利益分配しないことを記載することにより非営利性を担保している。詳しくは、枝見太朗『非営利型株式会社が地域を変える』ぎょうせい、2006年、を参照せよ。
10 特定非営利活動促進法の別表（第2条関係）によると、17分野は次の通り。
① 保健、医療又は福祉の増進を図る活動
② 社会活動の推進を図る活動
③ まちづくりの推進を図る活動
④ 文化、芸術又はスポーツの振興を図る活動
⑤ 環境の保全を図る活動
⑥ 災害救援活動
⑦ 地域安全活動
⑧ 人権の擁護又は平和の推進を図る活動
⑨ 国際協力の活動
⑩ 男女共同参画社会の形成の促進を図る活動
⑪ 子どもの健全育成を図る活動
⑫ 情報化社会の発展を図る活動
⑬ 科学技術の振興を図る活動
⑭ 経済活動の活性化を図る活動
⑮ 職業能力の開発又は雇用機会の拡充を支援する活動
⑯ 消費者の保護を図る活動
⑰ 前各号に掲げる活動を行う団体の運営又は活動に関する連絡、助言又は援助の活動
11 内閣府ホームページ http://www.npo-homepage.go.jp/data/pref.html による。ただし、不認証数547団体、解散数2,706団体、認証取消数368団体含む。
12 村田晴夫「公共を超える公益の思想」間瀬啓允編『公益学を学ぶ人のために』世界思想社、2008年、p.36。
13 小松隆二・公益学研究会編『市民社会と公益学』不磨書房、2002年、p. i 。
14 堀尾輝久『日本の教育』東京大学出版会、1994年、p.361。
15 村田晴夫「公共を超える公益の思想」、前掲、p.37。

238　注

16　特定非営利活動法人コミュニティビジネスサポートセンターホームページ http://www.cb-s.net/CB.html による。
17　2008年度「持続可能な観光まちづくり事業体の創出支援調査事業報告書」(観光庁観光地域振興部観光地域振興課)によると、観光を活かしたまちづくりの中核的推進機能の主体となる可能性がある第三種旅行業者(2007年5月以降に登録)が547事業者あるという。
18　たとえば、青森県ではパートナーシップの推進をするために、青森県パートナーシップ推進委員会を設置し、県企画課が事務局を、委員会委員がコーディネート役を務め、パートナーシップテーブルを開催している。本研究では、こうした合意形成の場を「パートナーシップテーブル」と呼ぶ。
19　藤井敦史「地域密着型中間支援組織の経営基盤に関する一考察」『立教大学コミュニティ福祉学部紀要』第10号、2008年、p.62。
20　経済産業省関東経済産業局『コミュニティビジネス支援マニュアル―地域型インターミディアリーを効果的に運営するには』、2005年、p.17。
21　たとえば、経済産業省『ソーシャルビジネス研究会報告書』2008年、では、中間支援組織は、従来の中小企業支援機関とは別に、コミュニティビジネスの支援機関として位置付けられている。
22　村田晴夫によれば、方法論的個人主義及び方法論的有機体主義は次のように説明される(村田晴夫『管理の哲学』文眞堂、1984年、第7章および第8章)。方法論的個人主義に基づくならば、「私」という主体が存在することを出発点に考えるが、そうした考え方ではなく「私」という主体が生成されると考える。こうした考えは、方法論的有機体主義(バーナードの方法論)に基づいている。方法論的個人主義においては、人間は分割不可能な個人であり、その存在には何ものの存在も必要としない。全体はつねに個の集合であり、全体の原理は常に個の原理にまで還元される。一方、方法論的有機体主義においては、個体は「単に位置を占める」という実体的存在ではなく、他のあらゆるものとの関係において存在する。全体は個から作られると同時に、個は全体から作られる。そこでは主体は常住不変のものではなく、全体は個を含みながら個を超越し、また個は全体の要素でありながらそれ独自の存在として全体を超越する。

第2章
23　青森県は、大きく西半分を津軽地域、東半分を南部地域と呼ぶ。
24　JR五能線沿線の海岸線の眺望が観光客に人気がある快速列車。
25　18駅ある深浦町は、全国の自治体で一番JRの駅が多い町である。
26　岩崎支所や岩崎駅など旧岩崎町内を運行している路線バス。
27　2010年3月、筆者との意見交換時の発言による。
28　2010年3月、町職員及び町民からの聞き取りによる。
29　2010年6月、町内の保育園園長大沢潤蔵からの聞き取りによる。大沢園長は「いいべ！ふかうら」副会長を務めている。
30　吉原正彦「管理とリーダーシップの理論」飯野春樹編『バーナード経営者の役割』有斐閣、1979年、pp.133-149、を参照せよ。
31　村田晴夫『管理の哲学』、前掲、p.99。
32　2009年4月末で深浦町には3つの小学校があり、児童総数は428名である(2010年3月、深浦町町づくり戦略室調べ)。
33　川喜田二郎『創造と伝統―人間の新深奥と民主主義の根本を探る』祥伝社、1995年、pp.83-84。
34　青森県『青森県水産史』、1998年、pp.697-708, pp.833-835。
35　2008年青森県観光要覧によると、深浦町の入込数は、2004年202万人、2005年217万人、2006年219万人、2007年192万人、2008年181万人となっている。

注　239

36　町作成資料によると、業務内容は紳士服の製造・販売で、1975年創業。
37　町作成資料によると、業務内容は電子・電気機器製造業で、1990年創業。
38　町作成資料によると、前述の2社の他、1985年創業で婦人服縫製を行っていた企業が1994年に撤退し100名の雇用が失われている。
39　清水愼一「観光立国を目指す地域づくり」『自治体法務研究』2008年冬号、2008年、p.15。
40　清水愼一「観光立国を目指す地域づくり」、前掲、pp.16-21、を参照せよ。
41　大崎市鳴子地域水田農業推進協議会鳴子の米プロジェクト会議『鳴子の米プロジェクト報告書「意味」』2007年、を参照せよ。
42　千畳敷駅だけではなく、鰺ヶ沢駅、十二湖駅、大間越駅、能代駅などと深浦駅の間の海岸線を眺望できるようなコースになっている。深浦駅は、上下線が交差できる駅になっているので、多くの貸切バスが利用している。
43　通りに面した町家の正面に設けられたひさしを、青森県や秋田県地方ではこみせと呼んでいる。青森県黒石市のこみせが最も有名である。ひさし下の空間は、商店の一部としてアーケードの役割があり、積雪時の貴重な歩行通路となる。円覚寺前のこみせは、小規模なものであるが、こうしたイメージで新たに建設したものである。
44　2010年6月、本人からの聞き取りによる。
45　深浦〜木造間は、列車で90分程度の距離であるが、天候によって運休が多いことや、両親が車の運転ができないこともあって、高校のそばに間借りしていた。
46　2010年6月、本人からの聞き取りによる。
47　2010年5月、本人からの聞き取りによる。
48　飛嶋らが中心になってTSC、津軽鉄道、JR五所川原駅、青森県西北地域の読み聞かせグループ（津軽鉄道沿線地域も含めた7団体）などの団体・個人で組織化した。2009年が太宰治生誕100年ということもあり、2009年4月から活動開始。「津軽」などを太宰の月命日に合わせて津軽鉄道やJRの各駅で朗読する活動に取り組んでいる。津軽鉄道とJRの連携のきっかけともなっている。
49　津軽弁で、「お調子者」「お人よし」「熱中する人」「ちょっと変わった人」「世話好き変わり者」などの意味がある。山本は、「お調子者」「お人よし」「熱中する人」という意味合いで使っている。
50　津軽鉄道（五所川原市）のほか、旧金木町、旧稲垣村、旧森田村の事業者が参加してくれた。
51　2010年6月、電気店を経営するKからの聞き取りによる。
52　2010年6月、本人からの聞き取りによる。
53　設立総会での本人の発言による。
54　神明宮の境内と参道に湧きでている名水で、1986年に青森県の「私たちの名水」に認定されている。北前船の船用水に使われたという歴史ももつ。
55　2010年7月、イベントに参加した会員からの聞き取りによる。貸切バスは、両日とも10台前後が深浦駅前で時間調整した。
56　2010年7月、本人からの聞き取りによる。
57　同上。
58　2010年7月、本人の発言による。
59　深浦町「広報ふかうら」（2010年5月号）による。
60　同上。
61　2010年6月、本人からの聞き取りによる。
62　同上。
63　この勉強会は、2010年3月、筆者を講師に開催された。
64　2010年5月、本人からの聞き取りによる。
65　2010年7月、筆者との意見交換時の発言による。

66　2010年6月、深浦町まちづくり戦略室からの聞き取りによる。
67　2010年6月、本人からの聞き取りによる。
68　2010年5月、筆者との意見交換時の発言による。
69　2010年3月、筆者との意見交換時の発言による。

第3章

70　市民風車の建設資金を調達している㈱自然エネルギー市民ファンド（東京都中野区）の会社案内によると、2007年6月末までに市民風車建設のために18億4,910万円の資金を一般市民（企業等も含む）から直接調達している。

71　市民共同発電所全国フォーラム2007「調査報告書作成チーム」編『市民共同発電所全国調査報告書』2007年、p.3。

72　2003年7月、本人からの聞き取りによる。

73　NEDOが行った風力発電所に対する補助事業（2002年度）として、NPO向けの「草の根支援」（建設費の2分の1補助）と営利企業向けの「事業者支援」（建設費の3分の1補助）があった。

74　1kWh当たり11.5円の価格で17年間全量買い取るという契約。長期購入メニューと呼ばれ、電力会社が自主的に固定価格で買い取りを行っていた。

75　この時は、1口50万円で出資金を募集した。小林ユミ「市民がつくる風力発電―北海道グリーンファンドの経験」「自然エネルギー促進法」推進ネットワーク編『自然エネルギー100％コミュニティをめざして』かもがわ出版、2002年、p.78参照。

76　GEAのコアメンバーが中心になって設立した株式会社（本社：青森市）で資本金は1,200万円。

77　㈱自然エネルギー市民ファンド（本社：東京都中野区）が窓口となり募集した。

78　従業員がNPO等の非営利組織に寄付した場合、その寄付額と同額を企業が上乗せして寄付をするという社会貢献事業。

79　鰺ヶ沢マッチングファンド運営委員会は、鰺ヶ沢町・GEAに加え、弘前大学・青森公立大学が委員会メンバーに加わっている。

80　全国枠は4年目と10年目の2回だけ利益分配することになっているので、寄付の要請をしていない。

81　2007年2月、本人からの聞き取りによる。

82　自治体が寄付によって重点的に実施したい政策メニューを提示し、市民がそのメニューの中に気に入った政策があれば、そこに使途を限定した寄付を行う仕組みを実現するための条例。当該自治体の住民はもちろん、他自治体の住民も寄付することが可能である。朝日新聞（2007年10月13日）によると、全国で27自治体が制定している。

83　地方公共団体における省エネルギー促進を図ることを目的に、2000年度からはじまった。省エネルギーを通じて地球温暖化を引き起こす温室効果ガスを削減するとともに、地域振興や教育効果にもつながるようなビジョンづくりが求められている。NEDOによる補助事業で100％補助。

84　2005年度に発足した協議会で、後述する「環境と経済の好循環のまちモデル事業」の事業主体。

85　2005年度過疎地域自立活性化優良事例表彰として、総務大臣賞5団体、全国過疎地域自立促進連盟会長賞4団体が選定された。GEAは会長賞を受賞した。

86　GEAの事務所は青森市に置いている。

87　2005年11月、本人からの聞き取りによる。

88　鶴見和子『内発的発展論の展開』筑摩書房、1996年。

89　飯田哲也「自然エネルギー政策はどう展開してきたか」飯田哲也編『自然エネルギー市場』築地書館、2005年、pp.2-4。

90　飯田哲也『北欧のエネルギーデモクラシー』新評論、2000年、pp.200-231。

注　241

91　Barnard, C.I., *Ibid.*, pp.142-148. 前掲訳書、pp.148-154.
92　利益分配金は、15 年間で合わせて 3,234 万円支払われる予定になっている。
93　いずれも青森県内出資者からの聞き取りで、時期は 2003 年 3～7 月。
94　2003 年 8 月、本人からの聞き取りによる。
95　2005 年 12 月、本人からの聞き取りによる。
96　2003 年 8 月、本人からの聞き取りによる。
97　代表は、鰺ヶ沢町エコ推進協議会会長の成田守男が務めた。成田は、グリーンパワー鰺ヶ沢代表の肩書でエコ推進協議会のメンバーになっていた。

第 4 章

98　2000 年から相次いだ鉄道の重大事故発生を受け、津軽鉄道では、国の安全性緊急評価の下で、国から施設整備（「緊急保全整備事業」）を実施するよう指導を受けている。この安全対策事業を 2008 年度までに完了出来ない場合、廃線となる可能性もあった。
99　会員数 26 名。ViC・in 奥津軽の会及び金木地区生活改善グループ連絡協議会の有志で構成され、事務局は、青森県西北地方農林水産事務所普及指導室が務めている。
100　2007 年 1 月 31 日の NHK ローカルニュースによる。
101　2006 年 6 月、本人からの聞き取りによる。
102　よりよい地域づくりのため、県民と行政とのパートナーシップの推進を図る事業。地域の課題解決に向けて関係者が協議し合意形成をめざすこと等により、青森県の今後のパートナーシップの推進体制を検証することとしている（2005～2006 年度の 2 ヵ年で実施）。
103　2007 年 2 月 7 日の東奥日報によると、2007 年春成立予定の地域公共交通の活性化・再生法案が成立すれば、1 年間の準備期間を経て廃線になる仕組みに例外を設け、鉄道会社と市町村や住民が路線維持策を探ることで合意すれば、検討結果が出るまで準備期間を凍結出来ることになった。
104　青森県パートナーシップ推進委員会事務局を務める青森県企画課によるまとめ。
105　青森県パートナーシップ推進委員会の委員が、座長としてファシリテーター・コーディネーター役を務め、県企画課職員が事務局として事前事後も含めた調整を担って運営した。
106　2008 年 9 月、本人からの聞き取りによる。
107　2009 年 8 月、本人からの聞き取りによる。
108　2009 年 3 月、本人からの聞き取りによる。
109　当面 2009 年 10 月までの賃貸契約で、でる・そーれの経営状況等も勘案しながら見直すことを想定している。
110　2009 年 7 月、常連客になっているサポーターズクラブの中心メンバーからの聞き取りによる。
111　2009 年 8 月、辻悦子から聞き取りによる。
112　同上。
113　その後、企業組合でる・そーれとして法人化している。
114　2009 年 8 月、本人からの聞き取りによる。
115　2009 年 8 月、辻悦子からの聞き取りによる。
116　同上。
117　2009 年 3 月、本人からの聞き取りによる。
118　2009 年 7 月、本人からの聞き取りによる。
119　フォーラムでの本人の発言による。
120　同上。
121　フォーラムでの佐々木俊介（青森公立大学教授）の発言による。佐々木は奥津軽地域着地型観光研究会会長を務めている。

第 5 章

122 2009年11月3日付東奥日報によると、大鰐町がリゾート開発で損失保障した債務が総額88億円。1997年に金融機関3行と協定を結び、30年間毎年3億円返済することになっている。その後、2011年に特例債「第3セクター等改革推進債（三セク債）」で約66億円を資金調達し、返済額を減額して2012年度から30年間で返済することになった。
123 2007年5月、町職員の発言による。
124 同上。
125 2007年8月、OH!!元気隊設立総会での本人の発言による。
126 同上。
127 2007年7月、筆者からの説明による。
128 2007年7月、本人の発言による。
129 地方の元気再生事業は、人件費を含む事業費が100％認められる委託事業で、単年度ではなく2年間支援が受けられる事業であった。
130 体験活動リーダーは、自然体験を通じて体験活動リーダーの認定を取得するものである。取得者は「CONEリーダー」と呼ばれ、自然体験の仕事やボランティアをするときに一定のスキルを持っていることを日本国内で対外的に証明することができる認定である。
131 環境省教育指導者は、環境省の提唱する「環境保全のための意欲の増進および環境教育の推進に関する法律」に基づき設けられた、「環境教育の指導者を育成・認定している事業」に認定されるものである。
132 L.S.F.A救急法は、元々はアメリカで普及しているものを日本向けに修正したもので、特に教育手法に重点を置き、「できるようになる応急手当」を目指すものである。
133 2009年7月、相馬康穣からの聞き取りによる。相馬は、足の会事務局長を務めていた。
134 同上。
135 2007年8月、本人からの聞き取りによる。
136 元気隊の他、民間企業2社が参加した。
137 2008年11月、八木橋孝男、相馬康穣、八木橋綱三からの聞き取りによる。
138 2009年2月、八木橋孝男、相馬康穣、八木橋綱三からの聞き取りによる。
139 同上。
140 2009年7月、本人からの聞き取りによる。
141 通常11枚綴りの回数券を3,000円（町内向け）、5,000円（町外向け）で販売していたが、プロジェクトおおわにへの指定管理に移行したのを記念したプレミアム回数券を12枚つづりで6〜7月の2ヵ月間限定で販売した。
142 理事者側と管理者側の意識のずれとそれに起因する行き違いなどは、2009年7月4〜5日に開催された経営サポート会議の中で判明した。
143 7月までの経営サポート会議は、理事と管理者を対象に開催していた。8月からは、現場リーダーの育成も重要であると考え、「理事＋現場リーダー」会議、「管理者＋現場リーダー」会議、「理事のみ」会議という3種類の会議を毎回開催することにした。
144 2009年8月11日の「管理者＋現場リーダー」会議（経営サポート会議）での事務担当職員の発言による。
145 2009年8月10日の「理事＋管理者」会議（経営サポート会議）終了後の理事会3役と支配人、営業マネジャーの打合せでの営業マネジャーの発言による。
146 2007年度、十和田観光電鉄（株）、弘南鉄道（株）、津軽鉄道（株）、青い森鉄道（株）が、(社)日本民営鉄道協会の支援を受けて実施した。

第6章

147 筆者の参与的観察によると、TSCの飛嶋献、でる・そーれの辻悦子、プロジェクトおおわに事業協同組合の理事3役は、共通して「1人だけではやっていけない。本当に信頼できる仲間がいるからこそやっていける」という趣旨で発言をしている。
148 2005年11〜12月頃、筆者が飛嶋献にTSC設立の意義やねらいについて説明した。
149 2009年12月、本人からの聞き取りによる。
150 同上。
151 同上。
152 同上。
153 同上。
154 同上。
155 担い手組織の法人格によっては、理事、取締役、運営委員などさまざまな呼称が考えられるが、組織のコアメンバーを指している。
156 2012年12月、本人からの聞き取りによる。
157 2013年1月、中泊町町民課職員からの聞き取りによる。
158 100名のメンバーが走れメロスを群読する舞台。
159 2013年1月、かなぎ元気倶楽部常務理事斉藤真紀子からの聞き取りによる。
160 駅舎及びかなぎ元気村は自主運営している。
161 あんドーナツに似た五所川原の昔なつかしいお菓子。
162 2012年12月、本人からの聞き取りによる。
163 お菓子作りと踊りが得意な津鉄応援直売会の名物おばあちゃん。
164 2012年12月、本人からの聞き取りによる。
165 2009〜2010年度は税法上消費税の支払いが免除されていたが、2011年度から支払いが必要となり、おおよそ消費税支払い分が赤字となった。
166 1,000円のうち、弘南鉄道が運賃として500円、鰐comeが入浴料300円及び館内で利用できる200円の商品券代の合計500円を受け取る仕組みになっている。
167 2012年12月、本人からの聞き取りによる。
168 同上。
169 同上。
170 NPO推進青森会議『大鰐町における地域公共交通再構築に向けて（平成20年度地方の元気再生事業取組③報告書）』2009年、を参照せよ。
171 大家族から核家族へ、そして単身世帯の急増という大きな環境変化がある。「大鰐温泉もやしは一族で伝統を守り夫婦で生産するのが当たり前」という伝統的価値観では後継者を創出することは難しい。
172 2012年12月、本人からの聞き取りによる。
173 環境省「市民出資・市民金融の促進方策（人材・組織の育成、支援コストの負担のあり方）ワーキンググループ」（三上亨座長）での議論を踏まえて記述した。ワーキンググループは2009年11月から2010年3月まで4回開催された。環境省『平成21年度コミュニティファンド等を活用した環境保全活動の促進に係る調査検討業務報告書』2010年、pp.117-122を参照せよ。
174 同上。

参考文献

Barnard, C. I., *The Functions of the Executive*, Harvard University Press, 1938. 山本安次郎・田杉競・飯野春樹訳『経営者の役割』ダイヤモンド社、1968 年。
Drucker, P. F., *The Future of Industrial Man*, John Day, 1942. 上田惇生訳『産業人の未来』ダイヤモンド社、2008 年。
Drucker, P. F., *Managing the Nonprofit Organization*, Haper Collins, 1990. 上田惇生訳『非営利組織の経営』ダイヤモンド社、2007 年。
Salamon, L. M., *America's Nonprofit Sector*, The Foundation Center, 1992. 今田忠訳『米国の「非営利セクター」入門』ダイヤモンド社、1994 年。

飯野春樹「バーナード理論の成立」飯野春樹編『バーナード経営者の役割』有斐閣、1979 年。
飯田哲也『北欧のエネルギーデモクラシー』新評論、2000 年。
飯田哲也「自然エネルギー政策はどう展開してきたか」飯田哲也編『自然エネルギー市場』築地書館、2005 年。
石井淳蔵『ビジネス・インサイト』岩波新書、2009 年。
枝見太朗『非営利型株式会社が地域を変える』ぎょうせい、2006 年。
大橋昭一「観光の本義をめぐる最近の諸論調——「観光とは何か」についての考察——」『和歌山大学経済学会経済理論』第 353 号、2010 年。
加藤勝康・飯野春樹編『バーナード——現代社会と組織問題——』文眞堂、1986 年。
金子郁容『ボランティア—もうひとつの情報社会』岩波新書、1992 年。
金子郁容・松岡正剛・下河辺淳『ボランタリー経済の誕生』実業之日本社、1998 年。
川喜田二郎『創造と伝統——人間の新深奥と民主主義の根本を探る』祥伝社、1995 年。
北野利信「バーナードの挫折——課題と方法」加藤勝康・飯野春樹編『バーナード』文眞堂、1987 年。
玄田有史・宇野重規『希望学Ⅰ　希望を語る　社会科学の新たな地平へ』東京大学出版会、2009 年。
小林ユミ「市民がつくる風力発電—北海道グリーンファンドの経験」自然エネルギー促進法推進ネットワーク編『自然エネルギー 100％コミュニティをめざして』かもがわ出版、2002 年。
小松隆二・公益学研究会編『市民社会と公益学』不磨書房、2002 年。
佐藤信之『コミュニティ鉄道論』交通新聞社、2007 年。
島田恒『非営利組織研究——その本質と管理——』文眞堂、2003 年。
島田恒『NPO という生き方』PHP 研究所、2005 年。
清水愼一「観光立国を目指す地域づくり」『自治体法務研究』2008 年冬号、2008 年。
田中弥生『NPO が自立する日——行政の下請け化に未来はない——』日本評論社、2006 年。
鶴見和子『内発的発展論の展開』筑摩書房、1996 年。
電通総研編『NPO とは何か』日本経済新聞社、1996 年。
富沢賢治・川口清史編『非営利・協同セクターの理論と現実—参加型社会システムを求めて』日本経済評論社、1997 年。
中村陽一「ボランタリーな市民活動と新しい地域づくりの可能性」都留文科大学社会学科編『地域を考える大学—現場からの視点』日本評論社、1998 年。

西城戸誠・古屋将太「市民風車事業・運動の現在と今後の展開」法政大学人間環境学会『人間環境論集』第 8 巻第 1 号、2008 年。
日本政策投資銀行地域企画チーム編『PPP の進歩形　市民資金が地域を築く――市民の志とファイナンスの融合――』ぎょうせい、2007 年。
野家啓一「物語り論（ナラトロジー）の射程」村田晴夫・吉原正彦編『経営思想研究への討究』文眞堂、2010 年。
野中郁次郎・紺野登『知識創造の方法論』東洋経済新報社、2003 年。
長谷川公一『環境運動と新しい公共圏――環境社会学のパースペクティブ――』有斐閣、2003 年。
藤井敦史「市民事業組織の成立基盤――組織環境論の視点から――」地域社会学会編『＜地域・空間＞の社会学』時潮社、1997 年。
藤井敦史「地域密着型中間支援組織の経営基盤に関する一考察」『立教大学コミュニティ福祉学部紀要』第 10 号、2008 年。
藤井良広『金融 NPO――新しいお金の流れをつくる――』岩波新書、2007 年。
舩橋晴俊・長谷川公一・飯島伸子編『巨大地域開発の構想と帰結――むつ小川原開発と核燃料サイクル施設――』東京大学出版会、1998 年。
堀尾輝久『日本の教育』東京大学出版会、1994 年。
三上亨「市民風車が創りだす新たなビジネスモデル――環境エネルギー分野の NPO における電子ネットワークの活用例」川崎賢一・李姸淡・池田緑編『NPO の電子ネットワーク戦略』東京大学出版会、2004 年。
村田晴夫『管理の哲学』文眞堂、1984 年。
村田晴夫『情報とシステムの哲学』文眞堂、1990 年。
村田晴夫「組織における美と倫理」『組織科学』Vol.33 No.3 : 4-13、2000 年。
村田晴夫「自立性、共通性そして根源的相対主義――30 周年記念大会のテーマ「公共善と持続可能性」に寄せて――」『プロセス思想』第 13 号：2-7、2008 年。
村田晴夫「公共を超える公益の思想」間瀬啓允編『公益学を学ぶ人のために』世界思想社、2008 年。
村田晴夫・吉原正彦編『経営思想研究への討究』文眞堂、2010 年。
山岡義典編『NPO 基礎講座――市民社会の創造のために――』ぎょうせい、1997 年。
山岡義典「市民活動の全体像と諸分野」山岡義典編『NPO 基礎講座 2』ぎょうせい、1998 年。
山下祐介・作道信介・杉山祐子『津軽、近代化のダイナミズム』御茶の水書房、2008 年。
山下祐介「過疎高齢化問題と公共交通――青森県のフィールドから――」『運輸と経済』第 67 巻第 11 号、2007 年。
吉原正彦「管理とリーダーシップの理論」飯野春樹編『バーナード経営者の役割』有斐閣、1979 年。
和田武「自然エネルギー倍増を目指す欧州の成功と挑戦」自然エネルギー促進法推進ネットワーク編『光と風と森が拓く未来　自然エネルギー促進法』かもがわ出版、1999 年。

あおもり型環境コミュニティビジネス支援協議会『あおもり型環境コミュニティビジネス支援システム実践・構築事業報告書（環境省平成 20 年度コミュニティファンド等を活用した環境保全活動促進事業）』2009 年。
青森県『青森県水産史』、1998 年。
NPO 推進青森会議『市民金融の多様化と遊休公共施設の有効活用（平成 19 年度全国都市再生モデル調査）』2008 年。
NPO 推進青森会議『大鰐町における観光振興と農商工連携による地域活性化（平成 20 年度地方の元気再生事業報告書）』2009 年。
NPO 推進青森会議『大鰐町における地域公共交通再構築に向けて（平成 20 年度地方の元気再生事業

取組報告書)』2009 年。
大崎市鳴子地域水田農業推進協議会鳴子の米プロジェクト会議『鳴子の米プロジェクト報告書「意味」』2007 年。
環境省『平成 21 年度コミュニティファンド等を活用した環境保全活動の促進に係る調査検討業務報告書』2010 年。
観光庁観光地域振興部観光地域振興課『観光を活かしたまちづくりを推進する体制づくり（平成 20 年度持続可能な観光まちづくり事業体の創出支援調査事業報告書）』2009 年。
グリーンエネルギー青森『自然エネルギーを活用した市民参加型・パートナーシップ型コミュニティビジネスの調査研究』2004 年。
グリーンエネルギー青森『津軽鉄道を軸とした都市再生調査――地域コミュニティとの協働による地域活性化――（平成 18 年度全国都市再生モデル調査）』2007 年。
経済産業省『ソーシャルビジネス研究会報告書』2008 年。
経済産業省関東経済産業局『コミュニティビジネス支援マニュアル―地域型インターミディアリーを効果的に運営するには』2005 年。
市民共同発電所全国フォーラム 2007「調査報告書作成チーム」編『市民共同発電所全国調査報告書』2007 年。
総合研究開発機構『市民公益活動基盤整備に関する調査研究』1994 年。
総合研究開発機構『市民公益活動の促進に関する法と制度のあり方―市民公益活動基盤整備に関する調査研究（第 2 期）』1996 年。
東京都『行政と民間非営利団体―東京の NPO をめぐって』1996 年。

著者略歴

三上　亨（みかみ　とおる）

1979年弘前大学人文学部経済学科卒業。金融機関勤務を経て、2002年NPO法人グリーンエネルギー青森を設立事務局長に就任（現在に至る）。2001年より2010年までNPO法人NPO推進青森会議常務理事を務める。2010年青森公立大学大学院で経営経済学博士取得。2011年より青森公立大学地域みらい学科講師。専門分野は、非営利組織経営、パートナーシップ、市民金融等。

現在、市民自然エネルギー株式会社代表取締役、合同会社青森コミュニティビジネス研究所所長等を務める。環境省、国交省、青森県、県内市町の各種委員を歴任している。また、「地域活性化伝道師」（内閣府）「地域力創造アドバイザー」（総務省）「地域再生マネジャー」（ふるさと財団）として、地域再生の支援に取り組んでいる。

地域を自立させる人々
―持続可能な地域社会の創造―

2013年3月31日　第1版第1刷発行　　　　　　　　検印省略

著　者	三　上　　　亨	
発行者	前　野　　　弘	
発行所	株式会社 文　眞　堂	

東京都新宿区早稲田鶴巻町533
電話　03（3202）8480
FAX　03（3203）2638
http://www.bunshin-do.co.jp
郵便番号 162-0041　振替00120-2-96753

印刷・モリモト印刷　製本・イマキ製本所
© 2013
定価はカバー裏に表示してあります
ISBN978-4-8309-4792-6　C3034